FANOMENOLOGIE DES FUSSBALLS

MICHAEL LUTZ

FANOMENOLOGIE DES FUSSBALLS

Aspekte eines philosophischen Spiels

BÜCHNER-VERLAG
Wissenschaft und Kultur

Michael Lutz
*Fan*omenologie des Fußballs
Aspekte eines philosophischen Spiels

ISBN (Print) 978-3-96317-373-8
ISBN (ePDF) 978-3-96317-938-9

Satz und Umschlaggestaltung: DeinSatz Marburg
Bildnachweis Umschlag: pixabay.com © jarmoluk (Ausschnitt)
Druck und Bindung: Totem.com.pl, Inowrocław, Polen
Die verwendeten Druckmaterialien sind zertifiziert als FSC-Mix.

Bibliografische Informationen der Deutschen Nationalbibliothek
Die Deutsche Nationalbibliothek verzeichnet diese Publikation in der Deutschen Nationalbibliografie, detaillierte bibliografische Angaben sind im Internet über http://dnb.de abrufbar.

www.buechner-verlag.de

Für Paul, den größten Fußball-Experten, den ich kenne.

Inhalt

Vorwort: Was meint Philosophie des Fußballs? **9**

Teil 1
»Nur ein Spiel?!« – Strukturen, Regeln und Ziele des Fußballs **17**
Das Runde muss ins Eckige 17
Die »Wahrheit des Spiels« 24
Der Ball als Akteur 32
Hand-Verbot = Kulturverbot? 44
Kriegsmetaphorik 53
Körper und Macht 59
Zwischen Sieg und Niederlage 76
Die Dialektik von Ernst und Spiel 89

Teil 2
Der Fußball und die Kraft des Glaubens –
Magisches Denken und religiöse Motive **101**
Intersubjektivität 101
Mythisierung und Narrativierung 116
Rituelle Erinnerungskultur 133
»Heiligenverehrung« und metaphysische Körper 148
Das »Gespenst« der Masse 165

Teil 3
Der Fußball und die Politik –
Ideologie, Werte und die gesellschaftlichen Verhältnisse **183**
Der Schauplatz Stadion 184
Das Geschlechterverhältnis 201
Ideologien des Fußballs 224
Das »Ethos« der Mannschaft 248

Nachspielzeit: Fußball und Kontingenz **261**

Danksagung **267**

Literatur **269**

Vorwort: Was meint Philosophie des Fußballs?

Es ist die 90. Spielminute am 9. April 2013 im Dortmunder Signal Iduna Park. Der BVB liegt im Rückspiel des Champions League Viertelfinales mit 2:1 gegen den spanischen Gegner FC Málaga zurück. Für ein Weiterkommen und somit den Einzug in das Halbfinale des prestigeträchtigsten Wettbewerbs auf Vereinsebene benötigen die »Jungs« von Trainer Jürgen Klopp noch zwei Tore. Vier Minuten Nachspielzeit, die der Schiedsrichter den beiden Mannschaften gewährt, müssen dafür ausreichen. Die Chancen scheinen beinahe aussichtslos, bis Marco Reus in der 1. Minute der Nachspielzeit den Ausgleich erzielt und damit neue Hoffnungen weckt. Die Torhymne erschallt, »Olé, jetzt kommt der BVB« dröhnt es durch die Lautsprecher, die Fans feuern die Mannschaft an, peitschen sie nach vorne. Laute Fangesänge, eine regelrechte Schlacht auf dem Rasen. Der BVB macht das Spiel schnell und wirft alles nach vorne, ein Tor fehlt schließlich immer noch. Die Spannung ist kaum auszuhalten, ein ungeheurer Druck liegt auf allen Beteiligten, die Fans sind angespannt, aber geben nicht auf, niemals. Dann geschieht es: Das Unmögliche! Das, womit niemand mehr gerechnet hätte, tritt tatsächlich ein: Nach einer Hereingabe von der linken Seite und einem völligen Durcheinander im Strafraum ist es der Dortmunder Innenverteidiger, Felipe Santana, der den Ball in der 2. Minute der Nachspielzeit, also nur kurz nach dem Ausgleich, zum 3:2 Siegtreffer, der den Einzug ins Halbfinale der Champions League bedeutet, über die Linie drückt. Das Stadion bebt, die Fans explodieren, die Emotionen sind kaum in Worten auszudrücken. Die Spieler liegen sich in den Armen, der Torjubel auf den Rängen kennt keine Grenzen und keinen Halt, eine unfassbare Lautstärke breitet sich aus. Zehntausende Menschen im Stadion feiern ausgelassen den Sieg »ihrer« Mannschaft, »ihres« BVB und den Kampfgeist

»ihrer« Lieblingsspieler. Fremde Menschen liegen sich in den Armen, jubeln zusammen, weinen vor Freude und Erleichterung. Zumindest auf der einen Seite. Bei den Verlierern gibt es hängende Köpfe, Tränen der bitteren Enttäuschung über die späte Niederlage und aggressive Beschwerden über den Schiedsrichter.

Dieses Spiel ist unter BVB-Fans mittlerweile zum Klassiker geworden. Heute, über zehn Jahre später, wird noch davon geschwärmt, und wenn man über die legendärsten und emotionalsten Spiele der jüngeren Vereinsgeschichte spricht, darf dieses eine selbstverständlich nicht fehlen. Der Titel wurde zwar am Ende verpasst, aber immerhin gelangte der BVB bis ins Finale, unterlag dort aber in einem sehr umkämpften Spiel dem deutschen Konkurrenten FC Bayern München, der die beste Saison der Vereinsgeschichte mit dem Triple-Sieg (also dem Gewinn aller drei großen Wettbewerbe Meisterschaft, nationaler Pokal und Champions League) krönte. Auch von der damaligen Mannschaft Borussia Dortmunds ist kaum noch etwas übrig geblieben, inklusive des Siegtorschützen. Und doch genießt dieses Spiel heute noch solch ein hohes Ansehen innerhalb des Vereins.

Für den Einstieg in dieses Buch hätte man sicherlich viele Spiele wählen können. Für welches Beispiel man sich letztendlich entscheidet, ist hierbei im Grunde genommen völlig zweitrangig – die Muster sind ähnlich: Fußball ist weltweit eine der beliebtesten Sportarten. Vor allem in Deutschland ist er weit verbreitet, gilt sogar als »Volkssport«. Es gibt kaum ein Dorf, das nicht über einen eigenen Fußballverein verfügt. Kaum jemand kann sich der fesselnden Faszination dieses Spiels völlig entziehen. Nicht selten werden vor allem bei Welt- und Europameisterschaften selbst die größten »Atheisten« des Fußballs zu »Gläubigen« und lassen sich von der Begeisterung der Massen anstecken und feuern die eigene Nationalmannschaft euphorisch an. In vielen Familien gibt es einen geschichtlichen Hintergrund, der irgendetwas mit Fußball zu tun hat: Der Opa war schon Fan des Heimatvereins und ging mit seinem Sohn ins Stadion und dieser wiederum mit seinem Sohn. Die Tradition muss schließlich weitergeführt werden.

Fußball, das ist, wenn sich erwachsene Männer plötzlich wie Kinder verhalten, selbst seriös auftretende Menschen auf einmal alle Hemmungen verlieren und schreien wie am Spieß, wohlerzogene Kinder aus dem Nichts die wüstesten Beschimpfungen an den Schiedsrichter oder den gegnerischen Spieler richten. Fußball, das ist Zusammenhalt unter Menschen, die ansonsten augenscheinlich recht wenig gemeinsam haben, doch durch die gemeinsame Liebe zum Sport – zu diesem Sport! – zusammengeschweißt werden. Fußball, das ist vielleicht der einzige Grund, warum sich zerstrittene Familien doch noch einmal gemeinsam im Wohnzimmer vor dem Fernseher versammeln, um das Eröffnungsspiel der Europameisterschaft zu schauen. Fußball, das ist einer der Gründe, warum die Deutschen sich ihr Ansehen in der Welt nach der Schande des Nationalsozialismus und des 2. Weltkriegs zurückerobern konnten mit dem überraschenden Triumph bei der Weltmeisterschaft 1954. Fußball ist aber genauso auch polarisierend. Sowohl innerhalb der Gemeinschaft der Fußballfans, wenn es um die Frage geht, welches Team besser ist oder die »wahreren« Anhänger hat, was nicht selten in Hass, Hetze und schlimmstenfalls sogar Gewalt ausartet, als auch zwischen Fußballfans und Nicht-Fußballfans, wobei Letztgenannte die Begeisterung für ein solch simples Spiel, wo einfach nur 22 Menschen einem Ball hinterherlaufen, nicht nachvollziehen können (es sei denn natürlich, es findet gerade eine WM statt). Ganz zu schweigen von den enormen Korruptionsskandalen oder den politisch fragwürdigen Entscheidungen wie beispielsweise die Wahl Katars als Austragungsort für die Weltmeisterschaft 2022.

Dass der Fußball durchaus eng verknüpft ist mit der kulturellen Identität und Sozialgeschichte eines Landes, vor allem Deutschlands, und somit auch nicht völlig von den politischen Ereignissen trennbar ist, wirkt wohl auf keinen wirklich überraschend. Angesichts dieser hohen gesellschaftlichen Bedeutung, die viele Länder dieser Erde dem Fußball beimessen, ist es umso erstaunlicher, dass der akademische Wissenschaftsbetrieb das Phänomen Fußball lange Zeit kaum ernst genommen und viel zu wenig thematisiert hat. Womöglich liegt diese Abneigung vieler Akademikerinnen und Akademiker darin begründet, dass der Volks- und Massensport Fußball als »primitiv«, »asozial« und für den gemeinen »Pöbel« bestimmt klassifiziert wird, und somit einem intellektuell ansprechenden Niveau nicht Genüge leiste – im Gegensatz zu Kunst und Literatur. In den Köpfen vieler Fußballhasser ist das stereotype Bild und Vorurteil eines arbeitslosen, asozialen

Hooligans präsent, der jedes Wochenende bewaffnet mit einem Bier (bei dem allein es freilich nicht bleibt) auf der Stehplatztribüne seines Lieblingsvereins herumgrölt statt Zeit mit seiner Familie zu verbringen. Völlig außer Acht gelassen wird dabei, dass Fußball längst keine Veranstaltung für eine kleine »minderbemittelte« Gruppe an Menschen ist, sondern sich die Begeisterung für diesen Sport durch die gesamte Gesellschaft zieht und vor Einkommen, Schulabschlüssen und Berufen nur wenig Halt macht. Insgeheim sind es wohl auch viele Akademiker selbst, die heimlich auf ihrem Handy die Bundesliga-Ergebnisse checken oder im Vorbeigehen an einer Sportbar einen verschämten Blick über den Bildschirm und den Spielstand schweifen lassen, dies aber nie zugeben würden und in der Öffentlichkeit, wie sollte es anders sein, den Fußball vehement abwehren und abwerten.

Inzwischen hat sich das geändert. Auch in der Philosophie ist das Phänomen Fußball mittlerweile angekommen und man darf sich glücklich schätzen, auf eine reichhaltige Fülle an großartigen Beiträgen zurückgreifen zu können. Auch mich interessierten in erster Linie die philosophischen Aspekte, die sich in diesem Sport verbergen, gelegentlich ergänzt durch Methoden und Wissen aus anderen Fachbereichen wie der Psychoanalyse, der Geschichtswissenschaft oder der Ökonomie. Was genau ist es, das am Fußball so unfassbar anziehend und attraktiv wirkt? Wie entsteht dieser Sog aus Begeisterung, dem so viele Menschen erliegen? Kaum etwas anderes bringt schließlich derartig viele Menschen zusammen und füllt riesige Stadien. Ist der Fußball eine neue Religion, die an die Stelle der alten getreten ist? Ist das Stadion die Kirche des 21. Jahrhunderts? In diesem Zusammenhang wird insbesondere die Struktur des Spiels selbst untersucht. In der Psychoanalyse ist es spätestens seit Melanie Klein üblich, bei Kindern anhand deren Spiele und Beschäftigungen (und nicht anhand ihrer verbalen Aussagen), Rückschlüsse auf unbewusste und unbewältigte Konflikte und Vorgänge vorzunehmen. Aus diesem Grund ist es naheliegend, auch in einem (ernsten) Spiel wie Fußball die offenliegenden Regeln und Ziele auf einer symbolischen Ebene zu deuten. Von dieser Basis ausgehend können weiterführende Überlegungen eingeleitet werden, allen voran zum Geschlechterverhältnis, der Rolle der Frauen im Fußball und wie sie sich zu den Männern verhalten und umgekehrt. Ebenso wäre es, wie bereits angedeutet, eine naive Vorstellung, den Fußball für unpolitisch zu halten. Dafür ist er schlichtweg zu massenwirksam und gesellschaftlich bedeutend. Es ist nicht erstaunlich, dass sich gerade dieser Sport hervorragend für politische und ideologische Instrumentalisierungen eignet. Die Politisierung des Sports darf allerdings nicht rein analogisch aufgefasst werden, in dem Sinne, dass etwa der offensive Angriffsfußball von Borussia Mönchengladbach in den 1970er Jahren zu parallelisieren ist mit der Wende in der Außenpolitik dieser Zeit unter Willy Brandt und Helmut Schmidt. Eine solche Betrachtungsweise wäre zu oberflächlich und allenfalls zwar amüsant, sicherlich jedoch schlichtweg falsch.[1] Wer den Fußball aus einer wirklich philosophischen Perspektive heraus beleuchten möchte, sollte vielmehr (in Bezug auf die politische Dimension) untersuchen, wie dieses Spiel dazu dient oder wenigstens potentiell dienen *kann*, vorherrschende Ideologien und gesellschaftliche Narrative zu unterstützen.

Diese bewussten und unbewussten Motive, die hinter einem vermeintlich entpolitisierten und »harmlosen« Sport stehen, gilt es im Rahmen einer ideologiekritischen Methode aufzudecken. Um eine solche philosophische Perspektive zu eröffnen, ist das Buch in verschiedene Teile gegliedert, die sich je einem bestimmten Feld des Fußballs widmen, und dieses so fruchtbar wie möglich für philosophische, aber auch sportliche Betrachtungen werden zu lassen. Da viele Kapitel nicht eindeutig einem Themenbereich zuzuordnen sind, treten manches Mal thematische Überschneidungen auf. Dieses Buch soll vor allem eine Einladung sein, sich vorurteilsfrei und möglichst ohne Moralisierungen, Polemisierung und Appelle mit dem Fußball auseinanderzusetzen. Dies setzt Offenheit und Neugierde für die unkonventionelle und analytische Vorgehensweise voraus, mit der dieses Spiel hier philosophisch erklärt und verstanden (wohlgemerkt nicht »entzaubert«) werden soll.

Wenngleich ich darauf hingewiesen habe, dass Fußball in der heutigen akademischen Philosophie zwar kein Tabu-Thema mehr ist, so scheint eine tiefe Versunkenheit in das Spiel, die notwendigerweise mit einer absolu-

1 Exemplarisch für eine solche »Deutung« siehe: Seitz, Norbert (Hrsg.): Doppelpässe. Fußball & Politik. Frankfurt a.M. 1997.

ten Unbedingtheit einhergeht, dem skeptischen Intellektuellen verdächtig. Denn die Philosophie liebt die Reflexion, das Hinterfragen, das Überdenken und damit genau das Gegenteil von unkritischer und unreflektierter Versunkenheit. Wer schließlich völlig in einer Tätigkeit aufgeht, der denkt nicht mehr darüber nach, was er eigentlich tut. Es ist reines Handeln und zwar ein solches, das körperlich ausagiert wird. Denken und Körperlichkeit zusammenzuführen, ist keine leichte Aufgabe. Das Verhältnis der beiden ist und bleibt kompliziert und eine systematische Untersuchung unterliegt methodischen Schwierigkeiten. Diese Problematik sollte nicht verschwiegen werden. Eine Philosophie des Fußballs zu erstellen, ist ein ungewöhnliches Projekt, eines das sowohl bei vielen Intellektuellen als auch bei durchschnittlichen Fußballfans für Stirnrunzeln sorgen könnte. Diese Widersprüchlichkeiten vielleicht nicht gänzlich zu versöhnen, sie jedoch wenigstens einander anzunähern, ist mithin ein weiteres Ziel, das dieses Buch verfolgt. Denn es genügt nicht, abstrakt zu theoretisieren, ohne die Empfindungen und Wahrnehmungen der Fans mitzuberücksichtigen, wenngleich diese niemals bloß affirmiert, sondern stets auch kritisch eingeordnet werden müssen. Wirkungen auf die Begeisterten zu analysieren, ist elementarer Bestandteil dieser Arbeit, schließlich handelt es sich hierbei um eine *Fan*omenologie!

Diese Einleitung soll schlussendlich noch dazu dienen, über bestimmte Begrifflichkeiten, die ich gebrauchen werde, Aufschluss zu geben. Den Fußball könnte man ganz grundlegend in zwei verschiedene Kategorien einteilen und je nachdem andere Akzentuierungen in der Analyse setzen. Er ließe sich als »Sport« (in dem Fall als Ballsportart) einordnen, was mit einer stärkeren Gewichtung des körperlichen und motorischen Spektrums einherginge. Des Weiteren wäre ebenso die Einteilung in die Kategorie der »Spiele« zutreffend. Fasste man den Fußball stärker als Spiel auf, dann betonte man mehr die Regelgeleitetheit dieser Tätigkeit. Eine genauere Ausarbeitung bezüglich der Unterschiede zwischen »Sport« und »Spiel«, kann hier nicht erbracht werden, da es für unsere Zwecke nicht hinreichend relevant ist. Daher möchte ich eingangs darauf hinweisen, dass ich die beiden Begriffe mehr oder weniger synonym gebrauchen werde. Es sollte daher also nicht überbewertet werden, wenn ich vom Fußball an einer Stelle als

»Sport« schreibe und an anderer als »Spiel«. Gleichwohl werde ich inhaltlich beide Aspekte berücksichtigen, manche Kapitel werden dem Charakter des Sportlichen und Körperlichen eher gerecht und andere mehr den Motiven des Spielerischen, Taktischen und Regelhaften. Aus dem jeweiligen Kontext wird sich die entsprechende Schwerpunktsetzung ergeben, ohne dass ich dies im Einzelnen jedes Mal hervorheben werde.

Des Weiteren soll den unterschiedlichen Erscheinungen der Auseinandersetzung mit Fußball Rechnung getragen werden. Es bestehen selbstverständlich qualitative Unterschiede zwischen der eigenen Ausübung des Sports und des Zuschauens. Letzteres ist noch einmal präziser zu differenzieren, denn der Fernsehfußball geht noch einmal mit anderen Konzeptionen einher als das Erlebnis, ein Spiel im Stadion zu verfolgen. Doch auch hier wird der jeweilige Bezug aus dem Kontext deutlich und alle Formen der Fußballbeschäftigung werden an den für sie vorgesehenen Stellen Betrachtung finden. Wenn nicht explizit anders vermerkt, werde ich mich in meinen Schilderungen und Analysen hauptsächlich auf den professionellen Fußball beziehen. Dies liegt schlichtweg in dessen Bekanntheit begründet, keineswegs darin, dass die Interpretationen eine Exklusivität in Bezug auf den Profi-Fußball beanspruchen. Das meiste der Ergebnisse lässt sich freilich auch auf den Amateur-Fußball übertragen, dort jedoch nicht immer ganz so offensichtlich. Beispiele aus dem Bereich des Professionellen, sowohl aus Vergangenheit als auch aus der Gegenwart, sind jedoch praktischerweise einfach einschlägiger und den meisten Menschen gängiger und daher unmittelbar einsichtiger.

Zuletzt noch eine Anmerkung: Ich bin mir aktueller gesellschaftspolitischer Debatten rund um eine sogenannte »gendergerechte« Sprache bewusst. Nichtsdestotrotz habe ich vom Gebrauch des Gendersternchens und ähnlicher Zeichen Abstand genommen. Jedoch möchte ich auch nicht ausschließlich auf das generische Maskulinum zurückgreifen, um nicht das Stereotyp zu reproduzieren, beim Fußball handle es sich um eine reine »Männerangelegenheit«. Ich habe mich daher für Abwechslung entschieden, so dass ich an manchen Stellen explizit alle Geschlechter direkt anspreche und an manchen nur das generische Maskulinum, an manchen nur das generische Femininum verwende. Ich betone ausdrücklich, dass ich zu jeder Zeit wirklich *alle* anspreche und »mitmeine«, ob dies nun explizit sprachlich zum Ausdruck kommt oder nicht. Das gilt selbstverständlich auch für Geschlechteridentitäten, die sich nicht der binären Klassifikation von »männlich« und »weiblich« zuordnen lassen können oder möchten.

Damit haben wir die Aufwärmphase hinter uns und pfeifen das Spiel nun an. Lassen Sie uns gemeinsam auf eine philosophische Entdeckungsreise zu den bewussten und unbewussten Teilen des Fußballs gehen, seine Muster und Strukturen analysieren und verstehen. Nach einem spannenden Verlauf (möglichst ohne Fouls und Rote Karten) hoffen wir auf einen erfolgreichen Abschluss.

Teil 1
»Nur ein Spiel?!« – Strukturen, Regeln und Ziele des Fußballs

Im ersten Teil dieses Buches sollen die Strukturen des Fußballspiels selbst behandelt werden. Gemeint sind damit seine Regeln, Ziele und Absichten. Worum geht es bei diesem Sport? Was genau wird angestrebt? Wie verhalten sich bestimmte Motive, Ansätze und Merkmale zueinander und welche Rolle bekleiden bestimmte Akteure wie Spieler und Schiedsrichterinnen? Es geht also um alles, was den Fußball im inneren Kern seines Wesens ausmacht. Denn um sich mit allen weiteren Faktoren auseinandersetzen zu können, ist eine grundlegende Kenntnis davon, was Fußball an sich selbst ist und wie er sich zusammensetzt, erforderlich. Methodisch werden hierbei insbesondere spieltheoretische Ansätze verarbeitet. Die spielerischen Elemente, die der Sport Fußball enthält, seine Regelhaftigkeit als zentrale Eigenschaft, die sein Status als ein Spiel unter anderen besonders hervorhebt, sollen schwerpunktmäßig herausgearbeitet werden, sodass an ihnen philosophisch aufgezeigt werden kann, welche kulturelle Bedeutung etwa dem Spiel im Allgemeinen und dem Fußball im Besonderen beizumessen ist. Entscheidende philosophische Kategorien wie die der »Wahrheit« oder des »Ernstes« werden in diesem Zusammenhang auf den Fußball und die ihm eigentümlichen Regeln und Ziele angewandt. Denn der Fußball ist schließlich nur ein Spiel! Oder ist er etwa doch mehr als das?

Das Runde muss ins Eckige

Elf Spieler stehen sich auf einem Rasenfeld gegenüber, das standardmäßig 105 mal 68 Meter umfasst und durch weiße Linien in unterschiedliche Sektoren unterteilt ist. Ziel der Spieler ist es, einen Ball, den sie beinahe ausschließlich mit den Füßen oder Körperteilen, die nicht die Arme und Hände beinhalten (von kleinen Ausnahmen abgesehen) in das 7,32 mal 2,44 Meter große Tor des Gegners zu befördern und dabei gleichzeitig zu verhindern, dass den Gegnern dieses Ziel bei ihnen gelingt. Die Spieler wurden von ihrem Trainer möglichst optimal vorbereitet, um die Schwächen der gegnerischen Mannschaft auszunutzen und die eigenen Stärken bestmöglich zu entfalten. Unter Anwendung verschiedenster Strategien müssen sie mindestens ein Tor mehr erzielen als der Gegner, um das Spiel zu gewinnen. Ein Spiel dauert 90 Minuten, unterteilt in zwei jeweils 45-minütige Hälften und gegebenenfalls mit einer vom Schiedsrichter bestimmten Verlängerung.

So simpel könnte man regeltechnisch diejenige Sportart beschreiben, die auf der Welt viele Millionen, wenn nicht gar Milliarden von Menschen begeistert, manche davon so sehr, dass sie ihr ganzes Leben nach Spielplänen ihres Lieblingsvereins ausrichten und dem Erfolg der eigenen Mannschaft alle übrigen Interessen unterordnen. Es ist wohl nicht zuletzt dieser vermeintlichen Einfachheit des Fußballs zu verdanken, dass er derart leicht zugänglich ist und somit große Popularität erlangt. Fußball ist so einflussreich, dass mit seinen grundsätzlichen Regeln, 17 an der Zahl (von Details einmal abgesehen, wozu natürlich die genaue Definition der berüchtigten »Abseitsregel« zählt) auch diejenigen halbwegs vertraut sind, die sich dafür nicht zu interessieren vorgeben oder sogar feindlich gesinnt sind. Hierbei ist zu unterscheiden zwischen »konstitutiven« Regeln, die das Spiel elementar bestimmen und sein Wesen kennzeichnen, und »regulativen« Regeln, die zwar auch das Spiel direkt betreffen, allerdings nicht in ganz elementarer Weise. Zu Ersteren gehört beispielsweise das für Feldspieler geltende »Handverbot«, zu Letzteren die Regel, wonach der Torhüter beim Elfmeter bis zum Schuss des Schützen auf der Torlinie verbleiben muss. Ferner gilt es, »Regeln« von »Normen« abzutrennen. Die »Regel« gibt Ziel des Spiels vor, die »Norm« beantwortet das »Wie«. Dass man ein Spiel gewinnen will, erscheint uns völlig selbstverständlich, lässt sich aber nicht unmittelbar aus den »Regeln« ableiten, sondern stellt eine »Norm« dar, die selbstverständlich derart verbreitet ist, dass sie schon gar nicht mehr als solche wahrgenommen wird.

Beim Nachdenken über Spiele im Allgemeinen kommen wir nicht viel weiter, wenn wir diese nur nach grundsätzlichen Kriterien anordnen, indem wir Gemeinsamkeiten auflisten. Der späte Wittgenstein jedenfalls lehnt eine klare Festlegung auf beispielsweise *allen* Spielen zukommende Gemeinsamkeiten ab. Verschiedene Spiele mögen zwar durchaus die gleichen Merkmale aufweisen, etwa das Streben nach dem Gewinnen oder den Unterhaltungsfaktor, nie werde man allerdings ein Kriterium finden, dass *allen* gleichermaßen zukomme. Wittgensteins Antwort auf diese Problematik ist also, dass man bloß Ähnlichkeiten und Verwandtschaftsverhältnisse angeben könne, das, was unter der Bezeichnung der »Familienähnlichkeit« philosophisch für Furore sorgte. Er schreibt:

> Denn, wenn du sie [die Spiele] anschaust, wirst du zwar nicht etwas sehen, was *allen* gemeinsam wäre, aber du wirst Ähnlichkeiten, Verwandtschaften, sehen, und zwar eine ganze Reihe.[2]

Man muss der These Wittgensteins von der »Familienähnlichkeit« nicht völlig folgen, sie sollte uns jedoch darauf aufmerksam machen, dass wir es bei allgemeinen Ausführungen über den Fußball als »Spiel unter anderen« nicht belassen dürfen. Wir benötigen das Besondere, da wir ja eben die allgemeinen Gemeinsamkeiten nicht nennen könnten, da es sie nicht gibt. Stattdessen gilt es fortan, den Fußball an sich genau zu spezifizieren und ihn möglichst präzise für sich stehend zu untersuchen. Dann brauchen uns vermeintliche Gemeinsamkeiten mit anderen Sportarten und Spielen auch nicht weiter zu kümmern. Wählen wir dafür zunächst eine semantische Annäherung.

Rein begrifflich, philosophisch gesprochen »a priori«, lässt die bloße Bezeichnung des Fußballs elementare Rückschlüsse auf dessen wesentliche Struktur und Methodik zu und weist auf den Umstand hin, dass sich das Spiel der Kategorie der »Ballsportarten« zuordnen lässt und dass das hauptsächlich involvierte Körperteil wohl der Fuß sein muss.

---

2 Wittgenstein, Ludwig: PU I § 66, S. 48.

Doch wie lässt sich dieses Spiel, diese Sportart weiter klassifizieren? Welcher Art von Spiel ist der Fußball zuzurechnen? Der Philosoph Martin Gessmann weist auf eine wichtige Unterscheidung verschiedener Spielarten hin, die er wie folgt voneinander abzugrenzen versucht:

> Im einen Extrem wären die reinen Glücksspiele anzusetzen, im anderen Extrem ein Spiel, das im Prinzip wenigstens rational vollkommen zu durchdringen ist und bei dem es durch ein (unendlich) fortgesetztes Lernen möglich wäre, es mit jedem Gegner aufzunehmen.[3]

Reine Glücksspiele, wie beispielsweise das Roulette, bestehen darin, dass der Ausgang des Spiels nicht einmal durch Auswertung zahlreicher Statistiken und Wahrscheinlichkeiten vorhersehbar ist. Der Ausgang ist jedes Mal rein zufällig und entzieht sich damit jedwedem Einfluss des Spielteilnehmers. Hierbei ist kein Lernprozess möglich, der in irgendeiner Form zur besseren Beherrschung des Spiels beiträgt. Zu der zweiten von Gessmann eingeführten Kategorie zählt etwa das Schachspiel. Hierbei handelt es sich um ein Spiel, das prinzipiell rational völlig durchschaubar ist. Spielzüge und damit auch Ausgänge sind zwar in derartig vielfältigen Möglichkeiten denkbar, die ein vollständiges Beherrschen des Spiels durch einen menschlichen Intellekt unmöglich machen, doch immerhin ist ein kontinuierlicher Lernprozess vorhanden. Wie wir wissen, sind Schachroboter und KI in der Lage, das Schachspiel völlig mathematisch zu berechnen, sodass sie nur einem deterministischen Modell Folge leisten müssen, um den Ausgang zu ermitteln.

Fußball scheint unter keiner der beiden Arten subsumierbar zu sein. Dadurch, dass sich taktisch und spielerisch auf Gegner einzustellen und sich an deren System anzupassen ist, lässt sich nicht rechtfertigen, es handle sich hierbei um ein reines Glücksspiel. Andererseits sind die Elemente des Unvorhersehbaren und kleinere, niemals völlig zu beherrschende Einflüsse wie Wetter, eine gute oder schlechte Tagesform oder Versagensängste so stark, dass Fußball dem Schach nicht völlig entsprechen kann, auch wenn

3 Gessmann, Martin: Philosophie des Fußballs. München 2011. S. 27.

viele Trainer sich das gerne wünschen. Fußball ist ein »Zwischending«, ein Hybridwesen, eine Synthese aus zwei Welten. Hier fließen Freiheit und Determinismus in fast einzigartiger Weise zusammen, sodass es *sinnvoll* ist, sich über den Fußball auszutauschen.

Über Fußball muss man also reden, man kann über ihn »philosophieren«. Daher stammen viele Floskeln und Sprüche, die man teilweise wohl zurecht als »geflügelte Worte« bezeichnen kann, ursprünglich aus dem Fußball und gelten als allgemeine »Fußballweisheiten«. Wenn jemand von übermäßigem und unberechtigtem Hochmut gekennzeichnet ist, könnte man ihn oder sie alltagssprachlich darauf hinweisen, »den Ball flach zu halten«. Nach Beendigung einer Aufgabe kann man ironisch mit der Formulierung »Ich habe fertig!« reagieren, deren fehlerhafte Grammatik der legendären Wut-Rede des damaligen Trainers des FC Bayern München, Giovanni Trapattoni, den nötigen Pfiff verlieh. Andreas Möllers offensichtlich mangelnde Geographie-Kenntnisse sind unbewusst vielen Menschen ein Begriff, denn selbst wenn sie ihn nicht direkt kennen, so ist ihnen wahrscheinlich doch die Aussage »Mailand oder Madrid – Hauptsache Italien«[4] bekannt.

Es ließen sich viele weitere sprachliche Besonderheiten aufzeigen, die den Einfluss des Fußballs auch »abseits« des Rasens dokumentieren. Markante Sprüche, die in der Hitze des Gefechts fallen, etwa in einem Interview kurz nach dem Spiel mit einem noch emotional aufgeladenen Spieler, fanden schon früher massenhafte Verbreitung, doch in Zeiten von Instagram, TikTok und Co. und in Form von sogenannten »Memes« und Ähnlichem nimmt das Tempo der Weitergabe und Wiederverwertung rasant zu.

Besonders hohes Potential, in die Kategorie einer gesellschaftlich geläufigen »Fußball-Weisheit« aufgenommen zu werden, scheinen Aussagen und Kommentare zu haben, die Offensichtliches wiedergeben. Dazu gehören etwa Sprüche wie »Das Runde muss ins Eckige«, »Ein Spiel dauert neunzig Minuten« oder aber Sepp Herbergers Einsicht »Der Ball ist rund«,

---

4 Zum Nachweis der Zitate und zu weitergehender linguistischer Forschung diesbezüglich siehe: Martinez, Matias: Geflügelte Fußball-Worte. In: Hütig, Andreas/Marx, Johannes (Hrsg.): Abseits denken. Fußball in Kultur, Philosophie und Wissenschaft. Kassel 2004, S. 136–142.

die sicherlich jede und jeder schon einmal gehört hat. Dabei ist die Länge eines Fußballspiels im Regelwerk festgeschrieben und unumstößlich (es sei denn, der Spielmodus ist ein anderer und es gibt beispielsweise eine Verlängerung, wenn nach neunzig Minuten kein Sieger feststeht, die Art des Spiels aber einen eindeutigen Sieger verlangt, was man dann »K.O. Spiel« nennt – doch selbst hierbei ist die Dauer der Verlängerung eindeutig geregelt und auf zwei Mal fünfzehn Minuten begrenzt). Nochmal extra auf die bereits ohnehin in den Regeln fest inkludierte Dauer des Spiels hinzuweisen, kommt einer Trivialität nahe. Natürlich ist es richtig, dass ein Spiel neunzig Minuten dauert, aber das ist keine tiefe Einsicht – ein kurzer Blick in das Regelwerk hätte für eine solche Feststellung genügt, sodass die Aussage an sich wenig inhaltsreich ist. Und auch dass das »Runde ins Eckige« muss, ist nichts weiter als eine kurze und prägnante Zusammenfassung dessen, was ohnehin jedem Betrachter des Spiels sowieso schon klar ist. Genauso wie die Tatsache, dass ein Ball notwendigerweise rund sein muss, da er sonst kein Ball mehr wäre. Nichtsdestotrotz werden solche und ähnliche Sprüche überproportional häufig zu »Klassikern« mit Kultstatus. Die in ihnen liegende Klarheit scheint uns anzusprechen, ganz im Gegensatz zu verkomplizierenden Kommentaren über das Spiel. Sie sind markant und bleiben stärker in Erinnerung als hochtrabende Analysen. Außerdem geben sie Aufschluss über den im Fußball vorherrschenden Pragmatismus. Der direkte Weg wird gegenüber den komplizierten Umwegen bevorzugt. Das konkrete Handeln übertrifft jedes Schwadronieren.

In gewisser Weise ist Fußball also trivial. Das Spiel an sich ist einfach strukturiert, manch einem mag es sogar »übersimplifiziert« erscheinen und dadurch auch etwas »platt« und keinen Raum für tiefergehende Analysen bietend. Durch Interviews von Spielerinnen oder Trainern sehen sich viele, die dem Fußball die Einfachheit als Laster auslegen, zumeist bestätigt, denn große Einsichten über das Spiel werden dort eher nicht kundgetan, sondern die Antworten beschränken sich auf Plattitüden und offensichtlichen Einordnungen. Natürlich war der Gegner heute besser, sonst hättet ihr doch nicht so hoch verloren! Natürlich muss man von Spiel zu Spiel schauen und konzentriert bleiben, welche Möglichkeit hat man denn auch sonst? Natürlich könnt ihr eigentlich besser spielen, sonst wärt ihr keine Profis geworden! Von den scheinbar niemals aussterbenden Floskeln in Interviews kann so manch ein Fan oder interessierter Beobachter ein Lied singen. Ist das plump oder einfach nur pragmatisch?

Ganz objektiv betrachtet ist der Fußball ein einfaches Spiel, eines das prinzipiell jede und jeder verstehen kann. Aber ist das nicht auch eigentlich der Sinn eines Spiels? Welches Spiel bereitet schon Freude, wenn es von den Regeln her derartig komplex ist, dass man kaum den Überblick behalten und sich alle Gebote und Verbote merken kann? Schach, wir haben es bereits gesehen, ist im Grunde auch ein simples Spiel. Es gibt klar definierte Regeln und eindeutige Ziele, mit den Figuren ist immer nur das jeweils für sie geltende Muster an Zügen möglich und das ändert sich nie, was die eingangs thematisierte hohe Lernbarkeit des Spiels ausmacht. Und dennoch hat kein Spiel einen solch hohen intellektuellen Ruf wie das Schach. Ein klarer Fall eines Spiels, dessen Tiefe nicht in den Regeln, Methoden und Zielen liegt, sondern in der Manifestation dessen, in der praktischen Anwendung und Ausübung und der unglaublichen Menge und Vielfalt an konkreten Möglichkeiten. Beim Fußball könnte es sich zumindest ähnlich verhalten, wenn auch nicht völlig analog, das wird der weitere Verlauf des Buches erarbeiten. Interessant ist ja, dass manchmal der Fußball mit Schach verglichen wird, da man die Spieler ebenso als Figuren ansehen kann, die der Trainer mit möglichst viel Raffinesse auf dem Spielfeld »verschieben« kann (nur mit dem Unterschied, dass Fußball im Gegensatz zu Schach ohne Würfel auskommt – ein Spruch, der Lukas Podolski zugeschrieben wurde, aber auf den Satiriker Jan Böhmermann zurückgeht). Eine Gleichsetzung, die in dieser Form nicht haltbar ist, wie bereits zuvor herausgestellt wurde, da sie das Motiv des Unvorhersehbaren, Glücksspielartigen im Fußball unterschlägt, ohne dass dieser dadurch zum bloßen »Glücksspiel« verkommt. Nichtsdestotrotz, die Einfachheit des Fußballs auf die Regeln bezogen, muss daher nicht notwendigerweise ein Argument gegen dessen Tiefgründigkeit sein, wie das Beispiel Schach beweist. Zu bedenken gilt es schließlich, dass der Fußball gerade aufgrund dieser einfachen und auch für Laien relativ überschaubaren Regeln, vielen Menschen überhaupt erst einen Zugang bietet und dadurch seine Popularität mitbegründet, was vielmehr eine Stärke und keineswegs eine Schwäche ist, denn dadurch wird der

Fußball inklusiv, »volksnäher« und weniger elitär (wobei diese Begeisterung der Massen definitiv etwas ist, was man auch kritisch sehen kann, worauf ich im Kapitel »Das ›Gespenst‹ der Masse« noch näher eingehe). Tautologien sind Sätze, die immer wahr (oder falsch) sind, weshalb Wittgenstein sie als »sinnlos« klassifiziert, da sie uns keine neuen Erkenntnisse liefern, sondern nur das wiedergeben, was begrifflich bereits in ihnen enthalten ist. Dass ein Dreieck aus drei Ecken besteht, besagt bereits der Begriff des Dreiecks selbst und ist keine darüber hinausgehende Information. Dass das Spiel neunzig Minuten dauert, ist offensichtlich, kann allerdings als Erkenntnis während des Spiels selbst durchaus von Vorteil sein und die Mentalität stärken. Denn so lange die neunzig Minuten noch nicht abgelaufen sind, sollte man nicht aufgeben: Es ist ja noch »alles möglich« bzw. »Nichts ist unmöglich« (eine weitere Floskel, die uns im Alltag oft begegnet, auch in Kontexten, die nichts mit Fußball zu tun haben). Die Tautologien des Fußballs sind also nicht »sinnlos«. Allerdings verfügen sie nur in geringem Maße über theoretischen Wert und sind in erster Linie für die Praxis relevant. Diese Dimension gilt es zu berücksichtigen, will man den Fußball philosophisch fruchtbar werden lassen.

Im ersten Teil dieses Buches gilt es dementsprechend vorbehaltslos aufzudecken, ob der Fußball als Spiel eine Tiefenstruktur besitzt und wie sich diese angemessen philosophisch erörtern ließe, sowie eine Würdigung der »offensichtlichen« Merkmale, die uns in der Wahrheitsfindung gleichermaßen unterstützen.

Die »Wahrheit des Spiels«

Die Philosophie ist nicht perfekt. Während das Ideal dieser Wissenschaft eine unvoreingenommene und stets offene Haltung voraussetzt, die der Wahrheitsfindung als oberstem Ziel Untertan ist, so gestaltet sich die konkrete Umsetzung dessen in die Praxis zumeist als nicht ganz so einfach. Philosophen können selbstverständlich Vorurteile haben, da auch sie nur Menschen sind. Friedrich Nietzsche widmet diesem Phänomen gar den ersten Teil seines einflussreichen Werkes »Jenseits von Gut und Böse« mit dem Titel »Von den Vorurtheilen der Philosophen«.[5] Als das zentrale »Vorurtheil«, stellt Nietzsche dabei den philosophischen Anspruch der Wahrheitsfindung um jeden Preis heraus, was er »Wille zur Wahrheit«[6] nennt. Er selbst wird in seinem Werk immer wieder kritisch dagegen vorgehen, was uns jedoch an dieser Stelle nicht weiter beschäftigen soll. Nietzsches Philosophie kleidet sich damit in ein Gewand der »Anti-Philosophie«, welches die klassischen Wahrheitsansprüche der traditionellen Philosophie zu unterminieren scheint.

In Bezug auf den Fußball handelt es sich hierbei um eine wichtige Erkenntnis. Das Spiel tritt als »anti-philosophisch« auf, ähnlich wie Nietzsche, denn Wahrheit als oberster Wert, spielt im Fußball selbst keine Rolle. Das Gegenteil entspricht vielmehr den Tatsachen: Lüge und Täuschung können im Spiel als »Tugenden« eingesetzt werden, denn ein solches Verhalten wird in der Regel belohnt. Es wird sich gerne beim kleinsten Touchieren einer Gegenspielerin fallen gelassen, man gibt nicht gerne zu oder streitet gar vehement ab, dass man mit der Hand am Ball war, und wenn man selbst zu hart in den Zweikampf geht und »foult«, wird das Handeln heruntergespielt. Falls ein Spieler mit der Wahrheit »herausrückt« und beispielsweise Fehlverhalten zugibt, erhält er dafür allenfalls eine »Fair Play«-Auszeichnung, im Spiel selbst nützt das jedoch weder ihm noch der Mannschaft (weshalb eine solche Ehrlichkeit auch nicht häufig anzutreffen ist). Natürlich gibt es ein Regelwerk, das in den meisten Fällen, von Uneindeutigkeiten abgesehen, klar vorschreibt, wann ein bestimmtes Zweikampfverhalten zu ahnden ist oder wann ein Tor nicht zählen darf, weil eine Spielerin sich zuvor im Abseits befunden hat und so weiter. Das könnte man gegebenenfalls als »Wahrheit« auslegen. Doch die Herrschaft der Regeln im Fußball ist nicht autonom. Ihre Einhaltung ist auf die Autorität einer Figur angewiesen, die nur für den Zweck besteht, das Spiel zu überwachen und gegebenenfalls Spieler zu sanktionieren, die sich einer Regelüberschreitung schuldig gemacht haben: Der Schiedsrichter. Die konkrete Regelauslegung

---

5 Nietzsche, Friedrich: *Jenseits von Gut und Böse/Zur Genealogie der Moral.* Hrsg. v. Giorgio Colli/Mazzino Montinari (ders.: Kritische Studienausgabe in 15 Bänden. Bd. 5). München/New York 2021.

6 Ebd. S. 15.

und prompte Anwendung beruht auf seiner Autorität und auf seiner Entscheidungsgewalt. Der Schiedsrichter ist das personifizierte Gesetz auf dem Fußballfeld. Da es sich bei ihm um einen weiteren menschlichen Akteur handelt, ist natürlich Fehlbarkeit gegeben. Die Spieler versuchen alles in ihrer Macht stehende, die Regeln zu ihren Gunsten auszulegen und größtmöglichen Einfluss auf den Entscheider, den Schiedsrichter, auszuüben. Bei kaum einer Schiedsrichter-Entscheidung gibt es keine Proteste vonseiten der Spieler, keine Klagen vonseiten der Bank und keine teils massiven Beleidigungen vonseiten der Tribünen, die sich gegen den »Unparteiischen« richten.

Dass sich im Fußball die »Wahrheit« durchsetzt, ist keineswegs notwendig. Qua seiner Rolle im Spiel ist es zwar der Anspruch des Schiedsrichters, dass seine Entscheidungen möglichst mit der »Objektivität« des Spielgeschehens übereinstimmen und somit eine Art von »Wahrheit« erlangen, letztendlich verfügt er jedoch über die alleinige Macht, »Wahrheit« im Fußball überhaupt erst zu konstruieren. Dies erfolgt allerdings paradoxerweise nicht durch die »Wahrheit« selbst, sondern dadurch, dass »Tatsachen« geschaffen werden und zwar *durch* den Schiedsrichter. Dessen performative Festlegungen bestimmen das, was der Fall ist. Der renommierte Sportphilosoph Gunter Gebauer meint diesbezüglich: »Die Wirklichkeit ist im Fußball eine Frage der Autorität. Die Entscheidung des Schiedsrichters über die Wirklichkeit des Spiels steht höher als der Gerechtigkeitssinn […].«[7]

Eine berühmte Fußball-Floskel besagt etwas scherzhaft: »Abseits ist, wenn der Schiedsrichter pfeift.« Nicht etwa: »Abseits ist, wenn ein Spieler der gegnerischen Torlinie näher ist als der Ball und der vorletzte Gegenspieler (inklusive des Torwartes).« Bei Letzterem handelt es sich um die Definition von Abseits, um die Regel, wie sie objektiv gültig im Regelwerk festgeschrieben ist. Bei Ersterem dagegen, also der Floskel und »Fußball-Weisheit«, (und hier besteht der große Unterschied!) handelt es sich um die »Wahrheit des Spiels«. Wenn sich eine Spielerin in einem Spiel im Abseits befindet, gemäß der Regel also der gegnerischen Torlinie näher ist

7 Gebauer, Gunter: Das Leben in 90 Minuten. Eine Philosophie des Fußballs. München 2016. S. 72.

als der Ball und die letzte Gegenspielerin, dann entspricht ihre Abseitsstellung de facto der Wahrheit. Eine »Tatsache« ist diese Positionierung jedoch erst, wenn die Schiedsrichterin sie als Abseits anerkennt und entsprechend entscheidet. Im Fußball geht es um Entscheidungen, um Handlungen, niemals um Diskursivität und abstrakte Erkenntnis der Wahrheit. Wenn die Schiedsrichterin die Abseitsstellung nämlich nicht anerkennt und das Spiel nicht, wie es in einem solchen Fall korrekt wäre, unterbricht, sondern weiterlaufen lässt, dann ist das Fortsetzen des Spiels, obwohl ein Irrtum vorliegt, die »Wahrheit des Spiels«, wie es Gebauer nennt. Dass das Spiel korrekterweise hätte unterbrochen werden müssen, interessiert nicht mehr im Spiel, sondern ist nur noch Gegenstand hitziger und umstrittener Debatten unter Fans und selbsternannten »Experten« und auch die Spielerinnen müssen sich mit der Entscheidung der Schiedsrichterin arrangieren, selbst wenn sie eindeutig wissen, dass es »falsch« war. Natürlich *war* es anders als entschieden, aber nur die Entscheidung an sich zählt, alles andere ist irrelevant. Die »Wahrheit des Spiels« ist die Entscheidung des Schiedsrichters und zwar ausschließlich diese, ob sie den tatsächlichen Dingen nun entspricht oder nicht.

Eine solche Konstellation mutet zugegebenermaßen äußerst seltsam an. Im Normalfall sind wir daran gewöhnt, dass das, was *ist*, auch den Tatsachen entspricht. In unserem Alltagsverständnis sind die beiden Konzepte von Tatsachen und Wahrheit aneinander gekoppelt, sodass sie ein wechselseitiges und reziprokes Verhältnis miteinander eingehen. Tatsachen sind wahr und sie werden wahr dadurch, dass sie eben Tatsachen sind. Im Fußball wird diese Verbindung aufgehoben. Hier steht die Welt Kopf und Tatsachen haben plötzlich mit Wahrheit nichts mehr zu tun. Wir können zwar immer die Situation von außen, von einer unbeteiligten Position aus, bewerten und dabei bei den meisten Schiedsrichter-Entscheidungen urteilen, ob sie »objektiv« richtig oder falsch waren (wobei der Fußball immer wieder äußerst brisante Grenzfälle bietet, bei denen eine eindeutige Bewertung nicht möglich ist), in Anbetracht der realen Lage und Ereignisse auf dem Spielfeld, doch innerhalb des Spiels selbst, gibt es nur die durch den Schiedsrichter autoritär als Tatsachen festgelegten Entscheidungen: Wie es *wirklich* war, wird irrelevant. In den meisten Fällen liegt der Schiedsrichter selbstverständlich in den unzähligen Entscheidungen, die er pro Spiel fällen muss, »richtig« (im Sinne einer Übereinstimmung der Entscheidung mit dem »objektiven« Regelwerk), denn er ist kein völlig arbiträrer Akteur, der seine Willkür walten lässt, sondern an die über ihm stehende Instanz des Verbandes gebunden, der die Regeln bestimmte. Das Schicksal des Schiedsrichters ist es allerdings, dass er (etwas frei nach Sartre) zum Entscheiden verdammt ist. In jeder einzelnen Situation muss er sich festlegen – und wie er sich auch entscheidet, das gilt dann auch. Er kann nicht NICHT entscheiden. Ansonsten wäre er nicht imstande, das Spiel zu leiten. Das Spiel muss weitergehen, auch in uneindeutigen Fällen (die es in jedem Spiel gibt), in denen sich der Schiedsrichter nicht sicher ist, was die korrekte Entscheidung wäre. Er muss sich stets festlegen, sich seiner Entscheidung und sich selbst sicher sein, will er seine Autorität nicht einbüßen. Enthaltung ist keine Option, denn in irgendeiner Form muss das Spiel schließlich fortgesetzt werden. Entweder Freistoß oder kein Freistoß, Tor oder kein Tor, gelbe Karte oder keine gelbe Karte. Die Wahl obliegt dem Schiedsrichter, in dieser Hinsicht ist er unter den Bedingungen des Gesetzes frei, allerdings dazu verdammt, sich entscheiden zu *müssen* und darin unfrei. Er ist zwar unparteiisch, nicht jedoch neutral. Das kann er gar nicht sein, denn er ist gezwungen, eine Meinung zum sich Ereigneten zu haben und sich entsprechend festzulegen.

Ein berühmtes Beispiel aus der Fußballgeschichte ist das sogenannte »Wembley-Tor«, das auf die Szene des entscheidenden Siegtreffers der englischen Nationalmannschaft im WM-Finale 1966 gegen Deutschland referiert. Ein Schuss der Engländer knallte hierbei an die Unterkante der Latte des deutschen Tores und sprang von dort aus nach unten auf die Torlinie, sehr wahrscheinlich, wie die Fernsehbilder zeigten, ohne diese vollständig zu überschreiten. Das Tor zählte, obwohl es eigentlich nicht hätte zählen dürfen. Die Entscheidung des Schiedsrichters markierte eine »Wahrheit des Spiels«, die nicht mit dem, was wir landläufig als »wahr« betiteln im Einklang war: Dass England dieses Spiel aufgrund des umstrittenen Treffers gewann und Weltmeister wurde, ist die Wirklichkeit der Fußballgeschichte. Die Gültigkeit dieses englischen Siegtores ist die Tatsache, die einzig und allein nur der Schiedsrichter markieren konnte. Mit all den sich daraus ergebenden Konsequenzen und Folgen für den weiteren Verlauf der Fußballgeschichte, ist der Sieg der Engländer, wenngleich in seinem Entstehen zweifelhaft, ein unhinterfragbares und ewiges Faktum der Welt des Fußballs.

Bei einem guten Schiedsrichter, der richtige Entscheidungen fällt, findet das philosophische Ideal noch Verwirklichung, denn dann fallen Tatsachen (als »Wahrheiten des Spiels«) und Wahrheit in unserem Alltagsverständnis zusammen, doch wie bereits gezeigt, ist diese in unseren anderen Lebensbereichen notwendige Verbindung im Fußball keineswegs selbstverständlich und wird oft genug missachtet. Dass Wahrheit etwas ist, das autoritär bestimmt wird, erscheint uns demokratisch geprägten Menschen heutzutage sehr kontraintuitiv und erinnert an faschistische und diktatorische Züge. Eigentlich, so nehmen wir beinahe selbstverständlich an, sind die Dinge wahr, weil sie eben wahr sind und sie sind nicht wahr, weil eine Autorität, etwa ein tyrannischer Machthaber, das einfach behauptet und arbiträr festlegt. Wenn ich etwas sage, das der Wahrheit entspricht, zum Beispiel, dass ich gerade diese Zeilen schreibe, dann wird meine Aussage durch die Tatsache wahr, dass ich eben gerade schreibe. Der Fußball dagegen entzieht sich dieser philosophischen Erkenntnis, denn hier ist Wahrheit autoritär strukturiert und das, was der Schiedsrichter entscheidet, ist wahr, kraft seiner geschaffenen »Tatsachen«.

Neuere Entwicklungen in der jüngeren Geschichte des professionellen Fußballs bemühen sich jedoch wieder mehr um Objektivität im Spiel, wobei ich unter »Objektivität« das Zusammenfallen von Tatsachen und Wahrheit verstehe, etwas, das in unserem Alltagsverständnis des Wortes ohnehin schon inbegriffen ist. In vielen Ligen wird das Schiedsrichter-Team (also der Schiedsrichter auf dem Spielfeld und die Linienrichter) in seiner Autorität dahingehend beschränkt, dass es weiteren Kontrollinstanzen unterliegt. So gibt es in der deutschen Bundesliga seit der Saison 2017/2018 den sogenannten »Video Assistant Referee«, kurz »VAR« oder auch bekannt als »Video-Beweis«. Hierbei wird das Spiel von einem weiteren Schiedsrichter »überwacht«, der von Bildschirmen aus das Geschehen verfolgt und technische Mittel wie Zoom, Zeitlupe oder Wiederholung zur Verfügung hat, über die der Schiedsrichter auf dem Platz nicht verfügt. Bei klaren Fehlentscheidungen, wenn also »Tatsache« und »Wahrheit« wieder einmal auseinanderdriften, greift der »Video-Schiedsrichter« per Funk ein und macht den Schiedsrichter auf dem Feld auf seinen Irrtum aufmerksam oder bittet ihn, sich die Szene in der Wiederholung selbst nochmal anzusehen, auf am Spielfeldrand extra dafür eingerichteten Bildschirmen. Den Fußball dadurch objektiver zu gestalten, scheint zumindest aktuell noch nicht zu funktionieren, denn was theoretisch Fehlentscheidungen auf ein Minimum reduzieren sollte, erweist sich in der praktischen Anwendung weiterhin als äußerst fehlerhaft und sorgt bei Fans häufig für Unmut und Unverständnis. Schuld daran ist jedoch schlichtweg die Ambiguität des Fußballs, denn ob ein bestimmtes Zweikampfverhalten noch im Rahmen der Regeln ist oder schon eine Grenzüberschreitung darstellt, liegt sehr häufig im individuellen Ermessen des Schiedsrichters, der schlussendlich bei der Wahrheitskonstruktion immer auf seine Autorität zurückgreifen muss. Selbst der »Video-Schiedsrichter« ist letztendlich immer noch eine Autorität und nicht die Wahrheit in persona. Gebauer weist zu Recht darauf hin, dass letztendlich die Autorität des einen Schiedsrichters auf dem Feld unhintergehbar ist. Technische Hilfsmittel wie der »VAR« oder die »Torlinientechnik«, die anzeigt, wann ein Ball vollumfänglich die Torlinie überschritten hat und der Treffer damit regulär ist und zählen muss, unterstützen den Schiedsrichter zwar ohne Frage, setzen seine Autorität jedoch zu keinem Zeitpunkt aufs Spiel, denn es ist letztendlich »doch der Schiedsrichter, der das Tor *anerkennen* muss, damit es wirklich ist.«[8]

Die Einführung des »VAR« kann das Spiel allenfalls gerechter machen, nicht jedoch wahrer. »Gerechtigkeit« ist aber etwas anderes, nämlich eine ethische Kategorie. »Wahrheit« dagegen ist ein epistemischer, die Erkenntnis der Wirklichkeit betreffender Wert, der im Fußball nicht die geringste Bedeutung besitzt und logisch gesehen auch gar nicht besitzen kann, denn Wahrheit im Spiel ist ja immer schon vorhanden durch die Entscheidungen des Schiedsrichters, unabhängig davon, wie sie ausfallen. Er hat das letzte Wort auf dem Platz und in gewisser Weise kann

---

8 Ebd. S. 70.

er ja auch gar nicht »irren« (im konventionellen Sinne des Begriffs), denn egal wie er entscheidet, es ist stets die »Wahrheit des Spiels«, wenngleich es nicht zwingend objektiv, also mit den Regeln in Übereinstimmung, sein muss.

An dieser Stelle ließe sich noch ein weiterer Begriff einführen, und zwar den der Wirklichkeit. Die »Wahrheit des Spiels«, sprich: die Entscheidung des Schiedsrichters, ist gleichzeitig die Wirklichkeit, an der es nichts zu rütteln gibt, auch nicht von außen. Wenn ein Spiel 2:0 endet, obwohl beide Tore irregulär waren und sie in unserem Sinne als »Wahrheit« nicht existieren können, hat der Schiedsrichter sie dennoch gelten lassen und ihr Bestehen damit performativ als »Wahrheit des Spiels« gesetzt, sodass das Ergebnis und der Ausgang des Spiels die Wirklichkeit markieren. »Wirklichkeit« ist hier gleichzusetzen mit »Tatsachen«, die beide die »Wahrheit des Spiels« konstituieren und sich damit von einem alltagssprachlichen und wahrscheinlich auch philosophischen Verständnis von »Wahrheit« abgrenzen. Diese konventionelle »Wahrheit« findet sich wahrscheinlich im Fußball nur noch in der Objektivität des Regelwerkes, das an sich jedoch nicht agieren kann, sondern der praktischen Auslegung und Anwendung bedarf und dann schon nicht mehr »wahr« oder »objektiv« im klassischen Sinne ist. Fußball ist eben keine Theorie, sondern Praxis, was schon Adi Preißler wusste mit seiner berühmten Aussage: »Grau ist im Leben alle Theorie. Entscheidend ist auf'm Platz.«

Fußball ist deswegen philosophisch so interessant, weil er sich in seiner Struktur als »anti-philosophisch« erweist. Während die klassische Philosophie als »Liebe zur Weisheit« (dem griechischen Ursprung des Begriffs zufolge) nach Wahrheit strebt, hat der Fußball sie bereits immer und jederzeit erreicht, jedoch nur aufgrund einer autoritären Festlegung in Form von »Tatsachen«, die sich nicht daran messen und darauf reduzieren lassen, wie es »eigentlich« war. Philosophische Wahrheit ist im Fußball nicht vorgesehen. Sein Verhältnis zu dieser Art von Wahrheit ist ein schwieriges und das wird so bleiben, »VAR« hin oder her! Im Fußball zählt nur die Wirklichkeit, nicht die Wahrheit (und schon gar nicht die »VARheit«), denn das Spiel kennt keinen »Willen zur Wahrheit«, wie ihn Nietzsche der Philosophie vor ihm kritisch unterstellt. Vielleicht wäre dies einer von vielen denkbaren Gründen, aus denen Nietzsche den Fußball mögen würde. Ist er nicht auch deswegen ein so einflussreicher und bedeutsamer Philosoph, weil er ein Anti-Philosoph ist?

Der Ball als Akteur

Bekanntermaßen gehört Fußball zu den Ballsportarten und ist unter diesen wohl die berühmteste und beliebteste der Welt. Folglich erscheint es sinnvoll, den Ball selbst, als zentrales Instrument dieses Sports genauer in den Blick zu nehmen.

Mit einem Umfang von mindestens 68 und höchstens 70 cm sowie einem Gewicht von 420–450 Gramm handelt es sich bei dem klassischen Erwachsenen-Fußball um einen verhältnismäßig großen und schweren Ball. Die kugelförmige Gestalt verleiht ihm dabei die charakteristischen Bewegungsabläufe.

Abwertend wird das Fußballspiel zuweilen als Sportart beschrieben, bei der nichts weiter passiert, als dass zweiundzwanzig Menschen auf dem Feld einem runden Leder hinterherlaufen. Ironisch und kritisch wird dabei auf die tatsächlich vorhandene enorme Fixierung auf den Ball angespielt. Somit trifft die polemische Behauptung durchaus einen wahren Kern, insofern Fußball als Spiel sich zunächst einmal nur selbst darstellt. Zu unterscheiden wäre hier allerdings zwischen »Denotation« und »Konnotation«, zwei Konzepten, die ursprünglich aus der Sprachwissenschaft stammen, aber mittlerweile zudem in der Philosophie beheimatet sind. Die »Denotation« ist wohl eher die »langweilige« Ebene, da sie mehr oder weniger deskriptiv bloß die »eigentliche« Bedeutung (sofern man eine solche denn überhaupt ausmachen kann) darlegt. Zu behaupten, Fußball sei nichts anderes, als eben das Hinterherrennen nach einem Ball, ist damit allenfalls auf der rein beobachtenden und deskriptiven Ebene der »Denotation« richtig. Die »Konnotation« beinhaltet jedoch weitere Bedeutungsebenen, die implizit bei etwas mitschwingen. So ist beispielsweise das Herz denotativ ein lebenswichtiges Organ von vielen Tieren, konnotativ dagegen symbolisiert es die Liebe. Will man den *Sinn* des Spiels herausfinden, ist es vor diesem

Hintergrund erforderlich, das Agieren der Spieler als ein sinnvolles Handeln aufzufassen, das in Bedeutungsstrukturen eingebettet ist. Es ist demgemäß viel interessanter und wertvoller, die konnotative Seite des Fußballs zu erörtern und dessen kulturellen und strukturellen Wert anzuerkennen, als das Spiel auf Oberflächlichkeiten zu reduzieren. Der Ball selbst ist bei diesem Sport nämlich auch weitaus mehr als das Ding, dem hinterhergerannt wird, mit dem Ziel, ihn möglichst häufig im gegnerischen Tor zu versenken: Der Ball ist ein fetischisiertes Objekt.

Der Begriff »Fetisch« wird heutzutage zumeist mit sexueller Sphäre in Verbindung gebracht. Ursprünglich war damit ein rituelles, quasi-religiöses Objekt gemeint, dem übernatürliche Kräfte zugesprochen wurden. Bekanntheit erlangte der Begriff durch das marxistische Vokabular, wobei Marx die Begriffsbedeutung auf die begehrten Waren übertrug, die er im Rahmen seiner ökonomischen Analyse betrachtete. Im 4. Teil des ersten Abschnittes seines ökonomischen und philosophischen Hauptwerkes »Das Kapital«, welches die Überschrift »Der Fetischcharakter der Ware und sein Geheimnis«[9] trägt, schildert Marx die Mystifikation von menschengemachten Waren im Rahmen des kapitalistischen Produktionsprozesses. Er schreibt einleitend:

> Eine Ware scheint auf den ersten Blick ein selbstverständliches, alltägliches Ding. Ihre Analyse ergibt, daß sie ein sehr vertracktes Ding ist, voll metaphysischer Spitzfindigkeit und theologischer Mucken.[10]

Aus dieser Deutung ergibt sich, dass bei einer Ware, einem Produkt, eine Diskrepanz vorliegt und zwar eine zwischen Schein und Sein. Um dieses Verhältnis zu verstehen, ist es vonnöten, die marxistische Unterscheidung von »Tauschwert« und »Gebrauchswert« vor Augen zu haben. Der »Gebrauchswert« ist das, was man mit einer Ware direkt »anfangen« kann, wie man sie verwendet und anwendet. Ein Tisch hat den »Gebrauchswert«,

---

9 Marx, Karl: Das Kapital. Kritik der politischen Ökonomie. Ungekürzte Ausgabe nach der zweiten Auflage von 1872. Mit einem Geleitwort von Karl Korsch aus dem Jahre 1932. Köln 2009. Hier S. 83.

10 Ebd. S. 83.

dass man Gegenstände auf ihm abstellen kann und er damit in dieser Hinsicht ein nützlicher Gegenstand ist, nicht mehr und nicht weniger. Der »Tauschwert« dagegen ist einer Ware nicht notwendig inhärent und auch nicht unmittelbar anzusehen. Dies ist der Preis, der erst auf dem Markt entsteht und die eigentlich wirtschaftliche und ökonomische Komponente beinhaltet, da er angibt, wie viel Arbeitskraft in ein Produkt investiert wurde. Wenn man für einen bestimmten Stuhl etwa 50 € verlangt, so ist dieser finanzielle Preis der »Tauschwert«, der vielen Einflüssen des Marktes immer wieder ausgesetzt ist und sich auf verschiedene Arten zusammensetzen kann, die uns an dieser Stelle nicht weiter beschäftigen sollen. Marx schreibt:

> Es ist sinnenklar, daß der Mensch durch seine Tätigkeit die Formen der Naturstoffe in einer ihm nützlichen Weise verändert. Die Form des Holzes z.B. wird verändert, wenn man aus ihm einen Tisch macht. Nichtsdestoweniger bleibt der Tisch Holz, ein ordinäres sinnliches Ding. Aber sobald er als Ware auftritt, verwandelt er sich in ein sinnlich übersinnliches Ding.[11]

Ein Tisch ist ein von menschlicher Arbeit erzeugtes Produkt, das über einen bestimmten »Gebrauchswert« verfügt. Auf dem Markt als Ware wird diesem sinnlichen, menschengemachten Erzeugnis jedoch eine Art von metaphysischer, übersinnlicher Bedeutung beigemessen und genau darin besteht der »Fetischcharakter« der Ware. Hier tritt nämlich der »Tauschwert« zu Tage, denn dieser bemisst sich auch an dem quasi transzendenten Wert, der den puren »Nutzen« schon übersteigt. Bei einem völlig ordinären Tisch ist dieser Aspekt eher untergeordnet, aber wenn man an absurde Preise für Kunstwerke denkt, gewinnt die These vom »Fetischcharakter« an Plausibilität. Unter einem Fetisch im marxistischen Sinne versteht man nämlich nichts anderes als die Aufwertung eines sinnlichen Gegenstandes zu etwas Übersinnlichem. Einem von Menschenhand hergestellten Objekt werden übernatürliche Kräfte zugeschrieben, sowie eine Macht, die

11 Marx: Das Kapital. S. 83.

angeblich das eigene Leben beherrschen kann. Die Ware wird zum »Idol«, zum Gottersatz, der angebetet wird. Der globale Kapitalismus hat den Fetischcharakter der Ware immer weiter ausgebreitet. Wenn man Geld nicht mehr als Mittel zum Zweck (was es de facto darstellt), sondern als Selbstzweck erachtet und es beinahe zwanghaft einfach nur sinnlos anhäufen will, unterliegt man bereits einem Fetisch. Ein weiteres typisches, häufig fetischisiertes Objekt ist (wahrscheinlich vor allem bei den Deutschen) das Auto, dem viele Menschen ein Eigenleben unterstellen oder es jedenfalls so pflegen und behutsam damit umgehen, als sei es ein Lebewesen mit Gefühlen und nicht ein aus Blech bestehender Gebrauchsgegenstand, der sehr nützlich, aber definitiv nicht anbetungswürdig ist. Als Fetisch ist das Auto ein »Mythos«, als Gebrauchsgegenstand ein bloßes »Faktum«, um auf dieses hilfreiche Begriffspaar des französischen Kulturwissenschaftlers Roland Barthes zurückzugreifen.[12] Der mythische Charakter der Ware äußert sich beim Fußball vor allem (aber nicht ausschließlich) bei originalen Spielbällen aus Aufeinandertreffen von Profi-Mannschaften, die gewaltig in ihrem Wert steigen. Wenn ein Fan zufällig in den Besitz eines solchen kommt oder aber einen »gewöhnlichen« Ball von seinem Lieblingsspieler unterschreiben lässt, überbieten sich Bewerber bei eBay bis ins Unermessliche. Der Ball, gegen den einmal ein Thomas Müller getreten hat, ist in dieser fetischisierten Denkweise »wertvoller« als einer, den ich frisch aus dem Laden habe (wenngleich logisch betrachtet, der neue Ball sogar wertvoller sein müsste, da er eben nicht gebraucht, sondern neu ist). Dadurch, dass er von Stars »berührt« wurde, umrankt den entsprechenden Ball eine mystifizierende »Energie«. Dies gilt analog auch für Kleidungsstücke, wie beispielsweise Trikots, die den enormen »Wäschefetisch« vieler Fans bestätigen. Genau darin besteht das irrationale, da vom »Gebrauchswert« völlig entkoppelte, Element des »Tauschwertes« der fetischisierten Ware. Denn der Fetisch entfremdet so sehr vom ursprünglichen Zweck des Gegenstandes, dass Marx feststellt: »Der mystische Charakter der Ware entspringt also nicht aus ihrem Gebrauchswert.«[13]

---

12 Vgl. hierzu: Barthes, Roland: Mythen des Alltags. Vollständige Ausgabe. Aus dem Französischen von Horst Brühmann. Berlin 2010.

13 Marx: Das Kapital. S. 83.

Ohne den genauen Produktionsprozess eines Fußballs nachvollziehen zu müssen (meistens zusammengenäht von Kindern in Billiglohnländern und unter menschenunwürdigen Bedingungen), so ist auch er zunächst eine Ware, die sich im Handel erwerben lässt (die Entstehung des modernen Fußballs geht im 19. Jahrhundert Hand in Hand mit der Entwicklung des Kapitalismus als vorherrschender Wirtschafts- und Gesellschaftsordnung). Darüber hinaus lassen sich die Kategorien der marxistischen Analyse ebenfalls hervorragend auf den Ball anwenden. Im Spiel verfügt er über einen klaren »Gebrauchswert«, er dient als Instrument, um das Spiel zu bestreiten, er macht es überhaupt erst möglich. In diesem Sinne gehört er zum klassischen Inventar, zur erforderlichen Ausstattung. Doch während des Spiels wird er nicht mehr auf seine bloße Funktionalität und seinen instrumentellen Charakter beschränkt. Beim Fußball ist der Ball wie ein weiterer Spieler, der sich jedoch der Parteilichkeit für eine bestimmte Mannschaft entzieht und nur derjenigen »dient«, die besser mit ihm umzugehen weiß. Ihm wird also ein Eigenleben unterstellt, allerdings ist er ebenso der Kontrolle durch eine »höhere« Macht ausgesetzt. Damit wird der Ball fetischisiert: Einem menschengemachten Gegenstand mit einer menschlichen Bedeutung werden übernatürliche Kräfte zugeschrieben.

Der Impuls, dem Ball im Fußball einen eigenen Willen zu unterstellen und ihn dadurch zu vermenschlichen, lässt sich jedoch anhand der Struktur des Spiels nachvollziehbar zurückverfolgen. Im Gegensatz zu anderen Ballsportarten wie Handball oder Basketball, wird im Fußball, wie der Name schon verlauten lässt, der Ball mit dem Fuß gespielt. Der Dichter Peter Handke beschreibt dies äußerst amüsant in seinem kurzen Essay »Die Welt im Fußball« wie folgt:

> Am herrlichsten ist es, sich dabei gar nicht bücken zu müssen, sondern die Bewegung mit den Füßen einzuleiten; welche Hochherrschaft über die Dinge: man kann an sie Fußtritte austeilen, ohne die würdevolleren Hände dabei rühren zu müssen.[14]

---

14 Handke, Peter: Die Welt im Fußball. In ders.: Aufsätze 1. Frankfurt a.M. 2018, S. 159–166. Hier S. 161.

Dabei sind die Füße evolutionsbiologisch betrachtet jedoch ein äußerst »plumpes« Körperteil. In ihnen ist wenig »Feingefühl«, mit ihnen präzise und kontrolliert zu arbeiten, ist kaum möglich, dafür sind sie zu schwach entwickelt und zu wenig steuerbar (schließlich kann man mit dem Fuß auch nichts greifen, die Zehen sind in dieser Angelegenheit völlig nutzlos). Während ein Wurf mit der Hand zwar auch Geschick erfordert, jedoch wesentlich kontrollierter erfolgen kann, ist ein präziser »Schuss« mit dem Fuß ungeheuerlich schwierig. Aufgrund der Schwere des Balls erfordert der Umgang mit ihm viel Kraft und feines Geschick gleichermaßen. Je kontrollierter ein Spieler mit dem Ball umzugehen und seine Füße einzusetzen weiß, desto trainierter und besser ist er. Doch selbst den besten Spielern der Welt gelingt am Ball nicht immer alles. Selbst einem Lionel Messi, an dessen Füßen der Ball meistens zu »kleben« scheint, verspringt mal ein Ball bei einer ungeschickten Annahme. Selbst einem Toni Kroos gelingt im Mittelfeld von Real Madrid nicht jeder Pass. Selbst ein Cristiano Ronaldo verschießt schon mal einen Elfmeter. Kurz gesagt: Jeder einzelne Fußballspieler unterliegt in einer gewissen Weise der Unvorhersehbarkeit des Balles. Seine Flugbahn kann niemals völlig exakt vorherbestimmt und entsprechend geplant werden. Sie lässt sich im Nachhinein messen und rückblickend im Physiklabor mathematisch rekonstruieren, doch im Spiel selbst obsiegt stets die Ungewissheit. Der Ball ist das Lacan´sche Reale, die »Kontingenz des Faktischen«[15]. Je besser eine Spielerin, desto größer ist nur die Wahrscheinlichkeit einer guten Aktion mit dem Ball, eine Garantie und völlige Sicherheit kann es nie geben. Nun, die gibt es freilich in keiner Sportart, sonst wäre das Verfolgen von Spielen äußerst langweilig. Nichtsdestotrotz ist das Element des Zufalls im Fußball ganz besonders groß. Es sind Floskeln, dass in einem Fußballspiel jederzeit alles passieren kann und vieles möglich ist. Ganz unberechtigt ist dies nicht. Wie viele Spiele haben schon einen völlig unvorhersehbaren und unerwarteten Verlauf genommen, weil ein einziger abgefälschter Schuss mit »Glück« im Tor eingeschlagen ist oder ein entscheidender Pass bei der Mitspielerin angekom-

15 Martinez, Matias: Warum Fußball? Zur Einführung. In: Martinez, Matias (Hrsg): Warum Fußball? Kulturwissenschaftliche Beschreibungen eines Sports. Bielefeld 2002, S. 7–35. Hier S. 18.

men oder eben nicht angekommen ist? Wie oft konnte im Fußball schon David gegen Goliath gewinnen, weil der Ball bei den einen »zickig« und den anderen »wohlwollend« war? Die hohe und fetischisierte Bedeutung, die viele, um nicht zu sagen *alle* Fußballspieler dem Ball beimessen, wird in ihrem Umgang mit ihm ersichtlich. Je nach Spielertyp wird er entweder hart getreten oder sanft gestreichelt, wobei der gute Spieler beides können und zwei sich scheinbar ausschließende extreme Gegensätze an Bewegungsabläufen vereinen muss (aggressiv den Ball stoppen und treten und ihn im wortwörtlich nächsten Schritt gezielt und sauber an den besser postierten Mitspieler abgeben und so weiter). Den Ball vor einem wichtigen Elfmeter zu küssen und ihn nochmal in eine leicht andere Position zu setzen, hat Tradition unter den Spielern. Auch nach Torerfolgen wird gelegentlich mit dem Ball zusammen gefeiert, als hätte man mit ihm zusammen den Gegner überlistet (besonderer Beliebtheit erfreut sich beispielsweise der Torjubel, bei dem der Ball unter das Trikot gesteckt wird, sodass eine runde Wölbung entsteht, die einer Schwangerschaft ähnelt). Nach einem wichtigen Sieg wird der Spielball von besonders erfolgreichen Spielerinnen an jenem Tag, etwa der Siegtorschützin, als Andenken und Erinnerung mit nach Hause genommen. Aus all dem sollte eines mit Deutlichkeit hervorgegangen sein: Der Ball ist im Fußball mehr als nur Instrument – er ist Akteur. Munter und nach scheinbarer »Herzenslust« mutiert er mal zum gefeierten »Mitspieler«, mal zum erbitterten »Gegenspieler« und der Sieg geht nur über ihn. Er gehört dabei keinem der gegeneinander antretenden Teams. Das Spiel ist nichts anderes als der 90 Minuten währende Versuch, über den Ball zu triumphieren, ihn zu bezwingen und dienstbar zu machen.

Bei dieser Auffassung des Ziels im Fußball setzt der Philosoph Martin Gessmann an, der den Fußball mithilfe einer modernen Medientheorie zu verstehen versucht. Hierbei geht er von einem »Sender-Empfänger-Modell« aus, bei dem der Pass des Balles zum Mitspieler als ein kommunikativer Akt gedacht wird, der dem Informationsaustausch dient. Die Information, die weitergereicht wird, repräsentiert der Ball selbst. Gessmann erachtet insbesondere den von Manchester City Trainer Pep Guardiola stark vertretenen »Ballbesitzfußball« als Ausprägung einer solchen Philosophie. Diese moderne ballbesitzorientierte Spielweise, wie sie durch Johan Cruyff geprägt wurde, trennt Gessmann behutsam von einer früheren Art des Fußballs ab, wo noch die direkte physische Konfrontation im Mittelpunkt stand. Gessmann plausibilisiert seine Annahme wie folgt:

> Das physisch dominierte Spiel brauchte eine Konfrontation an einem Punkt im Raum, und deshalb brauchte es für die Zweikampfsituationen und besonders das Kopfballspiel in der Abwehr wie im Angriff großgewachsene, körperlich robuste Spieler. Das Passspiel geht jedoch technisch gesehen nicht vom Punkt im Raum aus, sondern von der Verbindungslinie zweier Punkte, die durch einen Pass gezogen wird.[16]

Das Passgeschehen selbst, so lautet die daraus resultierende konsequente Folgerung, ist also Botschaft und Medium zugleich: Botschaft, weil das Passspiel den Ball beinhaltet, den man als die Botschaft deuten kann, und Medium, weil es dazu dient, Informationen (also Bälle) auszutauschen und zwar diejenige Information, die das Medium selbst schon ist. Das Medium ist die Botschaft, so lautet ohnehin eine einflussreiche These in der gegenwärtigen Medientheorie. Für den modernen Fußball scheint dies ebenso zu gelten. Das Spiel ist nämlich nicht länger körperbetont, sondern ballbetont. Die Orientierung erfolgt nicht durch den Gegenspieler, sondern durch den Ball, an dem alles ausgerichtet wird. Wie bereits gesagt, wird der Ball zum zentralen Akteur.

In diesen Kontext lässt sich zudem der Begriff der »Störung« einführen. Wenn Trainer in Interviews ihre Taktik preisgeben sollen, behaupten sie häufig, es sei das Ziel, den Gegner früh zu »stören«, ihn direkt zu attackieren, eine Spielweise, die als »Pressing« und »Gegen-Pressing« vor allem durch den Trainer Jürgen Klopp an Popularität gewann. Man sollte sich jedoch fragen, was eigentlich »gestört« wird, was »Störung« in diesem Zusammenhang bedeutet. Vorausgesetzt, dass wir Gessmanns Analyse Folge leisten und Passspiel und das »Herumreichen« des Balles als Kommunikationsübertragung deuten, kann die »Störung« nur darin bestehen, dass

16 Gessmann Martin: Mit Nietzsche im Stadion. Der Fußball der Gesellschaft. Paderborn 2014. S. 88.

diese Übertragung, dieser Transfer von Informationen unterbunden wird. »Stören« kann nur die Mannschaft, die sich in einer Situation nicht im Ballbesitz befindet. Die Mannschaft mit Ball dagegen kann selbst nicht »stören«, denn sie ist ja bereits im Besitz der begehrten Information (des Balles) und kann nur »gestört« werden. Die »Störung« im Fußball besteht also darin, dass die nicht ballbesitzende Mannschaft das Passspiel und damit die Interaktion im Rahmen des Informationsaustausches der ballbesitzenden Mannschaft unterbindet. Dies gelingt ihr beispielsweise durch das berühmte »Pressing«, also das frühe und schnelle Anlaufen des Gegners. Auf die Art werden Fehler im Passspiel erzwungen, ein Spieler fängt die nicht für ihn bestimmte Information des Gegners ab, indem er das Passspiel erfolgreich »stört« und den Ball dabei selbst erobert und nun seinerseits eine neue Kette des Informationsaustauschs mit seinen eigenen Mitspielern beginnt. »Störung« meint folglich die Unterbindung von Transfer und Transaktion. Der Ball geht ins Aus oder landet beim Gegenspieler, für den er nicht bestimmt war.

Neben seinem Fetischcharakter, der dazu führt, dass sowohl Außenstehende wie auch Beteiligte ihn ehrfürchtig als Objekt »höherer« Mächte erachten und diejenigen bewundern, die vermögen, ihn wenigstens halbwegs zu »beherrschen«, und seiner Bedeutung in einer modernen Medientheorie bietet der Ball noch weitere Assoziationen an. Insbesondere seine runde Gestalt ist hierbei ausschlaggebend. In einem weiteren, nicht minder erkenntnisreichen Buch konzipiert Gunter Gebauer den Ball als Gegenstand, der zwei Extreme verbindet: Als Kugel stelle der Ball die »materielle Abbildung einer sphärischen Idealgestalt«[17] dar und sei damit Ausdruck denkerischer und kosmologischer Vollkommenheit in Anlehnung an Aristoteles und Platon. Erhabenheit auf der einen Seite treffe sich allerdings folgenreich mit Primitivität in Form des Tretens mit dem Fuß auf der anderen und das Spiel Fußball entstünde als hybride »Mischung« aus der Vereinigung der beiden Gegensätze. Gebauer ausführlicher dazu:

17 Gebauer, Gunter: Poetik des Fußballs. Frankfurt a.M. 2006. S. 16.

> Das Ideale der Geometrie und die würdelose Geste des Tretens im Staub der Erde scheinen hier eine unmögliche Vereinigung einzugehen. […] Der ideale Gegenstand, der Ball, wird mit Füßen getreten, gewalttätig und zärtlich. Der Ball wird geliebt, wie die Welt geliebt wird.[18]

Damit ist auch der Übergang gefunden, denn aufgrund seiner geometrischen Form und der damit einhergehenden Eigenschaften, sowie aufgrund sprachlicher Übereinstimmungen, erinnert der Ball an den »Erdball«. Selbstverständlich ist die runde Form und die Beschaffenheit des Balles eine praktische Notwendigkeit. Mit einem eckigen Betonklotz lässt sich schlecht spielen, ohne sich die Zehen zu brechen. Dennoch ist die Assoziation des Balles mit dem »Erdball« nicht unplausibel, wenn man sich das Verhalten und die Einstellung der Spieler und Fans zu ihrem Spielinstrument vor Augen führt. Bei einem großen und wichtigen Fußballspiel, sagen wir dem Finale einer Fußballweltmeisterschaft, geht es jedenfalls sportlich und symbolisch um die »Weltherrschaft«. Gespielt wird um die »Erde«, die sich in Form des Balles, der von einer zur anderen Seite und zurück geschoben, geschossen und getreten wird, symbolisch auf dem Fußballplatz wiederfindet. Mir scheint nicht zuletzt diese Symbolik ein Grund dafür zu sein, warum derartig viele Menschen gebannt ein wichtiges Fußballspiel verfolgen und sich in ihre Emotionen in einer solche Weise hineinsteigern. Es wird scheinbar eine unfassbar wichtige und ernste Sache verhandelt, die weit über das bloße Spiel selbst hinausgeht und Macht, Prestige und Status beinhaltet. Viele haben sicherlich aus den Nachrichten noch die Bilder der jubelnden Masse an Argentiniern vor Augen, die ihre Weltmeister von 2022 frenetisch in der Heimat empfingen. Ein Land, das im Fußball Weltmeister wird, fühlt sich auch über diese Sportart hinaus als »Herrscher« der Welt, als diejenigen, die die Macht über einen Ball errungen haben, der genauso aussieht wie der Erdball, die Kugel, auf der wir leben – und die wir ebenfalls mit Füßen treten! Der Triumph im Fußball verhalf den Argentiniern für einen illusionären und trügerischen Augenblick lang, die harte Realität zu vergessen und die gewaltigen Probleme im eigenen Land wie Armut,

18 Ebd. S. 16f.

Arbeitslosigkeit und Korruption zugunsten einer imaginierten Weltherrschaft aufgrund des Titels »ihres« Landes bei der Fußball-Weltmeisterschaft in Katar, einzutauschen. Eine »Weltherrschaft«, die dadurch errungen wird, dass die Gunst einer symbolischen Erde erlangt wird, die man für seine Zwecke instrumentalisiert (der »Erdball« im Fußball muss schließlich bestmöglich »kontrolliert« werden, jedenfalls besser, als der Gegner dies vermag). Die Aussage hinter dieser Metaphorik ist eindeutig. Nur wer die »Erde« für sich zu nutzen und sie seiner eigenen Zwecke Untertan machen kann und dabei das »Schicksal« und den »göttlichen« Zufall auf seiner Seite hat, der kann über die Welt und sei es nur die des Fußballs »herrschen«. Eine sehr ähnliche Denkweise liegt, wenngleich in einem völlig anderen Kontext, der menschlichen Naturzerstörung und dem durch uns verursachten Klimawandel zugrunde, denn unser Größenwahn, die Ressourcen der Erde völlig für unsere Interessen auszunutzen und dabei zu versuchen, mit Technologie den Erdball zu unterjochen, haben uns als Menschheit an einen existenziell bedrohlichen Abgrund geführt. Und doch lässt sich die Erde nicht völlig beherrschen, auch wenn die Menschheit zumindest lange Zeit den intensiven Wunsch danach verspürt hat. Sie schlägt mit ihren Mitteln zurück und wir Menschen berauben uns unserer eigenen Lebensgrundlage. Genauso wie der Ball im Fußball zwar stets vollumfänglich kontrolliert werden soll, was auch hierbei niemals gänzlich gelingt, ganz analog zu dem realen »Erdball«. Egal wie sehr man auch den Ball, diese runde Gestalt, die dem Ideal des Kreises als perfekte mathematische Form nachempfunden ist, auch wortwörtlich durch den Dreck zieht und im Staub des Fußballplatzes tritt, so abhängig bleibt das Spiel von ihm. Ohne Ball kommt man im Fußball nicht aus, so wütend man auch auf ihn ist, wenn er dem eigenen Willen nicht »gehorcht« und so sehr man ihn für den »Ungehorsam« bestrafen und misshandeln will. Er ist und bleibt die conditio sine qua non des Spiels, ganz genauso wie wir als Menschheit existenziell von der Erde als dem bislang einzig von uns bewohnbaren Planeten abhängen, ob wir dies nun gutheißen oder nicht. Im Fußball muss man die Spielregeln anerkennen, man darf den Ball nicht in die Hand nehmen, um seine Bewegungsabläufe berechenbarer zu machen, sondern man muss zwingend bei den Füßen und damit wortwörtlich »bodenständig« bleiben und das »Gesetz«

achten. Den Ball zu fetischisieren und ihm ein Eigenleben zu attestieren, ist vor diesem Hintergrund sogar beinahe eine Notwendigkeit des Fußballs. Nur auf die Art kann man sich angemessen auf das Spiel einlassen. Die Zufälligkeiten im Spiel zu akzeptieren, gehört zu den ungeschriebenen und implizit subtilen Normen des Fußballs. Große Spieler konzentrieren sich auf die eigenen Stärken und dem, was in ihrer Möglichkeit liegt, das Spiel zu beeinflussen. Die dem Ball innewohnende Dialektik ist eine, die zwischen Ordnung und Chaos changiert. Philosophiegeschichtlich lässt sich eine solche Deutung bis in das 15. Jahrhundert bei Nikolaus Cusanus zurückverfolgen. Während in Italien, im Florenz der Medici, gleichzeitig ein Vorläufer des Fußballs erfunden wird, beschäftigt sich Cusanus (vor dem Hintergrund des christlichen Weltbildes, das erheblich in Konflikt mit der Realität geraten ist) mit dem sogenannten »Globus-« oder »Kugelspiel« (»De ludo globi«). Seine dort niedergelegten Erkenntnisse stehen in überraschender Übereinstimmung mit dem Fußball, zumindest wenn man sich der Interpretation des ansonsten recht fußballskeptischen Dirk Schümer anschließt, die zudem in eine sehr ähnliche Richtung wie Gebauer geht:

> Der Ball bedeutet für Nikolaus [Cusanus] das Symbol der göttlichen und mathematischen Vollkommenheit. Aber er rollt auch nach dem Prinzip des Zufalls und bringt das Neue in diese verwirrende, unvollkommene Welt, die rund geformt ist wie der Ball. Er besitzt keinen Punkt auf der Außenfläche, der einem anderen Punkt überlegen wäre; er verkörpert die Ordnung des Raumes und bringt mit seinem Rollen dennoch die völlige Unordnung hervor. Im Ball fallen die Prinzipien zusammen: Chaos und Ordnung, Vernunft und Irrsinn, Schönheit und Mißgestalt, Ruhe und Bewegung.[19]

Der Ball ist im Fußball aber ein »höheres« Wesen, gewissermaßen ›unantastbar‹, genau wie die Erde auch etwas ist, das uns Ehrfurcht abverlangen sollte. Und ehrlicherweise wird doch jeder Fan eingestehen, dass es gerade die Unberechenbarkeit und Unvorhersehbarkeit des Fußballs ist, an der

19 Schümer, Dirk: Gott ist rund. Die Kultur des Fußballs. Berlin 1998. S. 27f.

die ganz bestimmte Konzeption des Balles und der Spielregeln maßgeblich sind, was ihm seinen Reiz verleiht. Wer die »Spielregeln« und den damit verbundenen »Reiz« nicht anerkennt und den Kontrollzwang auf die Spitze treibt, dem wird es so ergehen, wie es Charlie Chaplin in meisterhafter Manier in seinem Film »The Great Dictator« darstellt. In einer sehr bekannten Szene spielt der von Chaplin porträtierte Diktator Hynkel, der als eine Parodie Adolf Hitlers aufzufassen ist, mit einem Globus, einem »Erdball« und wirft das Objekt nach Belieben durch die Luft bis der Ball schließlich platzt. Ihn zu sehr kontrollieren und mit ihm spielen zu wollen, symbolisch die angestrebte Weltherrschaft repräsentierend, endet in der Katastrophe und der Zerstörung sowie des allumfassenden Verlustes. Weniges ist so mächtig wie eine solch poetische Bildsprache, die Charlie Chaplin filmisch wie kaum ein anderer besaß – und über die der Fußball ebenfalls verfügt. Mit den eigenen Existenzbedingungen lernen umzugehen, angemessene Lösungen zu finden und die Zufälligkeiten doch einigermaßen zu akzeptieren, ist etwas, was wir im Hinblick auf die globale Erderwärmung als Folge des menschengemachten Klimawandels und vielleicht sogar von erfolgreichen Fußballmannschaften lernen können. Welch unfassbare Freude und Überlegenheitsgefühle doch die bestmögliche Verwendung eines Balles mit sich bringt. Um ihn »dreht« sich das ganze Spiel, genauso wie sich die Erde um ihre eigene Achse und um die Sonne »dreht«.

Hand-Verbot = Kulturverbot?

Ein im vorherigen Kapitel bereits angeklungener Aspekt soll hier noch einmal vertieft werden: Das »Hand-Verbot« des Fußballs und die damit einhergehende Regel, den Ball mit dem Fuß zu spielen. Ein fortschrittliches und weit entwickeltes »Instrument« des Menschen, nämlich seine Hand, wird durch ein wesentlich simpleres und reduzierteres Körperteil ersetzt. Die philosophischen Hintergründe dieser doch bei genauerer Betrachtung recht interessanten, aber auch eigentümlichen Regel können nur beleuchtet werden, indem man die Anthropologie bemüht. Bei dieser handelte es sich ursprünglich um eine rein philosophische Disziplin, die jedoch mittlerweile interdisziplinär ausgerichtet ist und sowohl naturwissenschaftliche, vor allem evolutionsbiologische, als auch geisteswissenschaftliche Elemente enthält. Die grundsätzliche Frage, mit der sich die Anthropologie als Wissenschaft auseinandersetzt, ist die nach dem Wesen des Menschen, nach dem, *was* der Mensch ist und *wie* er ist. Eine äußerst einflussreiche traditionelle Position der Anthropologie ist die des Aristoteles. Die Vorrangstellung des Menschen gegenüber anderen Lebewesen begründet er in seinem Traktat »Über die Seele« unter anderem mit dem Besitz unserer Hände. Dieses beim Menschen deutlich weiter als bei anderen Lebewesen entwickelte Organ dient uns als »Werkzeug« und ist damit eine notwendige Bedingung unserer Kultur, denn ohne sie hätten wir niemals Derartiges erschaffen können. Insbesondere der äußerst bewegliche Daumen der menschlichen Hand, der das Greifen und Halten von Objekten ermöglicht, ist unumgänglich für die geschickte Herstellung von Werkzeugen, einer Eigenschaft, die der Mensch definitiv besitzt, wobei das Werkzeug nicht zuletzt die Erweiterung der eigenen Hand darstellt. Der aufrechte Gang ermöglichte es dem Menschen, dass er von einer Art »Vierbeiner« zu einem »Zweibeiner« wurde und damit beide Hände frei hatte und sie nicht mehr zur Fortbewegung benötigte. Darauf spezialisierten sich dann nur die Füße und die Hand konnte »höheren« Zwecken dienen. Aristoteles verbleibt jedoch nicht bei der Benennung dieses körperlichen Vorzuges, sondern bettet diesen in eine Theorie über die menschliche Seele ein. Die Polyfunktionalität der Hand setzt er hierbei mit der enormen Bandbreite an menschlichem Verhalten, psychischen wie intellektuellen Fähigkeiten gleich. Seele und Hand stehen folglich in einer Analogie, wie das folgende Zitat verdeutlicht:

> [...] daher ist die Seele wie die Hand. Die Hand ist nämlich Werkzeug (für den Gebrauch) von Werkzeugen, und so ist auch die Vernunft Form von Formen und auch die Wahrnehmung ist Form von Wahrnehmungsgegenständen.[20]

20 Aristoteles: Über die Seele. De anima 432a1.

Der Mensch habe, so Aristoteles weiter, die Hand deshalb, weil er das klügste Tier sei, und nicht andersherum, weil er die Hand habe, sei er das klügste Tier. Die Hand diene dem Menschen also als Mittel und nicht andersherum, sie tritt zu ihm in ein instrumentelles Verhältnis und wird klar als »Werkzeug« konzipiert.

Wenn in dieser historisch sehr einflussreichen aristotelischen Kopplung die Gleichsetzung von Hand und Vernunft vorliegt, dann bedeutet dies im Umkehrschluss, dass die Abwesenheit der Hand auch mit der Abwesenheit von Vernunft und Intelligenz einhergeht. Dieser Gedankengang rückt das »Hand-Verbot« des Fußballs in ein ganz neues Licht. Wird der Fußball in elitären, bildungsbürgerlichen Kreisen vielleicht genau deswegen als primitiv und »dumm« empfunden, weil er auf den Gebrauch des Kulturwerkzeuges Hand verzichtet? Ist das »Hand-Verbot« ein eindeutiges Indiz für die Unzivilisiertheit des Spiels und seiner Zuschauer? Dem entgegengesetzt möchte ich in meiner These vielmehr auf das spielerische Element im Fußball hinweisen und darauf, dass er ganz bewusst in diese vermeintliche Opposition zur »Kultur« tritt.

Das »Hand-Verbot« ist im Fußball schließlich nichts weiter als eine Regel, somit eine spielerische Gestaltungsweise. Es zeugt nicht von grundsätzlicher Unfähigkeit und Primitivität, die Hand nicht angemessen benutzen zu *können*. Es ist keine Frage des Vermögens, des bloßen Könnens oder Wollens, sondern eine künstliche Beschneidung dieser grundlegenden menschlichen Fähigkeit. Die Hand symbolisiert die Zeichen und mit ihnen die Möglichkeit abstraktesten Denkens und Kommunizierens. In dieser Semiotik des Zeichens ist kein Platz für die Füße. Diese bekleiden kulturgeschichtlich eine andere Funktion. Gunter Gebauer schreibt dazu folgendermaßen:

> Er [der Fußball] bietet unserer hoch entwickelten Zivilisation eine Erfahrung, die ohne Hand und Wort funktioniert. Sie bezieht sich nicht auf die symbolischen Stellvertreter der Dinge, sondern ist eine Erfahrung *von diesen selbst.* [...] Auf der Sicherheit der Füße, die mit feinen Reaktionen ständig in einer für andere unsichtbaren Aktivität das Gleichgewicht aus-

> tarieren, basiert die körperliche Präsenz des Menschen. [...] In den lebendigen Reaktionen meiner Füße manifestiere ich mein Leben.[21]

Die Füße verbinden uns mit der Erde und lassen den Menschen daher seiner Körperlichkeit als einer Grundbedingung seiner Existenz bewusst werden. Fußball ist Körperlichkeit, die von dem intellektuellen Austausch mit den Händen in der Sphäre des Zeichens Abstand nimmt. Ich möchte jedoch in meiner Auseinandersetzung den spielerischen Aspekt des Ganzen noch stärker betonen.

Zunächst einmal ist das »Hand-Verbot« eine Herausforderung, ganz bewusst auf dasjenige Körperteil zu verzichten, auf das man im Alltag ansonsten permanent zurückgreift und ohne welches ein durchschnittliches Leben nur eingeschränkt möglich wäre. Sobald man sich jedoch den Regeln des Fußballs freiwillig unterwirft, geht man eine Art von Vertrag ein und muss sich »verpflichten«, sonstige Fähigkeiten und Eigenschaften, die man hat, für den Zeitraum des Spiels und ganz bewusst nur innerhalb dessen Grenzen, abzulegen. Ein vergleichbarer Mechanismus liegt der Kantischen Moralphilosophie zugrunde, einer großen Errungenschaft menschlicher Kultur und philosophischen Denkens: Der Mensch mit seiner Vernunft verfügt über die Freiheit, sich für das moralisch Richtige zu entscheiden. Wenn er von dieser seiner Freiheit Gebrauch macht, unterwirft er sich damit jedoch einem, zumindest laut Kant, objektiven moralischen »Gesetz«, das ihn in seinem freien Handeln einschränkt und ihm gewisse notwendige Pflichten auferlegt. Dadurch wird die Freiheit eingeschränkt. Die Denkfigur, die Kant vorlegt, ist eine paradox anmutende: Man kann sich in Freiheit dafür entscheiden, selbst unfrei zu sein, zum höheren Zwecke des moralisch Guten. Das Konzept der Freiheit führt sich selbst ad absurdum in der Freiheit des Sich-Selbst-Unfrei-Machens. Für Kant besteht in dieser Möglichkeit des Menschen seine Autonomie, die gewollte Unterwerfung unter eine »Regel«, die einen fortan einschränkt, auf die man sich aber bewusst und freiwillig eingelassen hat. Autonomie im Sinne von »Selbstgesetzgebung« (was die wörtliche Übersetzung des Begriffes aus dem Griechi-

---

21 Gebauer: Das Leben in 90 Minuten. S. 40.

schen ist), meint bei Kant also genau diesen Mechanismus der gewollten Unterordnung unter das »Gesollte«, in dem Fall das moralisch Anzustrebende. Der moralisch Handelnde ist in diesem Sinne also in höchstem Sinne autonom, wenngleich nicht unbedingt frei, denn er muss ja dem »Gesetz« dienen, dem er jedoch freiwillig Folge leistet. Freiheit bei Kant ist eben als Autonomie konzipiert.

Menschliche Gesellschaften sind von Regeln und Gesetzen nur so durchzogen, sie werden durch selbige überhaupt erst konstituiert. Ohne sie wäre ein geordnetes und menschliches Zusammenleben kaum denkbar. Das regelgeleitete Handeln ist eine unverzichtbare Konstante menschlicher Kultur und Zivilisation. Spiele fungieren als eine Art Brennglas, unter denen die Gesamtheit an kulturellen Bedingungen in einer quasi »simulierten« Situation sichtbar werden. Wie jedes Spiel wird auch der Fußball durch Regeln bestimmt. Als Spiel ist er damit definitiv ein Kultur-Erzeugnis – und darin liegt das spezifisch Menschliche und eben nicht das animalisch Primitive, wie es Kritikerinnen dem Fußball häufig unterstellen: Fußballer sind Menschen, keine Affen! Ihre Gültigkeit erlangen Regeln erst, sofern sie akzeptiert werden. Im Fußball halten sich alle Spieler (von kleineren Ausnahmen abgesehen) an das »Hand-Verbot« und erst dadurch wird die Regel wirksam. Durch die Akzeptanz und Einhaltung der Regel erweisen sich die Fußballspielerinnen als freie Subjekte, die dem von Kant beschriebenen Prozess folgen. Ihr regelgeleitetes Handeln und die damit einhergehende Freiheit, die zur Akzeptanz dieser Regeln geführt hat, bringen ihre Menschlichkeit hinreichend zum Ausdruck und ebenso die Zivilisiertheit und Kulturhaftigkeit des Spiels selbst. Zugegebenermaßen hinkt der Vergleich etwas, denn Selbstgesetzgebung (Autonomie) bedeutet bei Kant Unterordnung unter ein Gesetz, das sich ein Subjekt kraft seiner Vernunft selbst gegeben hat. Das Gesetz ist also kein äußerer Zwang, sondern entstammt der eigenen Vernunft, während die Regeln im Fußball selbstverständlich von Außen gegeben werden. Streng genommen lässt sich hierbei also nicht von einer Autonomie, sondern im Sinne Kants von einer Heteronomie (Fremdbestimmung) sprechen. Mir geht es allerdings nur um die Ähnlichkeit hinsichtlich der Struktur des freien Sich-Selbst-Unfrei-Machens. Mehr soll dieser Vergleich gar nicht bezwecken.

Die Künstlichkeit von Regeln verleihen dem, worauf sie sich jeweils beziehen, etwas Künstlerisches. Die Ästhetik eines Gedichtes als Kunstprodukt besteht schließlich darin, dass das Ausgedrückte nicht einfach »natürlich« oder alltagssprachlich einfach gesagt wird, sondern dass sich die Ausdrucksweise künstlerischen Gestaltungsmitteln unterwirft, die Sprache artifiziell in Reime presst oder in Verse einteilt, die einem bestimmten Metrum unterliegen, und dadurch einen spezifischen Klang erlangt. Selbst in der modernen Dichtkunst, die diese früheren Regeln bewusst ablehnt und sich etwa für eine derbere Sprache entscheidet, ist die Künstlichkeit der Sprache im Gedicht unhintergehbar, wie auch immer sie sich konkret auszudrücken vermag. Der Fußball ist äquivalent dazu zu betrachten. Auch seine »Ästhetik« besteht in der strengen Einhaltung von Regeln, die beispielsweise bestimmte Handlungen und Bewegungsabläufe untersagen, dafür aber andere fördern. Dazu zählt des Weiteren die Taktik, mit der eine Mannschaft ein Spiel bestreitet. Die Spieler sind in einer bestimmten Formation angeordnet, die der Trainer bestimmt, und greifen auf ebenfalls durch ihn festgelegte Strategien zurück (zum Beispiel hohen Ballbesitz oder schnelles Konterspiel), um das Spiel zu gewinnen. Der als »Taktikfuchs« geltende aktuelle Coach von Manchester City, Pep Guardiola, dient als gutes Beispiel, da seine Strategie, die in seinen früheren Zeiten beim FC Barcelona als »Tiki-Taka« Legendenstatus erlangte und in ballbesitzorientiertem Kurzpassspiel besteht, ganz besonders auf die strenge Einhaltung dieser Spielweise ausgelegt ist. Guardiola liebt es, seine Spieler wie Schachfiguren auf dem Feld in verschiedene Positionen zu schieben, womit er (wie jeder andere Trainer auch) eigene »Gesetze« schafft, die die Spiele seiner Mannschaft tatsächlich wie ein Kunstwerk erscheinen lassen: Die hervorragend durchkomponierte Ordnung der Spieler auf dem Feld (die beispielsweise Dreiecke bilden), grandiose Taktiken, wunderschöne Spielzüge mit glänzenden Pässen und Abschlüssen sowie Geistesblitze und spektakuläre Einzelaktionen der begabtesten Spieler lassen die Herzen der Fans höher schlagen und gleichen der ästhetischen Erregung, die ein gutes Musikstück oder ein wunderschönes Gemälde im Kunstliebhaber auszulösen vermag. Möglich ist die Erzeugung einer solchen Ästhetik – sowohl in der Kunst als auch im Sport – nur mit und durch die den Akteurinnen jeweils auferlegten Regeln. Wie im vorhergehenden Kapitel gezeigt, sorgt insbesondere das vermeintlich unzivilisierte »Hand-Verbot« im Fußball für ganz besondere Reize im Spiel, durch unvorhersehbare Ballaktionen und spannende Duelle. Regeln werden also bewusst als kulturelles Motiv installiert und die »Behinderung«, die sie darstellen, ist gewollt. Im künstlichen Rahmen eines Fußballspiels erleben die Akteure sogar eine Aufwertung. Durch jahrelanges Training und regelmäßige Übungen sind sie in der Lage, mit ihren Füßen das anzustellen, wofür der Ottonormalspieler sich seiner Hände bedienen müsste. Nicht umsonst nennen Fans besonders talentierte Spieler manchmal »Magier« oder, wie etwa bei Mesut Özil, »Zauberfuß«. Außenstehenden ist das Geschick dieser Spieler mit einem ansonsten völlig ungeschickten Körperteil ein Rätsel und ein Mysterium, das sich auf »natürliche« Weise kaum erklären lässt. Trotzdem behält das Spiel seine Unberechenbarkeit vor dem Hintergrund des »Hand-Verbotes«, denn omnipotent, allmächtig, sind die Füße doch wieder nicht.

Fußball ist eine durch und durch kulturelle Errungenschaft. Diese These sollte im Laufe des vorliegenden Kapitels verständlich geworden sein. Es bleibt jedoch nach wie vor in gewisser Weise der Vorbehalt, warum sich Verbote in diesem Spiel ausgerechnet gegen die Hände, diese kulturellen Werkzeuge schlechthin, richten? Künstliche Regeln sind erforderlich, um ein Spiel zu konstituieren, soviel ist gewiss. Doch hätte man die Regeln nicht anders gestalten können, sodass die Hände nicht davon betroffen wären? Für den Philosophen Konrad Paul Liessmann ist das »Hand-Verbot« Ausdruck einer Reminiszenz an archaische Zeiten, in denen Konflikte in aller Regel gewaltsam ausgetragen wurden. Er argumentiert:

> Rohheit und Eleganz einer reinen Körperlichkeit, die zudem auf den Vorteil der Greifhand verzichten muss, sind gleichermaßen notwendige Erscheinungsformen der Welt im Fußball. Das Erniedrigendste, was einem Menschen angetan werden kann, ihn mit den Füßen zu treten, ist im Tritt nach dem Ball in sublimierter Weise aufbewahrt.[22]

---

22 Liessmann, Konrad Paul: Das runde Leder. Reflexionen über das Fußballspiel. In ders.: Das Universum der Dinge. Zur Ästhetik des Alltäglichen. Wien 2010, S. 125–144. Hier S. 132.

Wenngleich ich ohne Einschränkungen der These nach dem Vorhandensein solch archaischer und primitiver Elemente im Fußball zustimmen möchte, so halte ich es dennoch für verfehlt, diese überzubetonen. Dann nähme man die Auseinandersetzung nämlich wörtlich und verstünde es als tatsächlichen Gewaltakt, womit man all jenen zustimmte, die den Fußball genau aus diesen Gründen moralisch verteufeln. Vielmehr sollte man sich, wie Liessmann selbst kurz darauf verdeutlicht, daran orientieren, dass »das Spiel ein Spiel bleibt«[23]. Es bedarf folglich nicht nur einer naturalisierenden Deutung, die im Fußball nichts anderes sieht als die Sublimierung archaischer Gewalttriebe, sondern einer Überlegung, die dem Status des Fußballs als Spiel in seiner ganzen kulturellen Dimension gerecht wird.

In dieser Fragestellung positioniere ich mich daher folgendermaßen: Das »Hand-Verbot« des Fußballs ist eine bewusst hergestellte Opposition zu kulturellen Errungenschaften. Der Fußball ist, wie dargelegt, zwar selbst eine solche, doch eine, die bewusst in ein antagonistisches Verhältnis zu ihrem eigenen Ursprung tritt. Zu belegen ist dies mit einem Verweis auf die historische Entstehung des modernen Fußballs, wie sie sich um 1830 in England vollzog.[24] Der Fußball wurde an den englischen Colleges begründet und gespielt, also von der sogenannten »Upper Class« (die sich vom Fußball erst abwandte, als es diesen elitären Kreisen zu populär, zu »massenhaft« wurde und sich dann etwa auf Rugby konzentrierte). Den jungen Menschen, die dieses neue Spiel praktizierten, kann man also sicherlich nicht vorwerfen, der Bildung fernzustehen. Es waren Männer von Kultur, die sich in ihrem Spiel von eben jener Hochkultur, die aus Wissenschaft, Literatur und Kunst besteht und in deren Umgang sie geschult waren, abgrenzten und den Rahmen »ihres« Fußballs nutzten, um zu rebellieren. Junge Männer, die vorhin noch die Schulbank gedrückt hatten, rutschten plötzlich mit ihren Knien im Schlamm herum. Fußball entstammt einer der Hochkultur überdrüssigen Gemeinschaft aus Bessergebildeten und Besserverdienenden. Die Arbeiter drangen erst viel später in diesen Sport ein. Dass der Fußball ein Proletariersport ist, lässt sich historisch

23 Ebd. S. 132.

24 Vgl. Gessmann: Philosophie des Fußballs. S. 45.

also eindeutig widerlegen. Die Negation des Kulturellen ist selbst bewusster Teil des Spiels, der Fußball ist darum bemüht, eine »Gegen-Welt« zu eröffnen, eine solche, in der die eigentlichen »Regeln« der Kultur keine Rolle spielen, ein künstlicher Rahmen, der mit allen sonstigen Normen bricht. Um gegen die Normen, die der Kultur entstammen (wie der hohen Bedeutung der Hand), verstoßen zu können, muss man jedoch logischerweise in Kenntnis dieser Normen sein. Sonst wüsste man schließlich nicht, wogegen man verstieße. Der Fußball nimmt demgemäß eine Position innerhalb der Kultur ein, die sich ihrer eigenen Bedingungen bewusst ist, um diese dann in einem spielerischen Akt abzulehnen und sich davon zu distanzieren. Fußball ist keine »Unkultur«, sondern eine »Anti-Kultur«. Es ist von großer Wichtigkeit, sich dieses Unterschiedes bewusst zu sein. Wohingegen die »Unkultur«, das »Primitiv-Archaische« oder »Animalische« sich außerhalb jedweder menschlicher Kultur und Zivilisation befindet und folglich über keinerlei Kenntnis von kulturellen Ereignissen oder Phänomenen haben kann, entstammt die »Anti-Kultur« eines kulturellen Ursprunges und kennt dessen Eigenheiten und Merkmale, grenzt sich eben nur durch eigene Regeln vorübergehend davon ab. Die Ablehnung der Kultur erfolgt beim Fußball aber nach wie vor aus einer kulturellen Position heraus, denn als Spiel erfüllt er, wie bereits gezeigt, alle Merkmale, die es braucht, vor allem die Regelhaftigkeit, um als Kulturerzeugnis zu gelten. Auch die heutigen Spieler sind zum großen Teil keine völlig ungebildeten, sämtlicher Kultur fernstehenden Menschen. In den Internaten, in denen die professionellen Vereine heutzutage den Großteil ihrer Spieler ausbilden, gehen schulische Bildung und fußballerische Ausbildung Hand in Hand. Insbesondere die Jugendakademie des FC Barcelona legt ganz besonderen Wert auf kulturelle und moralische Bildung ihres Nachwuchses abseits des Fußballplatzes. Nicht wenige heutige Spieler haben ihr Abitur gemacht, besuchten Sportgymnasien, bevor sie sich für ihre Karriere im Sport entschieden haben. Vor allem bei den Frauen studieren viele Spielerinnen noch nebenbei. Nach einem jeden Spiel, so archaisch und umkämpft es auch gewesen sein mag, kehren alle Spieler zurück in unsere »gewöhnliche« Gesellschaft. Von Aussteigern aus unserer Gemeinschaft und vermeintlich Unkultivierten fehlt jede Spur. Der Fußball kennt die Regeln der Kultur, tritt sie aber buchstäblich und absichtlich mit Füßen. Die »Unkultur« dagegen kann die Kultur gar nicht ablehnen, da sie sich nicht einmal auf einer vergleichbaren Ebene mit ihr befindet, die jedoch Voraussetzung für eine Opposition wäre. Menschliches Spiel, für das die Regelhaftigkeit konstitutiv ist, kann niemals zur »Unkultur« werden, dies wäre allenfalls das nicht regelgeleitete Spiel von manchen Tieren, das willkürlich erfolgt und dem keine bewussten Strukturen zugrunde liegen. Ob manche Anhänger der sogenannten »Hochkultur« gegen die der Fußball schließlich opponiert, indem er besonders primitiv und »asozial« auftritt, es nun wahrhaben wollen oder nicht: Fußball ist ein menschliches und kulturelles Spiel und ein wichtiger Bestandteil menschlicher Gesellschaft, das einen festen Platz in unserer Welt einnimmt.

Kriegsmetaphorik

Seit Wittgenstein ist die Bezeichnung »Sprachspiel« in einer philosophischen Erörterung geläufig, um sprachliche Äußerungen zu bezeichnen, die in einem bestimmten Verwendungskontext auftreten. Der Fußball bietet einen solchen Kontext an und indem er sich eines eigenen Vokabulars und damit einer Art »Fachsprache« bedient, eignet er sich hervorragend für eine sprachanalytische Einordnung seiner Begrifflichkeiten und Fachtermini. Auf einige dem Fußball entstammende Floskeln sind wir bereits eingegangen (siehe das Kapitel »Das Runde muss ins Eckige«), nun gilt es, spezifischer sein Fachvokabular in den Blick zu nehmen.

Historisch stammt die fußballerische »Fachsprache«, wie sollte es auch anders sein, aus England, dem Mutterland des Fußballs. 1891 gründete sich in Deutschland der »Zentralausschuss für Volks- und Jugendspiele«, dem unter anderem der »Gründungsvater« des Fußballs in Deutschland, Konrad Koch angehörte.[25] Vor dem Hintergrund einer nationalistischen Politik ver-

25 Vgl. Wiemann, Uwe: »Wir haben die Lehrer, die die Spieler die deutsche Sprache beibringen«. Ein Konzept zur sprachlichen Integration ausländischer Fußball-Profis. In: Adelmann, Ralf u.a. (Hrsg.): Querpässe. Beiträge zur Literatur-, Kultur- und Mediengeschichte des Fußballs. Heidelberg 2003, S. 139–153. Hier S. 141.

pflichtete sich dieser Ausschuss, durch die Schaffung von Neologismen den original englischen Begriffen deutsche Äquivalente entgegenzustellen, um die deutsche Sprache von ausländischen Einflüssen zu »tilgen«. Das englische »goalkeeper« wurde daher zunächst als »Mal-Wächter« eingedeutscht, wobei sich die späteren Bezeichnungen »Torhüter« oder »Tormann« durchgesetzt haben.[26] Des Weiteren wurden typisch deutsche Komposita begründet, wie die nur schwer zu übersetzenden Bezeichnungen »Hintermann« oder »Sonderbewachung«.

Vor allem fällt in der heutigen Fußballsprache auf, dass der Fußball zur Beschreibung seiner Phänomene und konkreten Handlungsweisen auf eine äußerst metaphorisch geprägte Sprache (zumeist aus dem militärischen Bereich, worauf ich noch eingehen werde) zurückgreift. Unter einer Metapher versteht man zunächst sprach- und literaturwissenschaftlich einen meist bildhaften Ausdruck, der aus einem ursprünglichen Bedeutungszusammenhang herausgerissen und in einen neuen, vermeintlich »unpassenden« versetzt wird. Dieser Theorie zufolge entsteht Bedeutung immer erst in Gesamtkontexten, in einem System aus Gegenüberstellungen und Vergleichen und nicht separat für sich allein betrachtet. Hintergrund dieser Theorie von Bedeutung ist die linguistische sowie kulturwissenschaftliche Strömung des Strukturalismus, eine Denkrichtung, die (verkürzt gesagt) die Bedeutung von etwas aus der Negation dessen Gegenteils heraus erklärt. Ein Tisch ist eben deswegen ein Tisch, weil er *kein* Stuhl ist. Der Mitspieler ist Mitspieler, weil er kein Gegenspieler ist. Der Gegenspieler trägt ein anderes Trikot mit anderen Farben während die eigenen Kollegen dasselbe tragen wie man selbst. Der Fußball lässt sich von der strukturalistischen Zeichentheorie aus hervorragend verstehen.

Metaphern sind außerdem durch ihre Symbolhaftigkeit gekennzeichnet. Sie treffen schließlich nicht buchstäblich zu. Wenn man jemandem »sein Herz ausschüttet«, ist es ja nicht das echte pochende Organ. Die Metapher drückt nur bildhaft einen psychischen Vorgang aus und hilft daher beim Verständnis des Vorgangs selbst, indem es diesen assoziativ bildhaft darstellt und somit veranschaulicht. Die Psychoanalyse nennt das

26 Ebd. S. 141.

assoziative Denken in Bildern den »Primärprozess«, dem der »Sekundärprozess« gegenübersteht, der nach begrifflichen und nicht bildlichen Ausdrücken sucht, um kausale und logische Zusammenhänge berücksichtigen zu können.

In der Antike und lange darüber hinaus war die Vorstellung vorherrschend, mit einer Metapher ersetze man einen anderen, wörtlichen Ausdruck, den man damit substituiere. Bekannt ist diese Ansicht daher in der Literaturwissenschaft als »Substitutionstheorie«. Mit der Redewendung »jemandem sein Herz ausschütten« ersetzt man gemäß dieser Theorie mit der vorliegenden Metapher das, was eigentlich auf einer faktischen Ebene ausgesagt wird, nämlich dass man jemandem seine Gefühle anvertraut. In der zeitgenössischen Forschung gilt die »Substitutionstheorie« allerdings als überholt und wurde durch die »Interaktionstheorie« verdrängt. Nach dieser Theorie sind Metaphern nicht bloß als Ersatz für einen anderen Ausdruck anzusehen, sondern folgen ihrer eigenen Logik und Gesetzmäßigkeit. Ihre Bedeutung lässt sich also nicht auf einen »wörtlichen« Ausdruck reduzieren, sondern steht gewissermaßen für sich selbst. Der »Interaktionstheorie« zufolge liegt das Geheimnis der Metapher in Zusammenspiel zweier verschiedener Vorstellungen begründet. In Anlehnung an das Diktum des Philosophen Thomas Hobbes »Der Mensch ist dem Menschen ein Wolf« lässt sich diese Interaktion gut nachvollziehen. In diesem Beispiel beziehen sich die beiden Vorstellungen »[...]zum einen auf den Hilfsgegenstand: auf den Gegenstand, der von dem metaphorisch verwendeten Ausdruck bezeichnet wird [der Wolf]. [...] zum anderen aber sind auch Vorstellungen vom Hauptgegenstand im Spiel – im erwähnten Beispiel Vorstellungen vom Menschen.«[27]

Die Argumente, die für oder gegen diese beiden sich gegenüberstehenden Theorie-Ansätze vorgetragen werden, brauchen wir an dieser Stelle nicht genauer beleuchten, es reicht die grundsätzliche Annahme, dass die Metapher das Spiel mit den Bedeutungszusammenhängen ist. Sie hat demgemäß definitiv ein spielerisches Element. Auch die Sprache des Fußballs

27 Rolf, Eckhard: Metaphertheorien: Typologie – Darstellung – Bibliographie. Berlin 2005. S. 39.

bedient sich anderer semantischer Bedeutungskontexte und transferiert diese in die eigene Sphäre. Die folgenden Beispiele zeigen, wie dieser Bedeutungstransfer genau vonstatten geht und vor allem aus welchen anderen Bereichen sich die Sprache des Fußballs bedient und sich diese in Teilen aneignet.

Wenn zwei Spieler um den Ball streiten, nennt man das »Zweikampf« oder »Duell«. Wird der Ball mit dem Kopf gespielt, wird dieser »geköpft«. Das Treten des Balles ist ein »Schuss« und die linke oder rechte Seite des Spielfeldes bezeichnet man als linke oder rechte »Flanke«. Das viereckige Gehäuse, in das der Ball untergebracht werden muss, ist das »Tor« und der Anführer einer Mannschaft ist der »Kapitän« oder »Spielführer«. Ein Elfmeter kann ebenso als »Strafstoß« bezeichnet werden und ein unfaires Eingreifen gilt als »Foul«, das beispielsweise mit einem »Freistoß« geahndet wird. Es ließen sich viele weitere Beispiele für fußballspezifische Fachausdrücke anführen, die Tendenz, die all diesen Bezeichnungen innewohnt, geht aus den gerade genannten jedoch eindeutig hervor. Die Sprache ist verräterisch. Viele Begriffe verweisen auf gewaltsame Akte und brutale Praktiken (»Köpfen«, »Zweikampf«) und scheinen der Kriegsmetaphorik entlehnt (»Schuss«, »Eroberung« des Tores, »Duell«). Auch die grobe Einordnung der Spieler in »Abwehr« und »Angriff« oder »Defensive« und »Offensive« sowie die strategischen Besonderheiten und Verhaltensmuster, die mit diesen Klassifizierungen einhergehen, legen eine spielerische Andeutung auf Soldaten, die mit unterschiedlichen Rollen ausgestattet in einen Krieg ziehen, nahe. Die »Interaktionstheorie« kann hier Anwendung finden, wenn man beispielsweise den »Schuss« als den »Hilfsgegenstand« auffasst und das damit metaphorisch zum Ausdruck gebrachte Treten gegen den Ball als »Hauptgegenstand«, wobei beide Vorstellungen dann in der Metapher interaktiv kulminieren. Doch welche Metapherntheorie man auch präferiert, es ändert nichts daran, dass diejenige, die der Fußball gebraucht, auf Gewaltausdrücke zurückgreift. Wirft man erneut einen Blick auf die Entstehungsgeschichte des Fußballs in Deutschland und die Anpassung der englischen Fachausdrücke in das Deutsche, scheint die Annahme eines historischen Überbleibsels aus der Zeit eines starken Militarismus durchaus plausibel. Wiemann spricht in diesem Sinne von »konventionalisierten Militärmetaphern«[28].

Zwischen Fußball und Krieg scheint es demgemäß also zumindest einen sprachlichen Zusammenhang zu geben. Erinnert nicht das martialische Gebrüll der Fans, die sich gegenseitig hart angehenden Spieler sowie die Ernsthaftigkeit, mit der ein Fußballspiel bestritten wird, nicht auch ein wenig an eine Kriegssituation? Diesen ersten Assoziationen zum Trotz handelt es sich beim Fußball, wenngleich die Metaphorik etwas anderes nahezulegen scheint, nicht um einen tatsächlichen Krieg. Dies ist jedem klar. Und doch wirkt es auf einer ebenfalls metaphorischen und symbolischen Ebene zuweilen wirklich so, als würde ein bestimmtes Interesse kriegerisch auf dem Platz verhandelt[29] – frei nach dem Dogma des Generals und Kriegstheoretikers Carl von Clausewitz, der in seinem einflussreichen Werk »Vom Kriege« verlauten lässt: »Der Krieg ist eine bloße Fortsetzung der Politik mit anderen Mitteln.«[30] Bei Clausewitz wird der Krieg nicht als rein bestialisch aufgefasst, sondern als politisches Instrument, das dazu dient, die Interessen der betroffenen Parteien durchzusetzen, womit er in eine Zweck-Mittel-Relation gestellt wird. Krieg ist also politisch einzuordnen und demgemäß nur vor diesem Hintergrund angemessen zu verstehen. Ist der Fußball somit als symbolischer »Krieg« vielleicht sogar auch Ausdruck von außer ihm liegenden Interessen, beispielsweise ökonomischen oder politischen, die aber auf dem (Fußball-)Feld verhandelt werden? Ist der Fußball sozusagen eine Fortführung des Krieges mit anderen Mitteln? Dies scheint doch sehr verkürzt, denn es bleibt vorerst noch zu klären, ob sich der Fußball überhaupt auf seine Kriegsmetaphorik reduzieren lässt und nichts anderes als ein spielerischer »Abklatsch« echten Krieges ist und eine Form der Sublimierung für aggressive Männer, ihren destruktiven Trieben nachzugehen, ohne wie im Krieg wirklichen Schaden anzurichten, sondern das Geschehen auf ein Spiel zu begrenzen. Genau darum geht es nämlich. Projektionen von Kriegsereignissen auf den Fußballplatz sind vor

---

28 Wiemann: »Wir haben die Lehrer, die die Spieler die deutsche Sprache beibringen«. S. 141.

29 Vgl. Schümer: Gott ist rund. S.18.

30 Clausewitz, Carl von: Vom Kriege. Frankfurt a.M./Leipzig 2010. S. 15.

allem aufgrund der sprachlichen Nähe der beiden »Sprachspiele« aus dem Bereich des Krieges und aus dem des Fußballs verführerisch, verfehlen im Kern jedoch das eigentliche Thema.

Wir haben bereits zu Genüge erkannt, dass der Fußball ein Spiel ist und keine »Vorbereitung« auf etwas Reales (wie einen Krieg), sondern ein Rahmen, dessen Bedeutung in sich selbst zu suchen und zu finden ist. Wer den Fußball als das, was er wirklich darstellt, verstehen möchte, der sollte sich mit den Strukturen des Spiels selbst auseinandersetzen und nicht den Fehler begehen, Denkweisen aus anderen Bereichen (wie dem Feld des Krieges) auf ihn zu übertragen.

Das vorherige Kapitel hat gezeigt, wie sich der Fußball auf eine bestimmte Art und Weise zu sich selbst verhält. Er erkennt seine eigene Einbettung in kulturelle Kontexte und rebelliert gegen diese, indem er einen Standpunkt der »Anti-Kultur« einnimmt. Auch beim Krieg handelt es sich um einen, wenngleich fürchterlichen, kulturellen und gesellschaftlichen Prozess und damit um etwas eigentümlich Menschliches. Wie Clausewitz verdeutlicht entstammt er dem politischen Instrumentarium und ist damit vollumfänglich sozial und gesellschaftlich, nicht bloß triebhaft, wenngleich sich diese Züge im Menschen innerhalb des Rahmens eines Krieges leider äußern können. Der Fußball spielt wie so häufig auf kulturelle Phänomene an, nur um sie dann selbst bewusst und betont auf den Kopf zu stellen und etwa die Hand zu verbieten und den Fuß an ihrer statt zu verwenden. Genauso greift er auf Vokabular des Krieges zurück, um die eigenen Regeln damit metaphorisch zu verbildlichen und zu veranschaulichen. Die Kriegsmetaphorik des Fußballs ist nur eine weitere Anspielung auf den eigenen kulturellen Ursprung, der jedoch in einen neuen Kontext eingebettet wird und zwar den des Spiels. Es mag psychologisch zutreffend sein, dass die aggressive Begrifflichkeit des Fußballs zusätzlich dazu dient, die Beteiligten anzustacheln und ihren Ehrgeiz und die Motivation zu steigern. Ein Gefühl von »männlicher« Zusammengehörigkeit und »Brüderlichkeit« erwecken schließlich sowohl romantisierte Kriegsvorstellungen als auch Fußballmannschaften (wohlgemerkt bezogen auf Männer-Fußball). Nichtsdestotrotz sollte uns dies nicht darüber hinwegtäuschen, dass es sich eigentlich verbietet, Fußball und Krieg in irgendeiner Form miteinander zu vergleichen, denn die Dimensionen, in denen sie operieren, haben gänzlich andere Bedeutungen und Konsequenzen. Niemand wird im Fußball (zumindest in der Regel) absichtlich schwer verletzt oder gar getötet, denn die Regeln sorgen für sofortige Sanktionierung im Falle nicht-konformen Agierens. Damit entbehrt der Vergleichsmaßstab von Fußball und Krieg jedweder Grundlage und in diesem Kapitel sollte auf nichts weiter aufmerksam gemacht werden als auf die interessante metaphorische Angleichung des Fußballs an den Krieg, die als eine weitere Reminiszenz auf kulturelle Kontexte dient, auf die der Fußball selbstreflexiv aufmerksam macht, nur um sich in seinem eigenen Bedeutungskontext wieder davon abzugrenzen. Da sprachliche Ausdrücke allerdings das Tor zur Seele sind (um es pathetisch zu formulieren) und nicht zuletzt Begrifflichkeiten auch Aufschluss über das eigentlich und unbewusst Gemeinte geben (siehe »Freud'sche Versprecher«), wird auf die Methode der Sprachanalyse auch in anderen Kontexten noch häufiger zurückgegriffen werden (siehe etwa das Kapitel »Das Geschlechterverhältnis«).

Körper und Macht

Einige geistige Traditionen haben sich lange Zeit schwer damit getan, den Körper und die materielle Bedingtheit menschlichen Lebens ernst zu nehmen und ihnen den Wert zuzusprechen, den sie verdienen. Der Geist war von viel größerem Interesse. Das Immaterielle wurde dem Materiellen in vielen Denkschulen als überlegen angesehen. Zu diesem Siegeszug des Geistigen hat nicht zuletzt das auf den Platonismus zurückzuführende Christentum als eine der großen Weltregionen beigetragen mit seiner Lehre von der Unsterblichkeit der Seele im Gegensatz zum dem Verfall hilflos ausgelieferten Leib. Prominent in diesem Zusammenhang ist beispielsweise der sogenannte »cartesianische Dualismus« des Philosophen René Descartes, der Leib und Seele als voneinander getrennte Entitäten auffasst. An dem Versuch, ihre Interaktion miteinander zu erklären, ist Descartes, wie so viele andere, gescheitert, die davon ausgehen, dass das Seelische primär ist und der Leib etwas ist, das per se weniger »Wahrheit« und damit philosophisch weniger Wert enthält.

Ebenso stark sind allerdings ebenfalls bereits seit der Antike philosophische Traditionen vertreten, die der Leiblichkeit des Menschen angemessen Rechnung tragen. Der Fußball als Sport und damit in erster Linie als körperliches Spiel wird durch eine solche Philosophie wesentlich zugänglicher.

Jeder menschliche Körper hat eine eigene Geschichte. An ihm sind biographische Ereignisse im Leben der Person, die ihn besitzt, abzulesen. Bestimmte Merkmale und Erscheinungsformen des Körpers lassen gar Rückschlüsse auf sozioökonomische Verhältnisse zu, denn sie können offenbaren, welcher Arbeit und Tätigkeit ein Mensch nachgeht. Starke Arme und Schmerzen im Rücken weisen unter Umständen auf harte körperliche Arbeit hin. Schwache, auf Sehhilfen angewiesene Augen legen nahe, dass eine Person wohl viel Zeit vor digitalen Bildschirmen verbringt und sich zu wenig bewegt. Narben weisen auf frühere Verletzungen und Unfälle hin und so weiter. Der Fußballspieler ist ein in ganz besonderem Maße körperlicher Akteur. Er ist »gebrandmarkt« durch geschundene Füße, eine schlanke Statur und kräftige Beinmuskulatur. An seinem Körper lassen sich die Strapazen und Anstrengungen des Spiels, dem er nachgeht, erkennen. Die Spuren haben sich tief in seinen Körper, mit dem er schwerpunktmäßig agiert und den er als Instrument gebraucht, eingeschrieben. Dem Körper der heutigen Zeit, wie er unter anderem der medialen und werbeindustriellen Vermittlung anheimgegeben wird, unterstellt Gunter Gebauer drei wesentliche Funktionen, die er ausübt: Symbolischer Ausdruck einer sozialen Position, Verkörperlichung und damit Materialisierung von zuvor ideellen und inneren Haltungen und schließlich die Abwehr von Furcht vor Bedrohungen durch das Darstellen eines »Bollwerkes«. Er schreibt:

> Soziale Positionierung, Haltung und Rüstung zusammen machen den Körper zum wichtigsten Teil der Person: Er ist die soziale *Form* der Person. Er ist kein Adams- oder Evakostüm, sondern eine mit Rangabzeichen versehene gesellschaftliche Hülle. Selbst ohne Kleidung ist er jemand. Ausgezogen unterscheiden sich die Menschen immer noch, es gibt keine

> Gleichheit der Nackten. Noch nie war soziale Ungleichheit so weit vorgedrungen, bis in das Kreatürlichste des Menschen. Man hat den Körper, den man verdient.[31]

Die Körperteile erfahren im Fußballspiel eine Umwertung ihrer »eigentlichen« Aufgaben. Die Hand, die im Fußball durch ihre Abwesenheit gekennzeichnet ist, haben wir an früherer Stelle bereits ausführlich diskutiert (siehe Kapitel »Hand-Verbot = Kulturverbot?«). Doch ist beispielsweise auch der Kopf im Kontext des Fußballs nicht als Sitz des Gehirns von Belang, sondern als mögliches Instrument, den Ball zu bewegen in Form des »Kopfballs«. Individuelle Spieler haben einzelne Körperteile für den Fußball ganz besonders trainiert und ihre Funktion spezialisiert und perfektioniert. Die deutsche Fußballlegende Horst Hrubesch bekam den Spitznamen »Kopfballungeheuer« aufgrund der Vielzahl an Toren, die er mit dem Kopf erzielen konnte, mithilfe einer perfektionierten Kopfballtechnik. Während die meisten Spieler eher rechtsfüßig sind und den linken Fuß nur haben, um nicht umzufallen, war der ehemalige Flügelspieler des FC Bayern München, Arjen Robben, im Gegensatz dazu ganz besonders für seinen linken Fuß berühmt und berüchtigt. Tore erzielte er in typischer Manier fast immer auf die gleiche Art, indem er von rechts außen in einem blitzschnellen Dribbling nach innen zog und von der Kante des Strafraumes aus den Ball mit dem linken Fuß mit voller Wucht in das gegnerische Tor beförderte. Alle Gegenspieler wussten dies und doch gelang es ihnen sehr häufig nicht, Robben an seiner Spielweise zu hindern, weil er seinen linken Fuß einfach bestmöglich trainiert und dessen Fähigkeiten ausgebildet hatte (selbstverständlich im Kontext eines ausgewogenen Gesamtkörpertrainings).

Wie im Alltag auch, spielt im Fußball nicht zuletzt die Mimik und Gestik eine wichtige Rolle, mit der man sich einen nicht unerheblichen Vorteil verschaffen kann. Das Geschehen ist gerade geprägt von der Körpersprache der Akteure auf dem Platz. Das Abwinken der Spieler bei Schiedsrichter-

---

31 Gebauer, Gunter: Von der Körpertechnologisierung zur Körpershow. In: Caysa, Volker (Hrsg.): Sportphilosophie. Leipzig 1997, S. 275–285. Hier S. 285.

entscheidungen, denen sie nicht zustimmen, das unschuldige Ausbreiten der Arme und Zucken mit den Schultern, wenn man von der Fairness des eigenen Zweikampfverhaltens überzeugt und sich keiner Schuld an den Schmerzen des Gegenspielers bewusst ist und natürlich im Gegensatz dazu die von Schmerz und Wut verzerrten Gesichter der Spieler, die verständnislos auf den Gegner zeigen, der sie zwei Sekunden zuvor mit einem kleinen Schubser auf den Erdboden befördert hat. Der Fußball ist bekannt für die theatralische Körpersprache seiner Akteurinnen und Akteure, die häufig über das Ziel hinausschießt und überdramatisierend und beinahe theatergleich inszeniert wird. Der moderne Spieler ist eben auch ein Showman, es gehört zu seiner Arbeit dazu und bildet eine weitere Komponente, aus der sich sein »Marktwert« zusammensetzt. Übertreiben sollte man es allerdings nicht und auch das gehört zu den widersprüchlichen Anforderungen, die der heutige Spitzensport an seine Akteurinnen und Akteure stellt. Das theatralische Vortäuschen, dass man gefoult wurde, wird als »Schwalbe« bezeichnet und oft reicht dabei ein einmaliges Vergehen aus, dass ein Spieler den äußerst fragwürdigen und nicht einmal bei den eigenen Fans angesehenen Ruf eines »Schwalbenkönigs« nicht mehr loswird. So erging es beispielsweise dem deutschen Nationalspieler Timo Werner in einem Spiel gegen den FC Schalke 04, wo der Schiedsrichter die Täuschung nicht erkannte und einen unberechtigten Elfmeter pfiff. Auch dem eben erwähnten Arjen Robben und dem brasilianischen Superstar Neymar jr. wurde immer mal wieder nachgesagt, sich bei den kleinsten Berührungen sehr schnell und übertrieben fallen zu lassen. Körpersprache – und sei sie zuweilen etwas deplatziert und übertrieben – spielt jedoch eine so wichtige Rolle in diesem Sport, dass sie zu Ruf, Ansehen und Autorität eines Spielers ebenso beitragen kann, wie dessen rein sportliche Leistungen. Die aggressive »Fratze« von Oliver Kahn, die einen Gegenspieler wenig verwunderlich durchaus einschüchtern konnte, war wohl nicht ganz unerheblich bei der Etablierung seines Spitznamens als »Titan«. Der gegenwärtig in den Diensten von Real Madrid stehende Innenverteidiger Antonio Rüdiger, ist ebenfalls bekannt dafür, Grimassen zu schneiden, um seine Gegenspieler aus der Ruhe zu bringen, und wenn ein Stürmer die Abwehr zwar durchdrungen hat, aber sich plötzlich ein Manuel Neuer im Tor der deutschen Nationalmannschaft oder des FC Bayern vor ihm aufbäumt, versagen gerne einmal die Nerven. Es ist neben der instrumentellen Funktion also auch diese Art von Symbolik und den »Spielchen« mit dem Körper, die dessen hervorgehobene Bedeutung für dieses Spiel untermauern.

Wer schon einmal selbst Fußball gespielt hat, der weiß auch, dass es wirklich weh tut. Die intervallartigen ständigen Tempowechsel von einem lockeren Traben hin zu einem Sprint über das halbe Spielfeld sind über eine Dauer von 90 Minuten unglaublich anstrengend und kräftezehrend. Der Kontakt im Zweikampf mit dem Gegenspieler erfolgt meist hart und ist ebenso schmerzhaft wie ein kräftiger Schuss, den man unbeabsichtigt mitten ins Gesicht oder die Magengrube bekommt. Im Profisport und gerade im Fußball müssen die Martern des Körpers so weit wie möglich ignoriert und dessen Grenzen der Belastbarkeit stetig erweitert werden. Schmerzen im Zweikampf, bei einem Schlag auf den Kopf oder durch einen ungehobelten Tritt mit den Stollenschuhen auf den eigenen Fuß, müssen in Kauf genommen werden. Die körperliche Robustheit und »Härte« ist eine ausschlaggebende Eigenschaft, nach der Spieler in den Jugendakademien der professionellen Vereine entweder befördert oder ausgemustert werden. Der Fußball geht sogar so weit, dass er die Härte als Ideal vorgibt. Sie dient strategisch oftmals der von der Qualität der Spieler her unterlegenen Mannschaft als wichtiges Instrument, um Zugriff auf das Spiel zu bekommen und eine qualitativ eigentlich bessere Mannschaft sogar zu schlagen. »Schwächlinge« und »Heulsusen« sind im Fußball gar nicht gerne gesehen und werden insbesondere von den Fans verachtet. Stärke wird immer noch traditionell mit Männlichkeit gleichgesetzt, und wer diese »Stärke« nicht an den Tag legt, dem wird Männlichkeit im Umkehrschluss abgesprochen. Wahrscheinlich ist dies ein ausschlaggebender Punkt, warum es Frauen lange Zeit so schwer gemacht wurde, in diesem Sport wortwörtlich Fuß zu fassen, und warum es nach wie vor Ungleichheiten diesbezüglich gibt (siehe das Kapitel »Das Geschlechterverhältnis«).

Dabei genügt ein Blick auf viele der besten und bekanntesten Fußballspieler der Geschichte, dass diese körperlich nicht immer dem Stereotyp einer stählernen und eisernen Männlichkeit entsprechen. Pélé, von nicht wenigen Expertinnen als der beste Spieler aller Zeiten angesehen, wies beispielsweise einen äußerst schlanken, kaum muskulösen Körper auf, der ihm zu grazilen Bewegungen verhalf. Diego Maradona fiel durch seine Wendigkeit und Dynamik auf, die er nicht zuletzt seinem kleinen und kompakten Körperbau verdankte. Große Fußballspieler erinnern in ihrer physischen Erscheinung und ihrem Bewegungsablauf vielmehr an tradiert »weibliche« Eleganz oder weisen eher androgyne Züge auf. Die Vereinigung sowohl »typisch« männlicher wie weiblicher körperlicher Eigenschaften ist auf die Vielfältigkeit des fußballerischen Trainings zurückzuführen, das sich einer allumfassenden körperlichen Ausbildung bedient und extremes Lauftraining mit turnerischen, akrobatischen Elementen und einem auf Kraft ausgerichteten Muskeltraining verbindet. Dadurch sind Spielerinnen und Spieler auf dem Platz jeder Situation und körperlichen Herausforderung gewappnet. Eine optimale Vorbereitung ist die Voraussetzung für sportlichen Erfolg und der Körper ist das Mittel zur Erlangung dessen.

Der Körper wird dem Spiel und dessen Regeln und Anforderungen ohne Rücksicht auf Verluste dienstbar gemacht. Er muss gehorchen und als bloßes Instrument zur Erlangung der sportlichen Ziele und Erfolge herhalten. Während des Spiels ist das Verhältnis der Spielerinnen und Spieler zu ihrem Körper ein ausschließlich instrumentelles. Der Fuß etwa ist einer Zweck-Mittel-Relation untergeordnet, er dient dazu, den Ball zu bewegen. Erst nach dem Spiel kann er ausgeruht, eventuell massiert und gepflegt werden und als ein schmerzempfindliches Körperteil respektiert und angenommen und nicht nur wie ein Werkzeug behandelt werden. Der Fußball ist ein leibliches Spiel, das steht außer Frage. Doch auch wenn es zunächst nicht so scheint, so hält der Fußball dennoch die uralte Dichotomie zwischen Geist und Körper, auf die in der Einleitung zu diesem Kapitel hingewiesen wurde, aufrecht und ebenso das Werturteil, dass der Geist als dem Körper überlegen dargestellt wird. Für den Fußball, der sich derart über das Körperliche definiert und als Spiel schließlich auch rein körperlich ausgetragen wird, erscheint dies zunächst völlig kontraintuitiv und unplausibel, doch dieser Eindruck täuscht. Wie brutal und rücksichtslos mit dem Körper umgegangen wird, wie sehr seine Schmerzen ignoriert und er trotzdem weiterhin zu Höchstleistungen getrieben und dabei sowohl im Training als auch im Spiel mehr als einmal »misshandelt« wird, lässt sich nur dadurch erklären, dass er im Grunde genommen als an sich »wertlos« gedacht wird und nur Bedeutung *durch* seine Taten erlangt, aufgrund des instrumentellen Nutzens, über den er im Kontext des Spiels verfügt. Hört man aufmerksam den Gesprächen von Fußballbegeisterten zu, dann wird besonders oft anerkennend von einer positiven »Einstellung« oder »Mentalität« gesprochen. Es komme auf den »Siegeswillen« und den »Ehrgeiz« der Spieler an. Zwar wird durchaus auch auf technisches Geschick Wert gelegt, aber die Fans beeindruckt man als Spieler ganz besonders, wenn man für die Mannschaft »kämpft« und sich »aufopfert«, wenn man also »nicht aufgibt« und »weitermacht«. Das sind alles mentale und psychologische Eigenschaften, nicht im engen Sinne körperliche.

Der »Wille« kommt vom »Geist«, wenn man auf dieses heutzutage etwas antiquiert wirkende Vokabular zurückgreifen möchte. Durch diese Art, über den Fußball zu sprechen und ihn darzustellen, entsteht der Eindruck, dass der »Geist« (also das Mentale) über den Körper herrscht, demgemäß also eine Machtasymmetrie vorliegt. Im Menschen, dieses Bild wird jedenfalls evoziert, existieren zwei Instanzen, die voneinander getrennt sind – »Seelen« wie es Goethes Faust vielleicht ausdrücken würde – zum einen der Körper und zum anderen der Geist. Der Geist herrscht hierbei über den Körper, er unterjocht ihn, er gibt die Anweisungen und Forderungen und der Körper muss Folge leisten. Wenn der Geist nur entschlossen genug ist und etwas wirklich will, ist er in der Lage, selbst einen völlig geschundenen, erschöpften und verletzten Körper noch zum Gehorsam zu zwingen. Die Spieler, die über ihre körperliche Belastbarkeitsgrenze hinausgehen, sich mit allem, was sie haben, »reinwerfen« und bis zum letzten Mann »kämpfen«, werden im Fußball häufig mit Siegen und Lobpreisungen seitens der Fans belohnt. Im Fußballspieler hat schlussendlich doch wieder der Geist die Vormachtstellung und das, obwohl das Spiel augenscheinlich so auf den Körper zentriert und fokussiert ist. Der Fußball greift am Ende damit doch wieder auf einen Körper-Geist-Dualismus zurück, indem die Spieler so konditioniert werden, dass die besonders ehrgeizigen und willensstarken sich schlussendlich durchsetzen. Alle dem Geist zugeschriebenen Fähigkeiten haben im Fußball Vorrang und der Körper ist das Instrument des Geistes, der dazu dient, die von ihm vorgegebenen Ziele zu erreichen. Geist ist an sich wertvoll, Körper ist Instrument. Fußball ist »Kopfsache«, denn im Mentalen entscheidet sich, wer verliert oder gewinnt. Durchsetzungsfähigkeit und Ausdauer, auch bei hohen körperlichen Belastungen einen »kühlen Kopf« zu bewahren und geistesgegenwärtig die richtigen Entscheidungen in Millisekunden zu fällen, das macht Meisterschaft im Fußball aus, und damit ist dieser Sport wesentlich intellektueller und geistiger, als man zunächst meinen könnte.

Nicht zuletzt ist es natürlich aber eine extrem narzisstische Vorstellung, man könne mit bloßer Willenskraft die »Triebe« und Bedürfnisse des Körpers kontrollieren. Das Gefühl, sich selbst gängeln und Schmerzen beiseite schieben zu können, verleiht dem Individuum ein außerordentliches Machtgefühl und ein Gefühl von Kontrolle, die es so aber nicht gibt und die sich früher oder später als illusionär erweisen muss, spätestens dann, wenn sich der Körper ernsthaft verletzt, der Spieler ausgewechselt werden muss und viele Wochen Ausfallzeit zu beklagen hat, weil er die Warnungen des Körpers nicht rechtzeitig begriffen hat oder begreifen wollte. Die vielen Verletzungen im Fußball kommen durch die extreme Belastung und die Gefahr zustande, die der Sport nun mal in sich birgt, haben jedoch außerdem ihren Ursprung in narzisstischen Allmachtphantasien, die den Fußball eignen und vorgaukeln, man könne die vermeintliche Herrschaft über den Körper ewig so weitertreiben und aufrechterhalten. Irgendwann wird diese extreme Lebensweise jedoch seinen Tribut fordern, vielleicht erst einige Jahre nach der Karriere, wenn die körperlichen Einschränkungen der ehemaligen Profi-Fußballer deutlich zu Tage treten. In der psychologischen Struktur sind gewisse Ähnlichkeiten eines Fußballspielers mit einem dem Zölibat verpflichteten Priester nicht von der Hand zu weisen. Obwohl der eine exzessiv von seinem Körper Gebrauch macht und der andere nicht, teilen beide die grundsätzliche, sicherlich häufig unbewusste Verachtung für ihre Körper und damit ihre »Kreatürlichkeit« im Allgemeinen, die sie darin hindert, ein reines »Geistwesen« zu werden, das nur aus »Seele« oder nur aus »Wille« und »Ehrgeiz« besteht. Der Körper ist immer das Hindernde, das, was es mit eiserner Disziplin zu überwinden gilt und dessen Grenzen aufgehoben werden müssen. Er muss unter Kontrolle gehalten werden durch den Geist. Und doch bleibt in Wahrheit die Körperlichkeit und materielle Gebundenheit des Menschen Teil seiner conditio humana, den Bedingungen seines Menschseins.

Die »Natur« lässt sich zwar entwickeln, trainieren und ihre Grenzen erweitern, doch loswerden kann man sie nie völlig. Dieser niederschmetternden Erkenntnis kann selbst der narzisstischste Fußballspieler nicht ewig entgehen. Seine biologische Leistungsfähigkeit kann zwar durch hartes Training und Disziplin weitergetrieben und die Grenzen können etwas hinausgeschoben werden, doch früher oder später macht der Körper schlichtweg nicht mehr mit und die »Herrschaft« des Geistes gelangt wiederum an seine Grenzen. Besonders erfolgreiche Fußballspieler, die sich nicht eingestehen können, dass sie im hohen Sportler-Alter (also bereits mit Mitte Dreißig) nicht mehr zu den Besten der Welt gehören wie noch vor zehn Jahren, ganz gleich wie sehr sie noch an sich arbeiten, verpassen häufig den richtigen Zeitpunkt für ein würdevolles Karriere-Ende, denn die narzisstische Kränkung ist zu groß. So spielen sie oftmals völlig überbezahlt noch einige wenige Jahre auf geringem Niveau weiter, obwohl sie, so hart es auch klingen mag, längst »ausgedient« haben. Cristiano Ronaldo ist hierfür ein exemplarisches Beispiel, der mit 38 Jahren in der sportlich völlig bedeutungslosen saudi-arabischen Fußballliga seine Brötchen verdient (die er sich zweifelsohne vergolden lassen kann). Ein beunruhigender Trend, dem mittlerweile leider immer mehr ehemalige Stars folgen. Es ist nicht zu bestreiten, dass sich durch viel Fleiß und Arbeit auch im fortgeschrittenen Alter noch einiges erreichen lässt und besonders ehrgeizige Spieler länger auf höchstem Niveau spielen als weniger ehrgeizige, und dennoch meldet sich der Körper irgendwann unausweichlich zu Wort und führt allen schmerzhaft die Verletzlichkeit, Fragilität und materielle Endlichkeit des kontingenten menschlichen Lebens vor Augen. Zum erfolgreichen Fußball gehört eine ordentliche Prise Narzissmus, die diese biologische und »irdische« Notwendigkeit nicht anerkennt und verdrängt und stattdessen suggeriert, man selbst sei der »Auserwählte«, der es eben trotzdem schaffen kann, sich über alle menschlichen Einschränkungen zu erheben und zu einer gottgleichen, rein geistigen Gestalt zu werden, bis man durch die unaufhaltsam fortschreitende Zeit (etwas, das der Narzisst nicht akzeptieren kann) eines Besseren belehrt wird, im Idealfall dann aber mit einigen Millionen und Titeln reicher.

Wenn man über den Körper im Fußball nachdenkt, denkt man gleichzeitig damit immer auch über Macht nach: Die Macht, die der Körper hat; die Macht, die der Geist angeblich über ihn hat und so weiter. Ganz wie schon bei Aristoteles, der den Geist als dem Körper überlegen konzipiert und damit Zeugnis davon gibt, dass die narzisstische Leibverachtung, die überraschenderweise sogar körperliche Tätigkeiten nicht verschont, geistesgeschichtlich eine jahrtausendealte Tradition mit sich bringt. In seinem politischen Hauptwerk, das bezeichnenderweise auch den späteren Titel »Politik« erhielt, finden sich neben äußerst gewinnbringenden Analysen von verschiedenen utopischen, aber auch real existierenden Staatsformen ebenso moralisch und wissenschaftlich äußerst zweifelhafte Ansätze wie seine These des »naturgemäßen« Sklaventums. Aristoteles rechtfertigt hierbei die Sklaverei, indem er die Behauptung wagt, bestimmte Menschen seien von der Natur her dazu verdammt, als solche zu dienen, während andere als naturhafte Herrscher bestimmt seien. Hierbei trete der Sklave ebenso wie ein Werkzeug in ein instrumentelles und dienendes Verhältnis zu seinem Herrscher, der ihn besäße, wie das Teil immer Teil eines übergeordneten Ganzen sei. Ausschlaggebend für die konkrete Bestimmung, wer denn nun von der Natur zum Herrschen oder eben zum Dienen vorgesehen sei, führt Aristoteles seine Version des Leib-Seele-Dualismus an. Wer über Geist und Vernunft verfüge, der dürfe herrschen, während Leiblichkeit die ausschlaggebende Eigenschaft darstelle, die einen Menschen zum Dienen bestimme. Da es laut Aristoteles der Natur entspräche, dass in einem Individuum der Geist über den Körper herrsche, lasse sich dies analog auf soziale Verhältnisse übertragen und geistig Stärkere über geistig Schwächere regieren (wobei hier besonders die rassistischen Vorurteile zu berücksichtigen sind, denen selbst ein Genie wie Aristoteles erliegt, wenn er sein Volk der Griechen als das geistig überlegene darstellt und andere »barbarische« Völker auf primitive Körperlichkeit allein reduziert). Hierzu folgende Textstelle:

> Denn was mit dem Verstand vorauszuschauen vermag, ist von Natur das Regierende und Herrschende, was aber mit seinem Körper das Vorgesehene auszuführen vermag, ist das von Natur Regierte und Dienende. Darum ist auch der Nutzen für Herrn und Diener derselbe.[32]

Was Aristoteles hier betreibt, ist selbstverständlich nichts anderes als eine perfide und gefährliche Ideologie, die dazu dient, bestehende Machtverhältnisse nicht zu hinterfragen, sondern zu legitimieren. Inhaltlich relevant ist die These des »naturhaften« Sklaventums glücklicherweise nicht mehr, ideengeschichtlich allerdings schon, da sie nach wie vor eine symbolische Wirkung entfaltet und selbst heute noch äußerst einflussreich zu sein scheint (man vergleiche nur die Gehälter von Managern mit denen von Dachdeckern). Der »Sklave« ist nämlich auch im Fußball der Körper, denn er ist das Regierte und Dienende, wohingegen dem Geist die Rolle des Herrschers beigemessen wird. Man sollte sich also nicht vordergründig von der vermeintlichen Wichtigkeit des Körpers im Fußball täuschen lassen, gelingt es doch selbst einem Sport nicht gänzlich, die alten Machtverhältnisse zwischen Körper und Geist ad acta zu legen, sondern sich implizit und unbewusst weiterhin auf die uralte Dichotomie zu berufen und damit im dualistischen Denken gefangenzubleiben. Statt entweder eine Gleichberechtigung von Körper und Geist zu forcieren oder aber die zweifelhaften Prämissen, auf denen ihre strikte Trennung voneinander beruht, zu kritisieren und eher eine ganzheitliche Sicht zu bevorzugen, ordnet sich der Fußball in seinem archaischen Narzissmus einer geschichtsträchtigen philosophischen Tradition unter, die nicht ganz unproblematisch ist, da sie viel Leid mithervorgebracht hat, wie die von Aristoteles intellektuell gerechtfertigte Sklaverei, die genau auf diesem asymmetrischen Dualismus fußt.

Um dem entgegenzuwirken und um einen neuen Themenabschnitt dieses Kapitels herbeizuführen, soll der Körper im Folgenden etwas aufgewertet werden, denn ohne ihn funktioniert ja nicht einmal im Fußball irgendetwas. Durch den Körper wird die Welt wahrgenommen. Unseren materiellen Sinnesorganen ist es zu verdanken, dass wir überhaupt einen

---

32 Aristoteles: Politik. 1252a31.

sinnlichen und empirischen Zugang zu der Außenwelt haben, und das ebenfalls materialisierte Gehirn ist eine – zumindest aktuell noch (science fiction-artigen Szenarien zum Trotz, die hier fehl am Platz sind) – notwendige Bedingung, um diese Reize intellektuell zu verarbeiten. Es besteht kein Anlass, verächtlich auf den Körper herabzublicken, denn vor dem Hintergrund dieser Ausführungen ist er ein wichtiger Teil von uns und damit als Erkenntnissubjekt einer enormen Aufwertung würdig.

Im 20. Jahrhundert zählt der Franzose Michel Foucault zu den Denkern, die sich insbesondere des Körpers annehmen und diesen vor allem mit gesellschaftlichen Machtverhältnissen in Verbindung bringen. In seinem Buch »Überwachen und Strafen«, in welchem er die historische Entwicklung von Gefängnissen und ähnlichen gesellschaftlichen Institutionen, die einer Sanktionierung von Fehlverhalten dienen, nachzeichnet, stellt er die These auf, dass sich das Wesen und die Art des Bestrafens in der Moderne im Vergleich zu der Zeit davor grundlegend geändert habe. Während etwa im Mittelalter noch die Bestrafung des Körpers im Vordergrund stand (man denke nur an die grausamen Foltermethoden dieser Zeit), sehe man seit Beginn der Moderne mehr und mehr ab von dem Zufügen körperlicher Leiden als Strafe und gehe mehr zu einer psychologischen Kontrolle und stetiger Überwachung über, die sich in der Konzeption heutiger Gefängnisse erkennen lasse.[33]

Daraus geht des Weiteren Foucaults These von der heutigen Überwachungsgesellschaft hervor, wobei hierin die moderne Auffassung von Macht begründet liegt. Macht ist in unserer Zeit nicht mehr personalisiert und an bestimmte machtvolle Individuen wie Könige oder Diktatoren gebunden und von dieser Instanz aus zentral von »oben« herab strukturiert, sondern im Gegenteil depersonalisiert und dezentral, und äußert sich in der Installation eben einer solchen Überwachungsgesellschaft, die dadurch konstituiert und aufrecht erhalten wird, dass sich die Menschen untereinander gegenseitig überwachen können und durch soziale Ächtung sanktionieren und damit zu diesem abstrakten Machtsystem beitragen. Wie recht

33 Vgl. Foucault, Michel: Überwachen und Strafen. Die Geburt des Gefängnisses. 19. Auflage. Frankfurt a.M. 2021.

Foucault im 20. Jahrhundert zu haben schien, offenbart sich heute in erschreckender Weise durch unsere Intransparenz im Internet und den sozialen Medien, wo große Konzerne wie Google oder Facebook durch unsere Daten unser Verhalten geschickt manipulieren und uns permanent überwachen können – von totalitären Überwachungsstaaten wie China oder Nordkorea ganz zu schweigen.

In Bezug auf den Fußball fällt auf, dass auch hier die Tendenz der Überwachung schon längst eingesetzt hat. Wie Dirk Schümer überzeugend herausarbeitet, unterliegt nicht nur der berufliche Alltag, sondern auch das Privat- und Intimleben eines jeden professionellen Fußballers einer derartigen Überwachung und Sanktionierung, wie sie sich ein gewöhnlicher Angestellter niemals gefallen ließe:

> Hinter diesem Konkurrenzkampf steht eine perfekte Sozialdisziplinierung, wie sie Michel Foucault nicht raffinierter hätte entwerfen können. Der Trainer kann seiner Truppe mit deutlichen Worten das abendliche Ausgehen verbieten, schreibt Essen und Trinken vor, reglementiert die Zeiteinteilung auch nach Feierabend. Jeder Muskel der Stars steht unter Dauerkontrolle und wird, wenn er versagt, zum Thema für die ganze Nation. Damit es so weit nicht kommt, unterwirft sich der ehrgeizige Spieler dem System des Überwachens und Strafens lieber gleich mit Haut und Haar.[34]

Der Mythos des Proletariers im Fußball hat längst ausgedient. An dessen Stelle ist der Angestellte getreten. Fußball ist in den Worten Schümers ein Sport für »Hochleistungsangestellte«[35]. Die freiwillige Unterwerfung unter das Überwachungs- und Disziplinierungssystem des Körpers ist Bedingung für den Erfolg im Spitzensport. Wer sich dem widersetzt, dessen Karriere ist schneller vorbei, als sie angefangen hat. Der moderne Fußballstar ist eine Figur der totalen Öffentlichkeit, bei der Öffentliches und Privates nicht mehr voneinander zu trennen sind. Begründet liegt dies darin, dass er nicht

34 Schümer: Gott ist rund. S. 71.
35 Ebd. S. 70.

nur auf seine Rolle als Fußballer auf dem Spielfeld beschränkt wird, sondern zugleich weitere Rollen bekleiden muss, die des Werbebotschafters, des Interviewpartners, des »Fanlieblings«, der sich für keine Autogrammstunde zu schade ist und selbstverständlich des Influencers und Medienstars.

Im Mittelpunkt ist dabei stets der Körper, zu dem das ausbeuterische Verhältnis immer weiter verschärft wird. Dies spiegelt sich darin wider, dass mittlerweile kaum noch ein Spieler in einer Top-Mannschaft unersetzlich ist. Bringt er keine Leistung und versagen die angeschlagenen Bänder oder aber die Nerven, ist der jüngere Herausforderer und Konkurrent schon auf dem Vormarsch und kommt von der Ersatzbank in das Spiel. Im Kräftemessen der Körper setzt sich der besser trainierte, der jüngere und leistungsfähigere durch. Die Körper der Spieler werden zu austauschbaren Waren, die – freilich für unvorstellbar viel Geld – über die Ladentheke gehen, untereinander getauscht und hin und her gereicht werden. Hier wird Profisport zur Fließbandarbeit und modernem Menschenhandel.

Doch nicht nur das Leben der einzelnen Spieler, die doch paradoxerweise zugleich unglaublich austauschbar sind und dennoch hochindividualisiert mit ganz persönlichen Methoden der Beratung und Verpflegung behandelt werden, ist der völligen Transparenz anheimgegeben. Auch während ihrer hauptsächlichen Tätigkeit, dem Fußballspielen selbst, greifen die Mechanismen der Disziplinar- und Überwachungsgesellschaft. Was dem Schiedsrichter noch verborgen bleibt, wird durch die Zeitlupe in der Wiederholung, auf die der bereits an früherer Stelle erwähnte Videoassistent (siehe Kapitel »Die Wahrheit des Spiels«) zurückgreift, der mit dem Schiedsrichter in Kontakt steht, aufgedeckt und nachträglich doch noch sanktioniert. Die Spieler unterliegen einer ständigen Überwachung, den Fernsehkameras entgeht nichts. Bestrafungen finden im Fußball ständig und auf mehreren Ebenen statt. Ein Fehler seitens eines Spielers im Spiel kann mit einem Ballverlust bestraft werden, der im Falle eines harten Einschreitens des Gegenspielers sogar direkte körperliche Folgen und Schmerzen mit sich bringt. Die Spieler bestrafen sich im Rahmen des Spiels also gegenseitig immer wieder und jeder von ihnen verfügt potentiell über die Möglichkeit, einen anderen zu »strafen«, indem er selbst einen Ball erobert, ein Tor erzielt oder ein Foul begeht. Die Macht des Strafens in diesem weiten Sinne ist, wie bei Foucault, nicht zentral und hierarchisch organisiert, sondern kommt allen in irgendeiner Form beteiligten Akteuren zu. Dazu zählen selbstverständlich auch die Zuschauer, die das Spiel in einer wörtlich zu verstehenden Art »überwachen«.

Vor allem das Phänomen des Fernsehfußballs ist hier hervorzuheben, da es zu einer ungeheuerlichen medialen Verbreitung der sportlichen Wettkämpfe geführt hat. Medientheoretisch handelt es sich hierbei um eine »one way«-Kommunikation: Das Medium Fernsehen strahlt die Informationen in der Live-Übertragung aus, doch anders als im Stadion als Ort realphysischer Präsenz (siehe das spätere Kapitel »Der Schauplatz Stadion«), erhalten die antretenden Teams keine direkte Resonanz des Fernsehpublikums. Millionen Menschen können global übertragene Fußballspiele wie bei der Weltmeisterschaft oder der UEFA Champions League vor den Bildschirmen mitverfolgen. Die gnadenlosen und alles aufdeckenden Fernsehbilder lassen nichts unbemerkt und präsentieren den Zuschauern alles, was sich ereignet. Der Fernsehfußball ist ein ganz neuer und eigener Gegenstand. Er produziert die »Kompetenzen des kontrollierenden Blicks«[36]. Im Fernsehen wird das Publikum bereits lange im Vorfeld intensiv auf das Spiel vorbereitet. Die Fernsehübertragungen beginnen meist schon über eine Stunde vor dem Spiel und versorgen die Zuschauer mit aktuellen Informationen über die Mannschaften; und ebenso enden die Übertragungen nicht mit Ende des Spiels, sondern erst nach ausführlichen Nachbesprechungen, Analysen und Interviews. Im Fußball als Fernsehereignis kommt damit eine ganz andere Qualität zu tragen, die den Ausspruch des Soziologen Niklas Luhmann belegt, der einst verlauten ließ: »Was wir über unsere Gesellschaft, ja über die Welt, in der wir leben, wissen, wissen wir durch die Massenmedien.«[37]

Durch die mediale Berichterstattung über den Fußball wird dieser in gewisser Weise verwissenschaftlicht. Eindrücke, die ansonsten nur subjektiv blieben, werden nun mit Fakten, Statistiken und Graphiken untermau-

---

36 Adelmann, Ralf/Stauff, Markus: Die Wirklichkeit in der Wirklichkeit. Fernsehfußball und mediale Wissenskultur. In: Adelmann, Ralf u.a. (Hrsg.): Querpässe. Beiträge zur Literatur-, Kultur- und Mediengeschichte des Fußballs. Heidelberg 2003, S. 103–121. Hier S. 104.

37 Luhmann, Niklas: Die Realität der Massenmedien. Opladen 1996. S. 9.

ert, die auf dem Bildschirm eingeblendet werden. Die eigene Beobachtung, dass beispielsweise ein Spieler so ziemlich jeden Ball an den Mann bringt, kann dann im Fernsehen positivistisch verifiziert werden durch die Einblendung seiner Statistik von einer neunzigprozentigen Passquote. Im Stadion sitzt man für gewöhnlich zu weit weg vom Geschehen, als dass man die Gesichtsausdrücke der Spielerinnen und Spieler genaustens begutachten könnte. Im Fernsehen machen es Techniken wie der Zoom und die Wiederholung aus sämtlichen Perspektiven und Blickwinkeln möglich, dass nichts im Spiel der Analysierbarkeit verschlossen bleibt. Denn auch Mimik und Gestik lassen sich selbstverständlich analysieren und klassifizieren hinsichtlich dessen, was sie über die Motivation und Einsatzbereitschaft der Spieler aussagen. Wie Markus Stauff und Ralf Adelmann meinen, liegt genau hierin der »künstliche Mechanismus der Wissensproduktion«[38] begründet. Dazu trägt zusätzlich der Kommentator bei – eine bei genauerem Blick recht merkwürdige Figur. Niemand käme auf die Idee, das Geschehen eines Theaterstückes oder die Handlung eines Films zu kommentieren. Bei Sportübertragungen ist ein Kommentator dagegen gang und gäbe. Oft ist er in seiner Funktion dahingehend eingeschränkt, dass er dem Fernsehpublikum wenig Neues vermitteln kann. Sie sehen schließlich selbst, was passiert. Sein Vorteil ist jedoch der Wissensvorsprung, den er im Vergleich zum Publikum in aller Regel hat (wenn nicht gerade ein großer Experte unter den Zuschauern ist). Der Kommentator reicht Hintergrundinformationen ein, berichtet davon, wie die Spieler sich etwa vorbereitet haben, gibt Einblicke in die Biographie der Spieler oder bekommt aus der Redaktion Statistiken, die er vorlesen darf. Damit dient er ebenso der Überwachung der Spieler, er ist der »big brother«, dessen Blick nichts verborgen bleibt und der die »Geheimnisse« des Spiels dem Publikum vermittelt, sodass die Fernsehübertragung eines Fußballspiels dieses völlig transparent und durchsichtig werden lässt. Daher kann man ein Spiel im Fernsehen definitiv besser »sehen«, es wird ansprechender und bequemer für den Zuschauer aufbereitet. Der Stadionbesuch bringt allerding andere Vorteile mit und zwar solche, die nicht

38 Adelmann/Stauff: Wirklichkeit. S. 109.

direkt mit dem Betrachten des Spiels im engen Sinne zu tun haben. Dirk Schümer nennt in diesem Kontext einen solchen Aspekt:

> Mit dem Ritual ihrer Anwesenheit bezeugen die Fans, daß sie dem Fußball durch die Tat, durch existenziellen Einsatz huldigen, daß sie hier nicht so sehr ein Spiel betrachten wie ein Lebensprinzip feiern.[39]

Während der ritualhafte Charakter des Fußballs an anderer Stelle näher thematisiert wird (siehe u.a. das Kapitel »Rituelle Erinnerungskultur«), soll hier stärker die direkte Einflussnahme auf das Geschehen in den Mittelpunkt gerückt werden. Die Stadien, um auf die Sphäre der Realpräsenz zurückzukommen, sind von ihrer Architektur her so konstruiert, dass alle sich dort befindenden Menschen das Spielfeld vollständig im Blick haben können, wenn auch nicht immer aus nächster Nähe (das ist definitiv ein Alleinstellungsmerkmal des Fernsehfußballs). Die Fans werden durch ihre räumliche Position, die es ihnen durch die zusätzliche Hilfe entsprechender technischer Mittel erlaubt, dazu befähigt, das Geschehen jederzeit aus einer übergeordneten Perspektive heraus bewerten zu können. Sie sehen, wenn ein Spieler ein grobes Foul begeht, sie sehen, wenn der Ball eigentlich im Aus war (ob sie es auch eingestehen, hängt davon ab, ob die Mannschaft, die sie unterstützen, profitiert oder benachteiligt ist) oder wenn eine Spielerin nicht den Blick für die besser positionierte Kollegin hat. Schlechte Leistungen ihrer Lieblingsspieler sanktionieren sie mit Pfiffen und Buhrufen, unliebsame Gegenspieler werden mit wüsten Beschimpfungen geächtet. Das Überwachungssystem des Fußballs ermöglicht es somit auch den Zuschauern, »Strafen« auszusprechen und dadurch Einfluss auf das Geschehen zu nehmen und zwar dadurch, dass sie alles jederzeit im Blick haben, ein Vorzug gegenüber den Spielern auf dem Spielfeld, die sehr stark auf ihre subjektive Perspektive beschränkt sind. Die Körper der Spieler sind das, was einer ständigen Überwachung durch Schiedsrichter, Fernsehbilder und Zuschauer unterliegt. Interessant ist, dass die Machtverhältnisse im Fußball nie völlig asymmetrisch sind, sondern sich wechselseitig bedingen

39 Schümer: Gott ist rund. S. 33.

und beeinflussen. Der Schiedsrichter mag zwar auf dem Platz das Sagen haben, doch zehntausende Fans, die im Stadion wütend gegen seine Entscheidungen protestieren, können ihn mindestens unbewusst extrem einschüchtern. Das enorme Fehlverhalten eines Zuschauers kann wiederum durch Videoaufnahmen belegt werden und gegebenenfalls strafrechtliche Konsequenzen nach sich ziehen. Die Überwachung im Fußballstadion ist allgegenwärtig und niemand, ganz gleich in welcher Rolle und Position, ist davor sicher. Es ist also nicht nur der Schiedsrichter, der eine machtvolle Position im Fußball bekleidet, obwohl ja die Besonderheit seiner Macht darin besteht (wie bereits im Kapitel »Die Wahrheit des Spiels« analysiert wurde), dass er derjenige ist, der durch seine Entscheidungen die Wirklichkeit im Spiel konstituiert.

Fußball ist sehr autoritär. Die Schiedsrichterin hat qua ihrer sozialen Rolle im Geschehen eine autoritäre Stellung, die Trainerin steht in der mannschaftsinternen Hierarchie über den Spielerinnen und der Kapitän einer Mannschaft führt diese als »Anführer« auf das Feld. Und dennoch ist es wichtig herauszustellen, dass Autorität zwar mit Macht korreliert, mit ihr aber nicht gleichzusetzen ist, sondern dass Macht auf ganz unterschiedliche, mal mehr mal weniger subtile Weise von den verschiedensten Instanzen und Akteuren im Fußball ausgeübt werden kann. Der ganze Sport hat Machtverhältnisse als Grundlage, nicht nur interpersonal zwischen den verschiedenen Akteuren, sondern, wie gezeigt wurde, auch intrapersonal in den Spielern selbst, die ihrem Geist Macht über ihren Körper zugestehen, wenngleich diese Fantasie früher oder später an der Realität zerschellen muss.

Zwischen Sieg und Niederlage

Um im Fußball zu gewinnen, ist es erforderlich, mindestens ein Tor mehr zu erzielen als der Gegner. Das Gewinnen ist selbstverständlich das Ziel einer jeden Mannschaft. Man kann aus vielen Gründen spielen, aus Spaß an der Sache selbst, um Geld damit zu verdienen, um einen Ausgleich zu einem bewegungsarmen Alltag zu haben und so weiter. Aus welchem Motiv heraus man auch immer das Spiel, den Sport, aufnimmt – das Gewinnen steht als oberstes Ziel über allem. Sobald man sich auf das Fußballspiel einlässt, wird der Sieg angestrebt (beim Gewinnenwollen handelt es sich um eine enorm wichtige »Norm« des Fußballs, siehe das Kapitel »Das Runde muss ins Eckige«). Selbst wenn man nur »aus Spaß« spielt: Wenn man schon mal spielt, will man auch gewinnen, völlig egal gegen wen man antritt und in welcher Konstellation. Dem Sport, wahrscheinlich dem Fußball insbesondere, ist das »Gewinnenmüssen« inhärent (genauso wie man sich freiwillig den Regeln unterwirft, die eine absolute Verbindlichkeit mit sich bringen). Denn ansonsten würde das Spiel nicht existieren bzw. überhaupt fortgeführt werden. Der Fußball fordert regelrecht das Streben nach dem Gewinnen. Ziel des Spiels ist es schließlich, selbst Tore zu erzielen und Gegentore möglichst zu verhindern. Wer Fußball spielt, unterwirft sich diesem Anspruch und sollte ihm Folge leisten. Gewinnen ist damit natürlicherweise das Ziel eines jeden Fußballspiels – vom Bundesligaspiel bis hin zum Kicken auf dem heimischen Bolzplatz. Ob man sich besonders heftig über einen Sieg freut oder über eine Niederlage ärgert, ist hierbei zweitrangig und kommt auf Einstellung der jeweiligen Spielerin und natürlich auf die Wichtigkeit des Spiels an. Das ändert jedoch nichts daran, dass es im Fußball notwendigerweise immer ganz grundsätzlich und prinzipiell um das Gewinnen geht und dass man dieses anstreben soll, da es darin besteht, mehr Tore selbst zu erzielen, als zu bekommen. Wer dieses Ziel demgemäß nicht anstrebt, der hat das Spiel ganz grundlegend nicht verstanden, denn der ist sich der »Norm« des Toreschießens und Gegentore Verhinderns offensichtlich nicht bewusst und spielt dann in dem Sinne gar kein Fußball mehr.

Der niederländische Kulturtheoretiker Johan Huizinga befasst sich in seinem epochalen Werk »Homo ludens« mit dem Ursprung der menschlichen Kultur und Zivilisation. Die These des Autors ist, dass diese im Spiel seine Wurzel hat. Das Spiel ist also mehr als ein bloß kulturell hervorgebrachtes Erzeugnis. Es ist vielmehr andersherum, dass spielerische Elemente und Charakteristika unsere kulturellen Errungenschaften erst ermöglicht haben und sich in diesen nach wie vor entscheidend wiederfinden. Huizinga analysiert zunächst die Besonderheiten, die das Spiel im Allgemeinen aufweist, bevor er im nächsten Schritt dazu übergeht, bestimmte kulturelle Phänomene wie etwa Kunst, Religion oder auch Kriege unter diesem Aspekt zu beleuchten. Das Gewinnenwollen stellt er in diesem Zusammenhang als eine Eigenschaft des Spiels generell heraus, was sich auf unser konkretes Beispiel des Fußballs hervorragend übertragen lässt. Was das Gewinnen überhaupt ist, wird hierbei wie folgt definiert: »Was heißt Gewinnen? Was wird gewonnen? – Gewinnen heißt: ›im Ausgang eines Spiels sich als den Überlegenen erweisen‹.«[40]

Anschließend an diese Definition zeichnet sich Überlegenheit im Fußball dadurch aus, dass ein Team mehr Tore erzielt als das andere. »Gewinnen« wäre folglich mit »Überlegenheit« gleichzusetzen. Ganz so einfach verhält es sich beim Fußballspiel allerdings nicht immer. Überlegenheit kann zwar mit dem Gewinnen einhergehen, notwendig ist diese Verbindung allerdings nicht. Interessanterweise spricht man nämlich auch oft davon, dass das überlegene Team eben nicht gewonnen und daher, wie es heißt, »unverdient« verloren hat. Überlegenheit spiegelt sich etwa spielerisch darin wider, dass die eine Mannschaft spielbestimmend ist und den Gegner dominiert, beispielsweise deutlich mehr Ballbesitz oder mehr Torchancen hat, die dann aber nicht konsequent genutzt werden. Es ist gar nicht selten, dass das eigentlich spielerisch unterlegene Team am Ende sogar gewinnt, da es die wenigen Chancen, die es hatte, eben nutzen konnte, während dem überlegenen Gegner das Quäntchen Glück oder die »Kaltschnäuzigkeit« vor dem Tor fehlte. Mehr Tore als der Gegner zu schießen, ist notwendigerweise immer gleichbedeutend mit dem Gewinnen, aber nicht unbedingt mit dem Überlegensein. Spielerische Überlegenheit ist damit also weder hinreichend noch notwendig für das Erlangen eines Sieges über den Gegner. Beim Fußball gehört schlichtweg mehr dazu. Er ist ein ergebnisorientierter Sport (im Übrigen eine weitere Floskel, die mich wohl 2 € fürs »Phrasenschwein« kostet). Von Dominanz und Überlegenheit kann man sich nichts »kaufen«, es zählt nur das, was am Ende auf der Anzeigetafel steht, und das ist die Anzahl der Tore pro Mannschaft. Manchmal gewinnt

40 Huizinga, Johan: Homo ludens. Vom Ursprung der Kultur im Spiel. In engster Zusammenarbeit mit dem Verfasser aus dem Niederländischen übertragen von H. Nachod. Mit einem Nachwort von Andreas Flitner. 18. Auflage. Hamburg 2001, S. 61.

eben das glücklichere, »abgezocktere« und effizientere Team, nicht immer das bessere und überlegenere. Man kann das »unfair« oder ärgerlich finden, es ändert aber nichts. Die Regeln des Spiels sind eben so definiert, dass die Anzahl der Tore spielentscheidend ist und nicht etwa Ballbesitz, Anzahl der Sprints oder Torchancen (wobei dies alles natürlich Faktoren sind, die unter Umständen die Wahrscheinlichkeit des Toreschießens und damit des Gewinnens erhöhen können, aber eben nicht zwangsläufig müssen). Es bestätigt sich einmal mehr, dass der Fußball reine Wirklichkeit und nicht Wahrheit ist. Welches Team in »Wahrheit« überlegen ist, spielt keine Rolle, sondern nur, welches Team in »Wirklichkeit« letztendlich mehr Tore erzielt und damit gewinnt. Was an früherer Stelle dieses Buches über die Entscheidungsgewalt des Schiedsrichters gesagt wurde (siehe das Kapitel »Die Wahrheit des Spiels«), spiegelt sich auch hierin wider, denn Gewinnen ist mit Wirklichkeit im Fußball gleichzusetzen, dem, was ist, nicht dem, wer in Wahrheit eigentlich hätte gewinnen sollen, weil er es mehr verdiente und in Wahrheit überlegen war oder warum auch immer.

Natürlich könnte man es sich einfach machen und »Überlegenheit« in Huizingas Definition einfach als die Überlegenheit an Torerfolgen im Fußball auffassen. Damit täte man jedoch der Kommunikation von Fans und Kennern über den Fußball Unrecht, denn dort gilt die zuvor erläuterte These, dass Überlegenheit eben nicht mit dem Siegreichsein zu verwechseln ist.

Johan Huizingas Auffassung vom Gewinnen im Spiel ist damit allerdings noch nicht erschöpft. Weiter heißt es im Text:

> Die Gültigkeit dieser offenbar gewordenen Überlegenheit hat jedoch die Neigung, sich zu einem Überlegenscheinen im Allgemeinen auszuweiten. Und hiermit ist etwas mehr gewonnen als das Spiel selbst. *Man hat Ansehen gewonnen, Ehre davongetragen, und diese Ehre und dieses Ansehen kommen stets unmittelbar der ganzen Gruppe zugute, der der Gewinnende angehört.*[41]

Wenn wir nur das Überlegensein durch das Siegreichsein ersetzen, erkennen wir, wie die Beschreibung Huizingas hervorragend auf den Fußball

41 Ebd. S. 61.

anzuwenden ist. Die Mannschaft, die schlussendlich die Oberhand behält, ganz gleich wie, sei es durch einen »verdienten« oder einen »unverdienten« Sieg, trägt insbesondere bei ihrer Anhängerschaft dadurch besondere Anerkennung davon. Bis zum nächsten Aufeinandertreffen mit genau dem gleichen Gegner, behält man den Ruf und den Rang des Siegers aus dem vorherigen Duell, was dafür sorgt, mit breiter Brust antreten zu können. Besonders bei enorm rivalisierenden Vereinen, deren Städte benachbart sind (die sogenannten »Derbys«), ist auffällig, dass die beiden Mannschaften auf dem Fußballplatz nicht nur um den Sieg in diesem Spiel ringen und die damit verbundenen drei Punkte, die die siegreiche Mannschaft für die Tabelle erhält, sondern um eine Art »Vorherrschaft« in ihrer Region. In der deutschen Bundesliga sind eine Vielzahl genau solcher Derbys anzutreffen, vor allem die sogenannte »Mutter aller Derbys«, Borussia Dortmund gegen den FC Schalke 04, die um den Ruf der »Nummer 1 im Pott« (ein Titel, der von den Fans für die jeweils eigene Mannschaft in Anspruch genommen und dementsprechend in den Stadien besungen wird) konkurrieren und deren Aufeinandertreffen insbesondere von den Fans extrem emotional und brisant begleitet werden und als »Hochrisikospiele« eingestuft werden, die der Polizei viel Sorge bereiten. Aber auch die Begegnungen von Borussia Mönchengladbach mit dem 1. FC Köln oder dem Hamburger SV und dem FC St. Pauli reihen sich nahtlos in diese Linie ein. Der Sieg im Fußball ist etwas, das über das Fußballspiel selbst hinausgeht. Der Sieger ist nicht nur Gewinner des Spiels und Sieger der 90 Minuten auf dem Fußballplatz, sondern mehr als das. Im Fußball wird zusätzlich um etwas anderes gespielt und gesiegt, nämlich um etwas darüber Hinausgehendes, etwas vermeintlich »Höheres«, etwa in Form von Ruhm und Ehre und sozialem Status innerhalb der Fußball-Gemeinde. Die Wichtigkeit des Konzepts der »Ehre« im Fußball, ein freilich heutzutage rückständig und reaktionär erscheinender Wert, lässt sich in vielen fußballerischen Begriffen nachweisen. Michael Ott unternimmt beispielsweise eine interessante Interpretation des Begriffs »Ehrentreffer«. Als ein solcher wird ein meist spätes Tor einer hoffnungslos unterlegenen Mannschaft bezeichnet, das an der Niederlage nichts mehr ändern wird und daher quasi nichts weiter einbringt als eben eine Rettung der »Ehre«. Mehrere Ehrentreffer kann es nicht geben, diese würde man als »Anschlusstore« betiteln, denn im Wesen des Ehrentreffers liegt es, dass er für das Ergebnis nicht mehr relevant ist und nur noch »Kosmetik« betreibt, wie Kommentatoren es gerne nennen. Spiele, in denen Ehrentreffer involviert sind, gehen also nicht 1:2 oder 1:1 aus, sondern 4:1 oder gar 7:1 wie das legendäre Halbfinale zwischen Deutschland und Brasilien bei der Weltmeisterschaft 2014. Warum jedoch hat der Ehrentreffer gar einen eigenen Begriff bekommen? Warum ist er derartig wichtig, obwohl er doch ergebnistechnisch keine Relevanz mehr hat? Ott analysiert an diesem Beispiel die grundsätzliche Bedeutung, die der Fußball dem Konzept der »Ehre« generell beimisst, was recht eigenartig anmutet, denn gerade im professionellen Sport wird niemals der »Ehre« wegen gespielt, sondern es geht stets um sehr viel Geld. Seiner vorläufigen These zufolge ist der Wert der »Ehre« nicht zuletzt ein historisches Überbleibsel aus früheren Epochen, das im Fußball besonders dazu dient, identitätsstiftende Wirkung zu erzielen, da dieser Wert soziale Gemeinschaften aneinander bindet:

> Fußballvereine, vom kleinsten Dorfverein bis zum Bundesligaclub, sind soziale Gruppen, die ganz eminent auf ihre Tradition Wert legen (man denke nur an die Gründungsdaten im Vereinsnamen); eine Tradition jedoch, in die man ›eintreten‹ kann. Sie sind Gruppen, die ihre jeweils aktuellen Vertreter (und seien sie im Ausland eingekauft) auf die Größe (und sei sie noch so lokal) dieser Tradition verpflichten und dadurch über die Generationen und über alle sozialen Differenzen hinweg Identität stiften.[42]

In eine solche Tradition eintreten zu dürfen, soll dann Gefühle von Stolz auslösen, die die Repräsentation eines Dorfes, einer Stadt oder eines Landes mit sich bringt, woraus schließlich die Ehre erwächst, denn Tradition verpflichtet selbstverständlich auch, die eigenen »Farben« angemessen und das heißt im Fußball immer »ehrenvoll« zu vertreten. Zu einem »ehrenvollen« Auftreten gehört es eben auch, niemals den Mut zu verlieren und auch im Angesicht der drohenden Niederlage nicht zu verzagen und dann

42 Ott, Michael: Ehrentreffer. Über die Ehre im Fußball. In: Martinez, Matias (Hrsg.): Warum Fußball? Kulturwissenschaftliche Beschreibungen eines Sports. Bielefeld 2002, S. 87–102. Hier S. 91.

wenigstens noch den »Ehrentreffer« anzupeilen, um die eigene Tapferkeit und Aufrichtigkeit unter Beweis zu stellen. Fans verzeihen ihren Spielern gerne einmal schlechte Leistungen. Niemals akzeptieren sie jedoch blutleere Auftritte ihrer Mannschaft, die sich willenlos ihrem Schicksal ergibt. Über ein solches Team heißt es dann, es habe keine »Ehre«. Ott definiert also wie folgt:

> Sie [die Ehre] fungiert als Norm, die in der Logik eines ›reinen‹ Wettkampfs Gleicher begründet ist, durch den bedingungslosen, aufopferungsvollen Einsatz der Körper im performativen Ritual des Spiels beglaubigt wird und dadurch Gruppenidentifikation schafft.[43]

Ott deutet die Vorstellung, die zumeist von den Fans ausgeht, wonach es um nichts anderes gehe als um »Ehre«, als äußerst naiv angesichts der rasant immer weiter fortschreitenden Ökonomisierung des Fußballs. Für die Fans mag es wirklich nur um die »Ehre« gehen, denn sie profitieren selbst schließlich materiell in keiner Weise vom Erfolg ihres Lieblingsvereins. Bei den Spielern, bei denen eine gehörige Menge Geld wortwörtlich auf dem Spiel steht, sieht das Ganze nochmal anders aus. »Ehre« wird hier, unter Rückgriff auf Pierre Bourdieu, »symbolisches Kapital«[44] genannt, also ein solches, das nicht primär materiell ist, wenngleich es den materiellen Interessen zuträglich ist, da es entsprechend konvertierbar ist. Die materielle Seite wird allerdings verdrängt, zugunsten des entsprechenden »Ehre-Diskurses«, sodass der Fußball beschrieben werden kann als »eines mehrfachen Tauschprozesses, in dem neben Geld Formen symbolischer Anerkennung zirkulieren, die wiederum für die affektive Ökonomie entscheidend sind [...].«[45] Das Konzept der »Ehre« trägt also dazu bei, das besonders »ehrenvolle« Spieler zu größerem Ansehen und damit auch zu höher dotierten Verträgen gelangen, während für die Fans diese materiellen Ungleichheiten und eigentlichen Werte verschleiert werden durch die Illusion, es stünde im Fußball ganz allgemein nie etwas anderes auf dem Spiel als die »Ehre«. Die

43 Ebd. S. 92.

44 Ebd. S. 98.

45 Ebd. S. 100f.

»Ehre« wird damit wieder zum verbindenden Element, das, allen sozialen Ungleichheiten zum Trotz, die Gemeinsamkeit der heterogenen Menge der Fans mit den Spielern, die ja oftmals selbst noch an diesen Wert glauben, herstellt. Da also im Fußball symbolische und materielle Ökonomie Hand in Hand gehen, kann man alles verlieren außer der »Ehre« und genauso gut alles gewinnen, ohne diese dabei an den Tag zu legen (etwa Siege durch irreguläre Treffer). »Ehre« geht jedoch noch weiter und erfasst nicht nur die Unterlegenen, die aufopferungsvoll kämpfende und trotzdem verlierende Mannschaft, sondern schlägt genauso auch in ihre positive Seite um, die sich dann als »Ruhm der Gewinner« äußert und ebenfalls mit »Ehre« und sozialem Prestige einhergeht.

Dieser »Siegesruhm« ist selbstverständlich nur in den Grenzen des Fußballeinflussbereiches gültig. Eine nicht fußballbegeisterte Person interessiert es schließlich nicht im Geringsten, wenn der Verein ihrer Heimatstadt demjenigen der Nachbarstadt unterliegt oder in der Tabelle weit abrutscht (wenn man gar etwas gemein ist, könnte man sich fragen, welcher vernünftige Mensch überhaupt ein Interesse daran haben sollte, ob die Mannschaft der Heimatstadt mehr Tore geschossen hat als der Gegner aus dem Nachbarort). Sie hat in ihrem alltäglichen Leben weder Vor- noch Nachteile dadurch, außer vielleicht, dass ihre U-Bahn ausfällt, weil diese mit feiernden Fans überfüllt ist. Für die Fußballanhänger, die im Gegensatz dazu allerdings Teil der Gemeinschaft, Teil dieser sozialen Gruppe sind, entscheiden Sieg oder Niederlage ihres Lieblingsvereins viel über ihr Ansehen, ihren Selbstwert und ihren Rang (was selbstverständlich völlig irrational ist). Denn die Leistungen und Ergebnisse des Vereins werden auf den »Wert« der Anhänger übertragen. Auch wenn Außenstehende das in der Art nicht nachvollziehen können: Für einen Fan vom FC Schalke 04 geht das Leben nach einer Niederlage gegen den Erzrivalen aus Dortmund nicht einfach so weiter wie für Unbeteiligte. Er muss sich in den sozialen Netzwerken, auf der Arbeit, im Freundeskreis oder wo auch immer Schmähungen anhören und wird mit der Niederlage seines Lieblingsvereins »aufgezogen« und, in seinen Augen, »gedemütigt«. Materiell hat die Niederlage des Lieblingsvereins für einen Fan zwar keine Konsequenzen; er hat dadurch keinen finanziellen Verlust (es sei denn, er hat auf Wetten gesetzt), verliert nicht seinen

Arbeitsplatz, seine Familie oder dergleichen. Doch der ideelle »Verlust« ist für einen eingefleischten Fan, der Teil einer allgemeinen Fußball-»Community« ist, empfindlich und je nach Schwere der Niederlage kaum zu ertragen. Nichts ärgert ihn dann so sehr wie die wenig verständnisvollen Kommentare von Nicht-Fußballfans, die darauf hinweisen, dass das Ganze ja nur ein Spiel sei und es schließlich wichtigere Dinge als den Sport gäbe. Vielleicht verletzen solche Worte den Fan auch deshalb besonders, weil er weiß, dass sie richtig sind. Doch als Fan muss er die Illusion aufrechterhalten, dass es um »mehr« gehe als nur um ein Spiel und um einen Sieg im Spiel, ansonsten würde seine Weltanschauung, die sich maßgeblich um Fußballergebnisse dreht, zusammenbrechen.

Andersherum verhält es sich bei dem Fan der siegreichen Mannschaft analog, nur dass dieser sich besonders mächtig und »potent« fühlt. Er kann in seinem realen Leben noch so sehr durchschnittlich und »Mitläufer« ohne besondere Leistungen sein. Wenn »sein« Verein gewinnt und ganz oben steht, fühlt er sich als Teil von etwas Größerem und wertet damit sein eigenes Dasein auf. Mehr als jede andere Sportart funktioniert der Fußball psychologisch durch Identifikation. Die Spieler der Lieblingsmannschaft auf dem Feld dienen als Stellvertreter, als Repräsentanten jedes einzelnen Fans. Besonders deutlich wird dies bei Spielen der Nationalmannschaft eines jeweiligen Landes, denen eine besondere »Vorbildfunktion« beigemessen wird, eben weil die Spieler vermeintlich »ihr« Land »repräsentieren«, was auch immer dies konkret heißen mag. Die Abstraktheit des Begriffes der Repräsentation sorgt dafür, dass sich jeder Fan irgendwie darin wiederfinden und die Situation auf sich selbst und sein eigenes Leben übertragen kann. Als Stellvertreter spielen die Spieler *für* ihre Fans. Über die Spieler des Lieblingsvereins leben die Fans ihre eigenen Wünsche und Sehnsüchte aus und identifizieren sich derartig mit ihren Lieblingsspielern, dass sie das Gefühl haben, entweder neben diesen Seite an Seite aufzulaufen oder sie sogar selbst zu sein. Empirisch ist diese identifikatorische Art des Verfolgens von Fußballspielen vor allem bei Männern nachgewiesen, wohingegen Frauen den Fußball in der Regel etwas anders betrachten. Gunter Gebauer weist auf diese Differenzierung hin und führt sie wie folgt aus:

> Während Männer beim Turnier der besten Nationalmannschaften in erster Linie auf deren Handlungen und Wirkungen im Spiel achten, scheint es für Frauen wichtig zu sein, wie die Spieler aus den verschiedenen Ländern auftreten. Nicht *was* sie tun, ist hauptsächlicher Gegenstand ihres Interesses, sondern wie sie es tun: wie sie sich bewegen, wie sie mit anderen umgehen, sich darstellen, ihre Rolle ausfüllen, kurz, welche Art Männlichkeit sie präsentieren.[46]

Frauen scheinen also eine etwas andere Perspektive einzunehmen als Männer, was grundsätzlich jedoch nichts daran ändert, dass sich die Fans, egal welchen Geschlechts, derartig in den Bann des Spiels ziehen lassen, dass Idealisierung und Hass, ein ständiges Wechselbad der Gefühle, die Folge sind, je nach Spielstand und Ergebnis, je nach Sieg oder Niederlage. Die Fans haben das Gefühl, selbst unmittelbar und direkt beteiligt zu sein, manche gehen zuweilen sogar körperlich mit und agieren die Handlungen der Spieler auf dem Feld selbst aus. Sie springen in die Luft, wenn ein hoher Ball kommt, um den eigenen Versuch eines Kopfballs zu simulieren oder machen mit den Füßen eine Schussbewegung, wenn ihr Lieblingsstürmer sich in einer Abschlussposition befindet. Es ist für die Fans, als spielten sie selbst mit, denn der Fußball erzeugt eine ungeheuerliche Nähe, die natürlich illusionär ist, sich real aber wirklich anfühlt. Daher reagieren sie mit Stolz und Freude, wenn ihre Stellvertreter auf dem Platz an ihrer statt für sie gewinnen und sind andersherum wütend und verärgert, wenn sie verlieren. Es fällt schließlich alles auf die Fans selbst zurück, sie *sind* die Gewinner oder Verlierer, an ihnen haftet der entsprechende Ruf, ganz so, als hätten sie höchstpersönlich eine Leistung oder Fehlleistung erbracht. Die Spieler auf dem Platz sind zwar verantwortlich, aber die Fans müssen es »ausbaden«. Der Personenkult des Fußballs und die übertriebene Verehrung einzelner Spieler, deren Namen und Nummern die Trikots zieren, die sich die Fans völlig überteuert im Fanshop kaufen, lässt sich vor diesem Hintergrund ebenso verstehen. Sorgen des Alltags werden im Fußballstadion oder vor dem Fernseher irrelevant. Sie treten in den Hintergrund,

46 Gebauer: Poetik des Fußballs. S. 92.

denn für den Fan gibt es in diesem Augenblick nichts als das Spiel, er *ist* das Spiel, so weit geht seine Identifikation. Aus diesem Grund erfreut sich der Fußball wohl unter anderem einer solch großen Beliebtheit: Er lenkt vom Stress des Alltags ab, man kann sich in eine ganz eigene Welt mit einer eigenen Gesetzmäßigkeit versenken und in ihr abtauchen. Fußball ist Realitätsflucht und Eskapismus pur. Die eigene gescheiterte Karriere oder die Krise in der Ehe sind nur noch von marginaler Bedeutung sobald der Ball rollt – und geraten in Vergessenheit im Angesicht des Sieges und dem in der Fußballwelt allumfassenden »Triumph«. Die »echte« Welt lässt sich natürlich nur zeitweise vergessen und verdrängen und früher oder später werden die Probleme des Alltags sich ihren Weg zurück in das Bewusstsein des Fans bahnen. Doch diesen interessiert dies wenigstens in den 90 Minuten des Spiels nicht und dieser Mechanismus funktioniert bei allen Fußballspielen, selbst beim Kreisliga-Kick des eigenen Dorfvereins gegen das verhasste Nachbardorf. Die Zugehörigkeit zu einer Gruppe lässt das Individuum in dieser aufgehen und seine eigene »mickrige« Existenz transzendieren. Die enorme Identifikation mit Verein, Spielern und Stadt wirkt ganz wesentlich durch die Gruppenzugehörigkeit, die auch durch eine Abgrenzung von anderen Gruppen, den »anderen« Fans, denen des verhassten Rivalen, zustande kommt. Hierbei trifft das zu, was Huizinga folgendermaßen beschreibt: »Der im Spiel errungene Erfolg ist in hohem Grade vom einzelnen auf die Gruppe übertragbar.«[47] Selbiges gilt selbstredend für die Niederlage, deren vernichtender Schmerz und deren »Schande« von den direkt beteiligten Spielern auf die Fans gleichermaßen übergeht. Die Stimmung des Fans, sei sie nun je nach Ergebnis positiv oder negativ, geht so lange weiter, bis die Chance auf Wiedergutmachung oder Bestätigung kommt, was im Fußball schnell passiert aufgrund der Schnelligkeit von aufeinander folgenden Spielen. Dann muss sich jedes Team neu beweisen – und ob es vorher gewonnen oder verloren hat, ist insofern nebensächlich, da es absolut nichts über das neue Spiel besagt, welches, wie jedes andere auch, mit 0:0 beginnt und in dem von vorne herein in der Hinsicht niemand einen Vor- oder Nachteil mitbringt. Ein neues Fußballspiel ist wie ein Neubeginn, eine Möglichkeit,

47 Huizinga: Homo ludens. S. 61.

sich neu zu präsentieren und zu beweisen, auch psychologisch ein wichtiger Neustart. Frei nach Sepp Herberger, diesem Philosophen unter den großen Fußballtrainern, gehen die Leute schließlich deswegen interessiert und fasziniert ins Stadion, weil sie nicht wissen, wie es ausgeht.

Es scheint so, als würde sich der Fußball ausschließlich zwischen Sieg und Niederlage bewegen. Das macht das psychologische Extrem aus, das dieses Spiel kennzeichnet und für die extrem hohe Emotionalität verantwortlich ist, die dazu beiträgt, dass alle Beteiligten gerne einmal völliger »Raserei« erliegen und ihre Gefühle nicht mehr kontrollieren können. Das Spiel ist eine schmale Gratwanderung zwischen absolutem Sieg und völlig vernichtender Niederlage, zwischen einerseits Ehre und Ruhm und andererseits Schmach und Schande, zwischen grenzenloser Freude und bodenloser Niedergeschlagenheit. Freude und Leid liegen sehr eng, manchmal untrennbar beieinander. Ein einziges Tor, eine einzige misslungene Abwehraktion oder eine Rote Karte können das Zünglein an der Waage sein und das Spiel maßgeblich in eine bestimmte Richtung lenken und über alles entscheiden. Im Fußball hängt alles zu jedem Zeitpunkt am seidenen Faden. Kaum eine Führung kann deutlich genug sein, um nicht doch die Möglichkeit auszuschließen, dass der Gegner durch eine Aktion, wie einen Elfmeter, zurück ins Spiel kommt und dadurch den Spielverlauf auf den Kopf stellt. Das hat man alles schon zu Genüge gesehen: Welch unfassbare Emotionen von einem einzigen mickrigen Törchen abhängig sein können! Dass ein jedes Spiel derartig schnell kippen kann und ein Team, das sich augenscheinlich schon auf der Siegerstraße befand, am Ende doch noch als Verlierer vom Platz geht, gibt Anlass für die enormen psychologischen Kräfte und Dynamiken, die der Fußball zu entfalten vermag. Hier berührt er seine Liebhaberinnen und Liebhaber zutiefst. Hier liegen Glückseligkeit und Schmerz vergraben, bereit, jederzeit ausgegraben zu werden.

Ich habe mich in dieser Auseinandersetzung ausschließlich mit den beiden entgegengesetzten Polen von Gewinnen und Verlieren beschäftigt, denn meines Erachtens ist es diese alternativlose Ausschließlichkeit, die die enorme Faszinationskraft, aber auch das Gewaltpotential, das der Fußball in sich birgt, mitverantwortet. Außer Acht gelassen haben wir bislang die Möglichkeit des Unentschiedens, bei dem keine der beiden Mannschaften als Verlierer oder als Sieger vom Platz schreitet und dementsprechend eine Punkteteilung vorliegt. Zwar bietet der Fußball augenscheinlich diese Möglichkeit, ich halte sie jedoch für nicht weiter erwähnenswert, denn psychologisch und ideell existiert in diesem Spiel kein »Unentschieden«. Im Grunde lässt sich nämlich sogar ein Unentschieden unter einem der beiden Pole der Dichotomie zwischen Sieg und Niederlage subsumieren. Es gibt immer eine Mannschaft, für die sich ein Unentschieden mehr wie ein Sieg oder wie eine Niederlage anfühlt. Wenn der kleine VFL Bochum dem haushoch favorisierten FC Bayern München ein 1:1 abverlangt, dann ist dies für die Bochumer ein »gefühlter« Sieg und für die Bayern eine »gefühlte« Niederlage. Für den »Underdog« ist es zwar auch nur ein Punkt, aber er fühlt sich weitaus größer und wichtiger an – und das ist das Entscheidende. So wird im Fußball gerne einmal von »big points« gesprochen, wichtigen Punkten in einem entscheidenden Spiel. Mehr als drei Punkte kann es in keinem Spiel geben und sei der Sieg noch so hoch und überragend. Doch im Fußball als emotionalem Sport ist dem Gefühl, dem Motiv des Irrationalen ein weitaus höherer Stellenwert beizumessen als der tabellarischen »Faktenlage«, zumindest für die Fans und die Spieler ist dies meistens so.

Unentschieden hin oder her, den Platz verlassen immer ein Sieger und ein Verlierer, diese grundlegende Dichotomie hält der Fußball stets aufrecht. Natürlich gibt es Spiele, in denen beide Mannschaften auch mal mit einem Unentschieden zufrieden sind oder damit »gut leben« können, doch der Logik von Erfolg und Misserfolg (und damit von Sieg oder Niederlage) ist diese Denkweise ebenso untergeordnet. Ein Unentschieden kann sich schließlich nur dann gut anfühlen, wenn man sich eben eher als Sieger erachtet, zumindest für sich selbst, auch wenn man dies faktisch nicht ist. Es bleibt folglich dabei: Der Fußball ist ein Spiel, das zerrissen ist zwischen gegensätzlichen und sich ausschließenden Extremen, das nur Gewinnen und Verlieren kennt und alle uneindeutigen »Zwischenfälle«, wie das Unentschieden, je nach Lage einem der beiden Pole unterordnet. Wie in der klassischen aristotelischen Logik gilt auch im Fußball das Prinzip vom ausgeschlossenem Widerspruch und dem *tertium non datur* (»Ein Drittes gibt es nicht«)!

Die Dialektik von Ernst und Spiel

Der Fußball ist eine ernste Angelegenheit. Seine Fans und Liebhaber lassen daran keinen Zweifel. »Es ist doch nur ein Spiel«, kann als Einwand von Nicht-Fußballbegeisterten nicht angenommen werden. Womöglich ist das zusätzlich ein Grund, warum sich der durchschnittliche Fan nicht für Test-Spiele interessiert. Wenn es um nichts geht, keine Punkte zu vergeben sind, wird das Spiel irrelevant. Ein unernster Fußball, das darf es für den Fan nicht geben und da Testspiele eher im Ruf stehen, nicht ganz so ernstgenommen werden zu können, da es eher um das Experimentieren geht als darum, das Spiel um jeden Preis zu gewinnen, hat es sich längst für den gemeinen Fan disqualifiziert. Allenfalls die Expertin schaut sich das noch an, um die neuesten taktischen Überlegungen des Trainers mitzuverfolgen. Fest steht: Das Spielerische des Fußballs schließt dessen Ernsthaftigkeit nicht aus, obwohl dies häufig so dargestellt wird. In unseren begrifflichen Kategorien scheint es so, als stelle der »Ernst« den Gegensatz zum »Spiel« dar. Bei einem Spiel tue man schließlich nur so als ob, während im Ernstfall ein reales (Unglücks-)Ereignis zu bewältigen ist. Maximal kann das Spiel daher noch als »Vorbereitung« oder »Übung« für den Ernstfall angesehen werden. Diese recht geläufige Ansicht ist allerdings aus mehreren Gründen problematisch. Zum einen spricht sie dem Spiel seine intrinsische Bedeutung ab und ignoriert die nur ihm eigenen Regeln, die die »Parallelwelt« des Spiels eröffnet. Das Spiel wird dadurch als solches entwertet und dem Bereich des Infantilen und Kindlichen zugeordnet. »Kinderkram«, der im Gegensatz zu den *wirklich* wichtigen Themen steht, vor allem denen der »Erwachsenen«. Zum anderen ist es potentiell gefährlich, das Spiel nicht in seiner Selbstzweckhaftigkeit zu belassen, sondern dieses etwa für politische Zwecke zu instrumentalisieren und beispielsweise einen »Ego Shooter« als »Vorbereitung« (sofern das überhaupt möglich ist) für Soldaten auf einen tatsächlichen Kriegseinsatz herbeizuziehen. In diesem Fall wäre das »Spiel« bloße Übung für den »Ernst«, eine Einstellung, die je nach Zweck äußerst problematisch ist und darüber hinaus den eigentlichen Sinn des Spiels ad absurdum führt, denn dieses ist eben durch seine Selbstzweckhaftigkeit maßgeblich gekennzeichnet.

Zu Beginn ist allerdings eine grundsätzliche Unterscheidung vonnöten: Die zwischen etwas »ernst nehmen« und die des »Ernstes«. Erstere ist zielgerichtet auf eine bestimmte Tätigkeit und betrifft damit diejenigen, die diese selbst aktiv ausüben. In unserem Fall sind das die Fußballspieler. Der Literaturwissenschaftler Hans Ulrich Gumbrecht äußert sich in Bezug auf diese wie folgt:

> Präsenz [im körperlichen Sinne] wird auch dazu führen, daß sich die Grenzen zwischen der Ernsthaftigkeit und dem Spielerischen vermischen. [...] wir wissen auch, daß die Spieler kein gutes Spiel liefern könnten, wenn sie ihre Sache nicht ernst nähmen. Tatsächlich würde es das sofortige Ende eines Spiels bedeuten, wenn auch nur einer unter den Mitspielern nicht versuchen würde, sein Bestes zu geben.[48]

Das ist natürlich völlig richtig und ehrlicherweise auch trivial. Die Ausübenden haben ein Spiel selbstverständlich ernst zu nehmen, sie spielen ja nicht zuletzt direkt für ihre Belange. Bliebe das Ernstnehmen aus, lösche dies nämlich zugleich den Sinn des Spiels, denn dann bräuchte man es nicht spielen, sondern könnte die Zeit lieber für etwas anderes nutzen. Das Spiel verträgt schlichtweg kein Desinteresse. Die Regeln muss man ernst nehmen, weshalb Gumbrecht weiter ausführt: »Für den Sportler und den Zuschauer hingegen ist gerade die Sinnlosigkeit solcher Regeln in der Alltagswelt die Bedingung dafür, in fokussierte Intensität zu versinken.«[49] Das erachte ich für nicht weiter erklärungsbedürftig und möchte stattdessen in diesem Kapitel den Fokus auf den »Ernst« an sich richten. Ich unterscheide diesen vom »Ernstnehmen«, wie ihn auch Gumbrecht beschreibt, dadurch, dass er sich nicht nur auf die aktiv Ausübenden, sondern zudem auf die passiv Konsumierenden ausweiten lässt. Der »Ernst« ist hierbei eine grundsätzliche mentale Einstellung, die alle teilen, die sich auf den Fußball einlassen. Gemeint ist damit insbesondere das Publikum. Die Fans sind in Bezug auf den Fußball von »Ernsthaftigkeit« geprägt, die Spieler, die sie verfolgen, nehmen

---

48 Gumbrecht, Hans Ulrich: Lob des Sports. Aus dem Amerikanischen von Georg Deggerich. Frankfurt a.M. 2005. S. 44.

49 Ebd. S. 50.

es ernst. Die Fans kommen nicht in den Genuss, selbst auf dem Fußballplatz zu stehen, es gibt für sie also nichts, was sie ernst nehmen könnten, da sich ihnen diese Gelegenheit, im Gegensatz zu den aktiven Spielern, nicht bietet. Ihnen bleibt nur die grundlegende Haltung des Ernstes, mit dem sie den Fußball als Zuschauende verfolgen. Mir ist bewusst, dass diese Trennung nicht völlig unhinterfragbar konzipiert ist, denn die aktiven Spieler haben sicherlich auch die Haltung des Ernstes und nehmen das Spiel nicht nur ernst. Zudem schließen sich Zuschauerschaft und aktive Teilnahme nicht grundsätzlich aus, denn jeder Spieler ist in einem anderen Kontext auch nur ein Zuschauer. Sehr wohl ist aber unmöglich beides zugleich der Fall, denn in einer bestimmten Situation ist man entweder Spieler oder Zuschauer. Den Begriff des »Ernstnehmens« behalte ich aus diesem Grund nur für diejenigen vor, die sich in einer konkreten Situation als aktiv Ausübende wiederfinden, und den »Ernst« denjenigen, die dabei zusehen. Wie Gumbrecht richtig bemerkt, kann das Spiel nicht stattfinden, würden es die Aktiven nicht ernst nehmen. Allerdings wäre die Austragung sehr wohl möglich, ohne dass die Zuschauer in übermäßigen Ernst verfielen. Der Fan wäre, im Gegensatz zum Spieler, durchaus in der Position zu behaupten: »Ist doch nur ein Spiel!« Dies findet jedoch nicht statt, der Fan *ist* ernst! Er könnte anders, tut es jedoch nicht. Seine Ernsthaftigkeit ist nicht konstitutiv für die Möglichkeit des Fußballspiels und dennoch weicht er nicht von ihr ab. Warum das so ist, versuche ich in diesem Kapitel zu verstehen. Warum begegnen Zuschauer und Fans dem Fußball mit derartigem Ernst, obwohl er von außen betrachtet nur ein Spiel ist und obwohl sie die innere Perspektive der Spielenden nicht einnehmen, von der aus betrachtet ein Ernstnehmen notwendig für den Fußball ist? Im Folgenden, wenn es darum geht, die Dialektik von »Ernst« und »Spiel« im Fußball zu untersuchen, wird »Ernst« ausschließlich in diesem Sinne aus der Zuschauerperspektive betrachtet und nicht aus der des Ernstnehmens vonseiten der aktiv Beteiligten.

An dieser Stelle möchte ich noch einmal Johan Huizinga bemühen, der sich ebenso mit dem dialektischen Verhältnis von »Spiel« und »Ernst« auseinandersetzt: »[…] Spiel kann sehr wohl ernsthaft sein.«[50] Damit ist die

50 Huizinga: Homo ludens. S. 14.

klassische Dichotomie zwischen »Spiel« und »Ernst« als sich konträr gegenüberstehender, nicht aufeinander reduzierbarer und einander ausschließender Konzepte bereits aufgehoben. »Spiel« und »Ernst« schließen sich also nicht notwendigerweise aus. Das Spiel kann Ernsthaftigkeit durchaus enthalten. Funktioniert diese Relation jedoch auch in die andere Richtung? Kann das »Ernsthafte« ebenso spielerische Elemente beinhalten? Sicherlich wäre hier zunächst einmal genaustens zu definieren, was überhaupt mit »ernsthaften« Dingen oder Themen gemeint sein kann. Huizinga jedenfalls stellt ja gerade in seinem Buch heraus, dass die vermeintlich besonders »wichtigen« und »ernsten« Sphären menschlicher Kultur wesentlich und elementar aus dem Spiel hervorgehen, da die Kultur *in* und *durch* das Spiel entsteht. Spiel ist dann quasi immer gegenwärtig und überall vertreten. Um der Bedeutung »Spiel« jedoch gänzlich gewahr zu werden, ist es vonnöten, sich noch weitergehender mit dessen vermeintlichem Gegenteil auseinanderzusetzen, denn wie Huizinga verlauten lässt, wird genau durch diese Beschäftigung »[d]er Begriffswert eines Wortes in der Sprache [...]«[51] ausgedrückt.

In seiner Analyse des Begriffspaares argumentiert er dafür, dass dieses nicht gleichwertig, sondern das eine dem anderen übergeordnet und damit primär ist:

> Der Bedeutungsinhalt von *Ernst* ist mit der Negation von Spiel bestimmt und erschöpft: *Ernst* ist Nichtspiel und nichts anderes. Der Bedeutungsinhalt von *Spiel* dagegen ist mit Nichternst keineswegs definiert oder erschöpft. *Spiel* ist etwas Eigenes. Der Begriff *Spiel* als solcher ist höherer Ordnung als der des *Ernstes.* Denn *Ernst* sucht *Spiel* auszuschließen, *Spiel* jedoch kann sehr wohl den Ernst in sich einbeschließen.[52]

Diese Überlegungen verleiten Huizinga zu der Annahme, es handle sich bei dem Begriff des Spiels um den eigentlich inhaltlichen und damit positiven Teil des Begriffspaares, wohingegen der Ernst durch seine bloße Negation

---

51 Ebd. S. 55.
52 Ebd. S. 56.

und Abgrenzung zum Spiel als nur negativer Begriff fungiert. Das Spiel enthält also sich selbst als Spiel *und* den Ernst gegebenenfalls zusätzlich, während der Ernst nur sich selbst beinhaltet und das Gegenteil ausschließt.

Nach dieser theoretischen Einordnung gilt es im Folgenden, diese abstrakt gewonnene Erkenntnis auf unser konkretes Beispiel, das Fußballspiel, anzuwenden. Dieses ist definitiv beides, sowohl ein Spiel, als auch eine »ernste« Angelegenheit. Wie genau dieser Ernst aufzufassen und einzuordnen und die beiden Elemente von Spielhaftigkeit und Ernsthaftigkeit in Einklang zu bekommen sind, bereitet allerdings nicht unerhebliche Schwierigkeiten. Einer weitläufigen Illusion zufolge, macht den Ernst im Fußball genau das aus, was im vorhergehenden Kapitel (»Zwischen Sieg und Niederlage«) dahingehend beschrieben wurde, dass zumindest ideell um etwas »Größeres« gespielt wird als nur um drei Punkte oder den Sieg in diesem einzelnen Spiel, sondern dass dieser Triumph (oder eben die Schmach) sich innerhalb der Fußball-Gemeinschaft auf weitaus größere und übergeordnete Bereiche ausdehnt und etwa die regionale »Vorherrschaft« eines Vereins markiert. Für viele Soziologen, unter ihnen Pierre Bourdieu, ist hinter diesem Ernst und dem damit verbundenen Kampf um »Vorherrschaft« eine spezifisch männliche Verhaltensweise verborgen. So lässt er verlauten:

> Konstruiert und vollendet wird der männliche Habitus nur in Verbindung mit dem den Männern vorbehaltenen Raum, in dem sich, *unter Männern*, die ernsten Spiele des Wettbewerbs abspielen.[53]

Dem Thema der Männlichkeit im Fußball wird noch ein eigenes Kapitel gewidmet (siehe das Kapitel »Das Geschlechterverhältnis«).

Doch auch ohne eine genderspezifische Kodierung ist ersichtlich, dass diese enorme Aufwertung der Bedeutung eines einzelnen Fußballspiels dem Gewicht von Sieg oder Niederlage selbstverständlich eine ungeheuerliche Schwere beimisst, die damit suggeriert, es gehe um *wirklich* viel. Angesichts dessen ist es konsequenterweise nur angebracht, den Fußball mit großer

53 Bourdieu, Pierre: Männliche Herrschaft. In: Dölling, Irene/Krais, Beate (Hrsg.): Ein alltägliches Spiel. Geschlechterkonstruktion in der sozialen Praxis. Frankfurt a.M. 1997, S. 153–217. Hier S. 203.

Ernsthaftigkeit aufzuladen und ihn als ganz besonders wichtig einzustufen. Hierbei unterläuft allerdings ein Kategorienfehler. Sieg und Niederlage beziehen sich, auch das wurde im vorhergehenden Kapitel erläutert, auf das Fußballspiel selbst, da sie von deren Regeln abhängen und auf diese angewiesen sind. Ein Sieg im Fußball ist schließlich begrifflich so definiert, dass er genau dann errungen wird, wenn die siegreiche Mannschaft mindestens ein Tor mehr als der Gegner erzielt (bei einer Niederlage äquivalent dazu mindestens ein Tor weniger). Daraus geht eindeutig hervor, dass Sieg und Niederlage nur im Rahmen der entsprechenden Spielregeln von Gültigkeit sind, da diese jene überhaupt erst konstituieren. Einen Sieg in einem Fußballspiel auf einen »Sieg« in einem anderen Bereich wie einem politischen zu übertragen, ist demgemäß nicht zulässig, da die Regeln des Fußballs in diesem nicht von Gültigkeit und damit belanglos sind. Nichtsdestotrotz halten sich nur wenige hartgesottene Fans an diese im Grunde genommen äußerst triviale Einsicht und laden das Spiel mit einer Ernsthaftigkeit auf, als gehe es, nicht nur symbolisch, sondern sogar tatsächlich um Leben und Tod. Dabei soll diese symbolische Ebene mit ihrer ganz eigenen (psychologischen) Bedeutung gar nicht entwertet werden, denn auch ihr ist durchaus ein Wert beizumessen, allerdings nur, weil diese Konzeption von rigoroser »Ernsthaftigkeit« nicht alternativlos ist und es eine wesentlich erstrebenswertere Form des Ernstes im Fußball gibt und zwar eine solche, die, wie ich zu argumentieren gedenke, das Spiel selbst nicht aus den Augen verliert. In einem anderen lesenswerten Text deutet Gumbrecht den Fußball selbst, ohne Hinzunahme äußerer Einflüsse und Faktoren, nämlich philosophisch als existentialistisches Spiel, das viele Menschen mit einer »existentialistischen Faszination«[54] in den Bann zieht. Er geht dabei von der Annahme aus, dass der Fußball ein Spiel ist, das nicht stehen bleiben kann und dementsprechend eine andauernde Bewegung voraussetzt. Aufgrund des großen Zufallscharakters und der damit einhergehenden »Schicksalhaftigkeit« des Fußballs (siehe das Kapitel »Der Akteur Ball«) kommt es nun darauf

54 Gumbrecht, Hans Ulrich: Ästhetik und Sport – am Beispiel von Fußball und American Football. In: Martinez, Matias (Hrsg.): Warum Fußball? Kulturwissenschaftliche Beschreibungen eines Sports. Bielefeld 2002, S. 37–49. Hier S. 48.

an, ob man in dieser mit Lebendigkeit assoziierten beständigen Bewegung die Möglichkeit hat, selbst tätig zu werden, oder ob das nicht beeinflussbare »Schicksal« in Form von Pech oder Glück einen übermannt als Analogie zum realen Leben und damit einer existentiellen menschlichen Erfahrung. Gumbrecht fasst zusammen:

> An erster Stelle steht die Inszenierung des Kontrasts zwischen dem *Nichts* und der *kontinuierlichen Bewegung*. Wenn die kontinuierliche Bewegung begonnen hat, dann stellt sich für jede Mannschaft die Frage nach dem Kontrast zwischen Intentionalität – meine Mannschaft beherrscht den Ball – und Bedrohung durch die Kontingenz: Ballverlust an das gegnerische Team.[55]

Einer solchen Interpretation folgend muss der Fußball zwangsläufig mit Ernst einhergehen, denn im Spiel werden mit spielerischen Gestaltungsmitteln menschliche Lebensthemen verhandelt, denen unmöglich jemand gleichgültig gegenüber eingestellt sein kann. Die Kontingenz des eigenen Lebens bedroht jederzeit alles, was man sich mühsam erarbeitet hat. Man muss einer solch pathetischen und romantisierenden Deutung des Fußballs als eines existentialistischen Spiels nicht unbedingt folgen, kann sich allerdings daran orientieren, weil es sich direkt an die Strukturen des Spiels selbst richtet und damit genau das ist, worauf ich hinausmöchte.

Dieser existentielle Ernst als bloß beispielhafter Ausgangspunkt verleitet mich zu der These, dass im »liebenswerten« Fußball Ernst und Spiel in einer Einheit harmonisieren, wobei sich beide Elemente in einem dialektischen und nicht einem dichotomen Verhältnis zueinander befinden müssen. Der erstrebenswerte Ernst macht die Spannung des Fußballspiels aus und diese Fiktion ermöglicht erst, sich gänzlich »fallen« zu lassen und auf das Spiel einzulassen. Ansonsten verfehlte es seine Wirkung als Unterhaltung und Ablenkung von Alltagssorgen. Dadurch, dass Zuschauerinnen ihre Konflikte nicht selbst ausagieren, sondern dies andere für sie tun lassen (siehe die »Stellvertreter-These« des vorangegangenen Kapitels »Zwischen

55 Ebd. S. 48.

Sieg und Niederlage«), sind sie sogar regelrecht »gezwungen«, mit Ernst bei der Sache zu sein, denn es geht ideell um ihre Belange und sie können sich nicht einmal selbst für ihr »Recht« einsetzen. Natürlich muss dies in der Denkweise eines Fans »echte« Sorgen bereiten, den Adrenalinpegel steigen, den Herzschlag erhöhen, den Körper mit einer Gänsehaut überziehen und ihn unerbittlich mitfiebern lassen.

In manchen Fußballspielen (ganz besonders in Derbys oder Aufeinandertreffen von stark rivalisierenden Vereinen) geht diese tiefe, allerdings problematische Art von Ernst sogar so weit, dass von Außen ein fantasierter Endkampf zwischen Gut und Böse auf das Spiel projiziert wird, wobei das eigene Lieblingsteam für das »Gute« antritt und den »bösen« Gegner endlich vernichten soll. Hass auf den Gegner wird dadurch evoziert und artet nicht selten in Gewalt vonseiten der sogenannten »Ultras« oder Hooligans aus. Der Ernst im Fußball ist somit ein zweischneidiges Schwert, je nachdem, wie er aufgefasst wird. Einerseits können die heißgeliebten positiven Emotionen und die enorme Spannung im Fußball nur durch ihn bestehen (wohlgemerkt sofern dialektisch verstanden), andererseits wäre der Sport ohne ihn sicherlich fairer und von weniger Hass und Gewalt geprägt (wobei das nicht-dialektische Verständnis, das noch genauer erarbeitet werden soll, daran schuld ist). Ernst ist nicht gleich Ernst und muss differenziert betrachtet werden.

Was hier beschrieben wurde, bezieht sich selbstverständlich nicht auf jeden Aspekt des Fußballs und von Generalisierungen soll Abstand genommen werden. Dass Schiedsrichter und Gegenspieler etwa völlig entmenschlicht und zur Zielscheibe unbändigen Hasses gemacht werden, trifft nur auf einen verhältnismäßig kleinen Teil von Fußballbegeisterten zu (wenngleich einen dadurch nicht unerheblichen und nicht minder gefährlicheren Teil). Außerdem ist nicht jeder Fan völlig gleich ernst. Manche ärgern sich zwar kurz, ordnen das Geschehen aber schnell sehr reflektiert in einen größeren Zusammenhang ein und erkennen, dass das Spiel nicht auf andere Lebensbereiche übertragbar ist. Nur wenige machen ihren Selbstwert und die Bedeutung ihrer eigenen Existenz zum großen Teil vom Erfolg des Lieblingsvereins abhängig (wobei es überflüssig zu erwähnen ist, dass dies ganz sicher keine gesunde, sondern eine vielmehr pathologische Einstellung ist).

Von den Spielern ganz zu schweigen, die doch in den allermeisten Fällen den fairen »Sportsgeist« bei aller Rivalität vorne anstellen, obwohl sie das Spiel, wie eingangs argumentiert, notwendig ernst nehmen müssen. Denn Ernst muss man nicht zwangsläufig einseitig verstehen. Fußball kann sehr wichtig sein und ernstgenommen werden, ohne dabei ideologisch und gefährlich werden zu müssen und ohne dabei andere Themen aus dem Blick zu verlieren. Dafür muss das Verhältnis von Ernst und Spiel allerdings wesentlich differenzierter betrachtet werden, als es in landläufigen Diskursen der Fall ist, die sich häufig in zwei konträre Lager aufspalten, die es im Folgenden einzuordnen gilt.

Beide Lager, sowohl die Fans, als auch die Nicht-Fans, liegen falsch, da sie nicht die Dialektik von Ernst und Spiel erkennen und eine der beiden Seiten zu stark und die andere zu wenig betonen, da sie im dichotomen Denken verhaftet bleiben.

Die nicht vom Fußball Begeisterten (diejenigen, die die Spielhaftigkeit des Fußballs überbetonen und ihm den Ernst absprechen) weisen darauf hin, dass es wichtigere Dinge als ein Fußballspiel gibt und man nicht so »übertreiben« solle wegen eines Spiels, bei dem man überbezahlten Millionären dabei zusieht, wie sie einem Ball hinterherrennen. Diese Sicht ist die der »Spielverderber« und stellt auf dem Spektrum eine von zwei Extrempositionen dar, wobei deren Gegenposition die der »Spielübertreiber« und die mittlere Idealposition die beide Seiten versöhnende ist. »Spielverderber« dürfen wir hier absolut wörtlich nehmen, denn ohne ein Mindestmaß an Ernst gibt es überhaupt kein Spiel.

Andersherum ist der fanatische Fan (ich spreche hier ganz bewusst vom »Fanatismus« und nicht vom »Durchschnittsfan«) ebenso im Unrecht, wenn er mit seiner Ernsthaftigkeit, die er dem Fußball beimisst, dessen spielerische Grenzen überschreitet und die Bedeutung des Fußballspiels auf andere Bereiche überträgt, die von dessen Regeln nicht mehr abgedeckt werden (eine Überbetonung des Ernsten und Vernachlässigung des Spielhaften). Wer die Regeln des sportlichen Wettkampfes missachtet und reale Gewalt anwendet, bei der Menschen zu Schaden kommen, für den es nichts anderes auf der Welt als das Fußballspiel gibt und der den Fußball nicht nur für 90 Minuten, sondern ein Leben lang allen anderen Problemen überordnet, der begeht den zuvor beschriebenen Kategorienfehler, der einer fehlgeleiteten Ernsthaftigkeit zugrunde liegt. Der Fan hat recht damit, dass Fußball eine »ernste« Angelegenheit ist. Meinetwegen hat er sogar damit recht, dass es das ernsteste und wichtigste auf der Welt ist, allerdings nur so lange er sich auf die bloße Dauer eines Spiels besinnt. Wird die Grenze der Fiktionalität und die Sphäre des Spiels missachtet und überschritten, dann ist der Fußball definitiv nicht ernst und wichtig. Auch der Fan hat damit sowohl Recht als auch Unrecht. Es kommt eben bei beiden Lagern genau auf die Gültigkeit der Sphären an, auf die sie sich jeweils beziehen, denn ansonsten liegen bei beiden Lagern schwerwiegende und folgenreiche Kategorienfehler vor, also eine unzulässige Übertragung der Gültigkeit von bestimmten Regeln auf einem eingegrenzten Gebiet, auf einen anderen, davon nicht mehr erfassten Bereich.

Spielerische und fiktive Elemente noch mit der ihnen angemessenen Ernsthaftigkeit angehen zu können, ist eine Fähigkeit, die sich zu bewahren und zu fördern lohnt. Ansonsten wäre eine leblose, unkreative Masse die Folge, die nicht über rein instrumentelles und nüchternes Nützlichkeitsdenken hinauskäme. Fiktionalität ist etwas, das noch ertragen werden muss, eine Schwierigkeit und Herausforderung, auf die sich einzulassen ist. Sich auf einen fiktiven Film einzulassen, verlangt den Zuschauerinnen und Zuschauern noch etwas ab. Es ist eine geistige und emotionale Forderung, die sehr wichtig ist, um Qualitäten herauszubilden, die auch in anderen Lebensbereichen von Vorteil sein können, wie etwa Empathie und Einfühlungsvermögen. Das Fußballspiel ist räumlich und zeitlich von anderen Sphären menschlichen Zusammenlebens »abgezäunt« und ein Anlass, der Fiktionalität ermöglicht, der vorgibt, dass etwas real wäre, was nur ein Spiel ist. Sich dem mit einer gewissen Ernsthaftigkeit zu widmen, ist überhaupt nichts Schlechtes, sondern im Gegenteil, eine besondere menschliche Eigenschaft, denn im Gegensatz zu anderen Lebewesen (jedenfalls soweit uns bekannt) können wir fiktionale Räume, Kontexte und Rollen ins Leben rufen und uns auf sie einlassen. Darin besteht ein elementarer Aspekt menschlicher Freiheit, denn wir sind nicht als rein materielle Wesen nur an Nützlichkeit und Notwendigkeit gebunden, sondern können uns dem ganz bewusst entziehen und die Fähigkeiten erwerben, Spaß und Ernst miteinander in Einklang zu bringen, indem dafür ein ganz eigener Rahmen geschaffen wird, der weder überschreitbar und übertragbar noch dadurch weniger wichtig ist. Denn das ist ein wichtiger Aspekt: Fußball bringt seinen Anhängerinnen beides, sowohl Ernsthaftigkeit als auch Spaß und daran ist nichts verwerflich, so lange selbstverständlich die Rahmenbedingungen gewahrt werden und man sich konform innerhalb der Grenzen des Spiels bewegt. Denn dann überwiegen im Fußball die schönen Seiten des Ernstes und zeigen an, wie viel einem Fan das Spiel bedeutet, denn würde er es nicht ernst nehmen, hätte es ja keine Bedeutung für ihn. Die problematischen Aspekte des Ernstes, wie die ihm innewohnende Gefahr, sich zu verselbstständigen und auf andere Lebensbereiche, wie soziale Macht, auszuweiten, müssen dabei stets einer kritischen Reflexion unterzogen werden, um ihr tatsächliches Eintreten zu verhindern. Die Gefahr der sich verselbstständigenden, destruktiven Dynamiken birgt der Fußball ohne Zweifel in sich, wie endlose traurige Beispiele verdeutlichen. Ein wirklich sportlich fairer und erstrebenswerter Ernst kommt niemals gänzlich ohne das Spielerische und damit den »Spaßfaktor« und die Leichtigkeit aus. Der Ernst im Fußball kann nur dann richtig funktionieren, wenn er sich der Grenzen bewusst ist und die Erkenntnis, dass man sich in einem fiktiven Kontext befindet, zulässt. Beides muss untrennbar zusammen verhandelt werden und so zeigt sich, dass Spiel und Ernst eben nicht einander entgegengesetzt sind, sondern nur in ihrem engen Zusammenwirken und durch ihre gegenseitige Ergänzung, die Vollkommenheit erlangen. Darin besteht letztendlich das, was die Dichotomie von Spiel und Ernst tatsächlich auflöst, nämlich eine Dialektik des Ernstes, die dessen Gegenstück immer mitberücksichtigen und mitdenken muss. Erst dann wird der Fußball zu einem schönen Ausgleich und einer bereichernden und freudebringenden Veranstaltung, die von großem Wert und ernsthafter Bedeutung ist und dabei bescheiden bleibt und nicht in Versuchung gerät, mit anderen Lebensbereichen konkurrieren zu wollen. Genauso wie ein Kunstwerk eine Gegenwelt eröffnet und nicht den Anspruch hat, sich mit der Realität messen zu lassen. Der Fußball funktioniert, wie jedes Spiel, auf dieser Ebene völlig analog zum Kunstwerk, denn auch er ist ein Werk der Fiktionalität.

Teil 2
Der Fußball und die Kraft des Glaubens – Magisches Denken und religiöse Motive

Der Glaube ist aus dem Fußball nicht wegzudenken. Man weiß nicht, wer »in Wirklichkeit« gewinnen wird, man darf nur *glauben*, dass es die eigene Mannschaft sein wird. »Believe in yourself« ist in der heutigen Zeit zum Trend und zur Mode-Floskel geworden. Im Fußball wird sie aktiv gelebt. Dieser 2. Teil des Buches setzt sich nicht nur mit dieser Art des Glaubens im Sinne eines Vertrauens auf die eigene Stärke auseinander, sondern auch mit viel grundsätzlicheren »Glaubensformen« im Fußball. Es wird argumentiert und aufgezeigt werden, dass ohne den grundlegenden Glauben (vor allem an die Wirklichkeit der Regeln und Gesetze) dieses Spiel überhaupt gar nicht erst möglich ist. In der Bedingungslosigkeit dieses »fußballerischen« Glaubens äußern sich nicht zuletzt zutiefst religiöse Motive, die bei vielen Fans und Spielerinnen sogar manisch-zwanghafte und abergläubische Züge annehmen – von »Ritualen« der Spieler vor einem wichtigen Spiel bis hin zum »Daumen drücken« für den Lieblingsverein vor dem heimischen Fernsehgerät: Der Fußball weist zahlreiche Variationen von magischem Denken auf und legt damit weitere unbewusste Strukturen offen, die es nicht zuletzt auch psychoanalytisch einzuordnen gilt. Der Fußball ist ein Spiel, bei dem der essentielle und wesentliche Glaube eine »conditio sine qua non« darstellt. Ist Messi also nicht vielleicht doch der »Messias« und Maradona Gottvater?

Intersubjektivität

Zu den Kennzeichen eines Spieles gehört dessen räumliche sowie zeitliche Abgegrenztheit, die es vom »gewöhnlichen Leben« trennt und ihm damit eine eigene Bedeutungssphäre zuweist.[56] Damit erhält es zugleich den Status einer in sich abgeschlossenen Handlung, welche wiederum durch spezifische und nicht zu überschreitende Regeln konstituiert wird. Diese Aspekte, die auch auf den Fußball zutreffen, haben wir bereits herausgestellt. Im Verlauf der bisherigen Ausführungen ist ebenso angeklungen, dass sich die Bedeutung des Fußballspiels vor allem auf eine begrenzte Gemeinde beschränkt. Den Begriff der »Gemeinde«, den ich austauschbar mit dem der »Gemeinschaft« gebrauche, entnehme ich den soziologischen Klassikern wie Ferdinand Tönnies und Emile Durkheim. In der Definition von Tönnies bezeichnet die »Gemeinschaft« eine subjektiv empfundene und durch emotionale Bindungen verankerte Zusammengehörigkeit von Menschen, die sich aufgrund der Gefühlsintensität und dem Umstand, dass sie oft freiwillig eingegangen oder zumindest freiwillig aufrechterhalten wird, als äußerst stabil und tiefgründig erweist.[57] Klassische Beispiele sind Familien- und Nachbarschaftsgemeinschaften, Freundesgruppen oder eben (wie beim Fußball) auch freiwillig eingegangene Bindungen in Vereinen und Organisationen. Streng davon zu unterscheiden ist die »Gesellschaft«, die nach Tönnies dadurch charakterisiert ist, dass sich hierbei zu mehr oder weniger losen Zweckverbunden zusammengeschlossen wird, die jedoch in erster Linie dazu dienen, die egoistischen Eigeninteressen der Mitglieder zu befriedigen, wie es bei Unternehmen oder auch politischen Organisationen der Fall sein kann (wenngleich diese ganz strenge begriffliche Unterscheidung uns nicht weiter interessieren muss).[58] Von Durkheim wird diese grundlegende Konzeption weitergeführt, sodass sich letztendlich drei Kriterien herauskristallisieren, die »Gemeinschaften« in dem Sinne auszeichnen. Erstens ist das die »Identifikation«, im Beispiel des Fußballs also vor allem die mit dem Verein. Zweitens die »Interaktion«, die einen hohen sozialen Austausch mit anderen Mitgliedern der »Gemeinschaft« oder »Gemeinde« gewährleistet, im Fußball also Austausch mit anderen Fans. Schließlich drittens die »Kollektivwohlorientierung«, wonach einzelnen Mitgliedern der Gruppe das Wohl des Gesamtkollektivs am wichtigsten

56 Vgl. Huizinga: Homo ludens. S. 18.
57 Vgl. Tönnies, Ferdinand: Gemeinschaft und Gesellschaft. Darmstadt 1979. S. 7ff.
58 Vgl. Ebd. S. 34ff.

ist, etwa im Fußball der Wunsch nach Erfolg des Vereins und der gesamten Mannschaft. Da der Fußball all diese Kriterien erfüllt, lässt er sich im Sinne von Tönnies, Durkheim und auch Weber als »Gemeinschaft« bezeichnen, zumal die Teilhabe im Fußball ja auch völlig freiwillig ist und keiner dazu gezwungen oder von ihr ausgeschlossen ist.[59] In der Hinsicht erweist sich der Fußball als äußerst inklusiv und bietet viel Anschluss für soziale Teilhabe und Vergemeinschaftung. Nachdem die terminologischen Hintergründe also geklärt sind, spreche ich im Folgenden von der »Fußballgemeinde« und meine damit die »Gemeinschaft« in dem zuvor erarbeiteten theoretischen Sinne. Den geteilten Glauben an die Fiktionen des Fußballs innerhalb dieser spezifischen »Gemeinschaft« möchte ich im Folgenden genauer beleuchten. Mein Interesse gilt der Erforschung, wie der kollektive Glaube Einzug in diese »Gemeinschaft« erhält und wie er sich konkret zusammensetzt. Meiner eigenen Überlegung zufolge handelt es sich bei einem innerhalb einer »Gemeinschaft« geteilten ganz spezifischen Glauben nämlich auch um ein weiteres Kriterium – neben »Identifikation«, »Interaktion« und »Kollektivwohlorientierung« –, das eine »Gemeinschaft« konstituiert. In diesem Kapitel gilt es nun weiterführend genauer zu beleuchten, wie sich dieser Glaube der Fußballgemeinde an die Bedeutung des Spiels zusammensetzt und wie innerhalb der Gemeinde der Fußball im Konkreten die ihm eigene Bedeutung erlangt.

Es ist eine kulturwissenschaftliche Binsenweisheit, dass sich Gemeinden und Gemeinschaften insbesondere durch geteilte Werte und Überzeugungen definieren, denen eine identitätsstiftende Funktion beizumessen ist. Dabei kann eine Gemeinde selbstverständlich nur dann bestehen, wenn ihre Überzeugungen »überpersonal« gültig sind, also nicht nur einzelne Individuen an sie glauben und von ihnen überzeugt sind, sondern die ganze Gruppe. Werte ordnen und regeln unser Zusammenleben. Ein Wert, den

---

59 Für eine hier nicht leistbare genauere Beschreibung der drei Kriterien sowie eines systematischen empirischen Nachweises, dass der Fußball sie erfüllt, siehe den Beitrag: Schäfer, Mike S./Rosse, Jochen: Die gesellschaftliche Bedeutung von Fußballbegeisterung. Vergemeinschaftung und Sozialkapital-Bildung auf dem Prüfstand. In: Klein, Gabriele/Meuser, Michael (Hrsg.): Ernste Spiele. Zur politischen Soziologie des Fußballs. Bielefeld 2008, S. 201–225.

nur ein einzelner Mensch vertritt, kann nur schwerlich überhaupt als ein solcher eingestuft werden, da er nur dann annähernd von Gültigkeit sein kann, sobald sich mehrere Menschen auf ihn einigen und sich dafür entscheiden, im Kollektiv nach ihm ihr Leben auszurichten.

Die soziale und kulturelle Realität, in der sich Menschen und Gesellschaften tagtäglich befinden und bewegen und aus der kaum je gänzlich ausgetreten werden kann, ist der Gegenstand von Geistes- und Sozialwissenschaften. Diese beschäftigen sich mit der Konstitution und dem Zustandekommen solcher sozialer Bedeutungsnetzwerke und untersuchen typische Motive, Narrative, Ideologien oder Mythologien, die zur Installation und Reproduktion solch sozialer Verhältnisse beitragen. In diesem Zusammenhang ist der Begriff der »Intersubjektivität« eine Möglichkeit, sich diesen kulturellen Phänomenen zu nähern. »Inter« stammt vom lateinischen Wort für »zwischen« und »Subjekte« sind Personen und damit soziale Akteure und Handelnde. Intersubjektivität meint also, dass bestimmte Erscheinungen, Werte und Überzeugungen innerhalb einer Gesellschaft oder Gemeinschaft geteilt werden, dass »zwischen« den Individuen eine Art von »Abmachung« besteht, entsprechende Phänomene und Ereignisse auf die gleiche Weise wahrzunehmen und einzuordnen. Das, was eine Gemeinschaft unter »Gleichgesinnten« entstehen lässt, ist der gemeinsame und geteilte »Glaube« an die Existenz oder die Bedeutung von etwas. Auf die gleiche Art funktioniert Sprache. Diese ermöglicht eine erfolgreiche Kommunikation nur dann, wenn sich die Sprechenden der Bedeutung der Wörter im Klaren sind und über diese Einigkeit besteht. Mein Gegenüber kann nur dann verstehen, was ich mit »Tisch« meine, wenn er darunter die gleiche Bedeutung versteht, also wenn wir beide mit »Tisch« einen Gegenstand mit einer Fläche meinen, die durch mehrere Stützen gehalten wird. Wenn mein »Tisch« jemand anderes »Computer« ist, ergibt unsere Sprache keinen Sinn. Sie wäre nutzlos und wir könnten uns nicht verständigen, denn es gäbe keine geteilte Bedeutung und damit kein gemeinsames Verständnis unserer Worte, das als Grundlage unentbehrlich ist. Sprache ist nur möglich, wenn sich die Sprachgemeinschaft auf konkrete und festgesetzte Bedeutungen verständigt, die dann wiederum ähnlich bindend und absolut verpflichtend sind, wie ein Vertrag. Der gemeinsame Glaube an Begriffsbedeutungen ermöglicht unsere Verständigung mithilfe sprachlicher Zeichen.

Das Konzept des Glaubens ist in der heutigen Zeit nicht besonders hoch angesehen. Der Glaube gilt häufig als veraltet, als »unsicher« und als etwas, an dessen Stelle das »Wissen« treten sollte. Unsere Zeit des Szientismus, die beinahe schon hysterisch auf »Fakten« und Wissenschaftlichkeit verweist und den Glauben mit irrationalem und magischem Denken gleichsetzt (so auch beim als »rückständig« eingestuften Gottesglauben), setzt auf vermeintliche »Aufklärung« und Erkenntnis. Völlig außer Acht lässt unser ach so aufgeklärter Zeitgeist jedoch, dass Menschen per se »gläubige« Lebewesen sind, genauso wie sie auch spielende Wesen sind (das, was Huizinga mit dem Titel seines Buches »Homo ludens« zum Ausdruck bringt, nämlich die anthropologische Bestimmung des Menschen als eines Spielers). Dazu verweise ich noch einmal auf das zuvor eingeführte Konzept der Intersubjektivität, das ganz wesentlich und notwendigerweise auf einem Glauben beruht. Glaube wird hier nicht als das Gegenteil des Wissens konzipiert, was ihn rückständig und antiquiert erscheinen ließe, sondern als ein davon unabhängiger Teil menschlicher Gesellschaft, ohne den unser soziales und kulturelles Zusammenleben nicht denkbar wäre. Der Fortschrittsoptimismus der Aufklärung ist seit seinem Entstehen im 18. Jahrhundert oft genug Lügen gestraft worden. Der vermeintlich so rationale und weise Mensch (bezeichnenderweise als »Homo sapiens« betitelt) ist in Wahrheit gar nicht so rational, wie er es seinem eigenen Selbstbild entsprechend gerne hätte. Dazu gehört, dass er keineswegs immer an Wahrheit interessiert ist und daher gerne einmal Erzählungen und Ideologien folgt, die sich als nachweislich falsch herausstellen. Unser unbestrittene enorme Wissensschatz hält uns nicht davon ab, an vermeintlich »irrationalen« Dingen festzuhalten. Und warum ist das so? Weil der Glaube eine andere Funktion erfüllt, die sich mit Wissen nicht oder allenfalls marginal überschneidet, und beide Bereiche daher nur bedingt miteinander in Konkurrenz stehen. Glaube ist nicht per se »irrational«, da er eben nicht notwendig mit Wissen und damit Rationalität konkurriert. An manche Dinge MUSS man als Mitglied einer sozialen Gemeinschaft sogar glauben, besseren »Wissens« zum Trotz. Glaube kann für den Menschen als soziales Lebewesen verpflichtend sein und in diesem weiten Sinne des Wortes gibt es quasi keinen Menschen, der nicht »gläubig« oder im weiten Sinne »religiös« ist, selbst wenn man sich als völlige Atheistin versteht.

Glaube macht eine intersubjektive Wirklichkeit möglich. Soziale Normen und Praktiken erlangen nur dadurch ihre Existenz, dass eine wie auch immer konstituierte Gemeinschaft an ihren Bestand *glaubt*. Der Historiker Yuval Noah Harari, internationaler Bestsellerautor unter anderem des Sachbuches »Homo Deus« (einem derartig populären Buch, dass wohl kaum jemand mit einem (pseudo?)intellektuellen Anspruch der Lektüre entgehen kann), weist dem Konzept der Intersubjektivität ebenfalls eine hervorgehobene Rolle bei der Analyse der Funktionsweise menschlicher Gesellschaften zu. Bei ihm ist folgende Beschreibung zu lesen:

> Die Sapiens beherrschen die Welt, weil nur sie ein intersubjektives Sinngeflecht erzeugen können: ein Geflecht aus Gesetzen, Kräften, Wesenheiten und Orten, die nur in ihrer gemeinsamen Fantasie existieren. Dieses Geflecht ermöglicht es einzig und allein dem Menschen, Kreuzzüge, sozialistische Revolutionen und Menschenrechtsbewegungen zu organisieren.[60]

Und Fußball zu spielen, möchte man hinzufügen. Denn Fußball ist selbstverständlich genauso Teil eines solchen intersubjektiven Konstruktes. Regeln wie das von uns bereits betrachtete »Handspielverbot« (siehe das Kapitel »Hand-Verbot = Kulturverbot?«) erlangen eben nur dadurch ihre Bedeutung, dass das Kollektiv an sie glaubt. Dem Geldschein wird sein Wert nur intersubjektiv beigemessen, wobei es sich in »Wahrheit« nur um ein bedrucktes Stück Papier handelt. Ganz so einfach ist es jedoch nicht, denn von »Wahrheit« in dem Sinne lässt sich hier gar nicht so einfach sprechen. Dass ein Fünf-Euro-Schein eben genau fünf Euro wert ist und nicht beispielsweise zehn oder fünfzig, ist wahr. Es handelt sich hierbei schlichtweg um eine Bedeutungstatsache, zwar eine durchaus kontingente, dadurch aber nicht weniger wahre. Denn innerhalb des sozialen Netz-

60 Harari, Yuval Noah: Homo Deus. Eine Geschichte von Morgen. Aus dem Englischen übersetzt von Andreas Wirthensohn. 10. durchgesehene Auflage. München 2019. S. 236.

werkes, etwa der Sphäre der Ökonomie und Wirtschaft, wird kollektiv an diesen Wert »geglaubt« und dadurch wird er konstituiert. Dieses Beispiel zeigt, dass der intersubjektive Glaube keineswegs im Gegensatz zum Wissen steht, etwas, worauf ich zuvor aufmerksam machen wollte, sondern dass beides problemlos nebeneinander bestehen kann. Natürlich hätte ich in gewisser Weise damit Recht, würde ich anmerken, dass der Geldschein nur bedrucktes Papier ist, damit treffe ich allerdings bloß eine Aussage über dessen rein materielle Beschaffenheit. Bedeutung dagegen ist etwas Ideelles, was sich somit nicht mit materiellen Eigenschaften und Kategorien erklären und verstehen lässt.

Was Harari allerdings nicht leistet, und hier ist er ergänzungsbedürftig, ist die Begründung, warum eine sozial und kommunikativ geteilte »Fiktion«, um diesen etwas allgemeineren Begriff einzuführen, denn genau wahr ist, beziehungsweise in welcher Hinsicht. Es scheint intuitiv klar zu sein, dass der Wert von Geld oder abstrakte Gegenstände wie die Institution des Bundestages nicht in gleicher Weise existieren wie Hunde, Äpfel oder Gitarren. Laut Harari ist der Unterschied ontologisch: Hunde, Äpfel und Gitarren gibt es eben einfach wirklich, im Gegensatz zum Geldwert und dem Bundestag, die nur aufgrund des intersubjektiven Glaubens an ihre Existenz von Bestand sind. Ich teile zwar diese grundsätzliche These und messe dem konstitutiven epistemischen Phänomen des Glaubens eine ebenso hohe Stellung bei, doch möchte ich das vermeintlich nicht »wirklich« Existierende gerne in dieser Beschaffenheit näher charakterisieren und genauer herausfinden, ob es doch in irgendeiner Form existiert oder nicht.

Innerhalb der Philosophie gibt es gar eine eigene Disziplin, die sich explizit mit dem Nicht-Seienden auseinandersetzt, nämlich die Meontologie, in Abgrenzung von der Ontologie. Während die Ontologie die Wissenschaft vom Seienden ist, die sich mit den Dingen auseinandersetzt, insofern sie sind, handelt die bis zu Platon und Parmenides zurückreichende Meontologie von den Dingen, die es nicht »wirklich« gibt. Sie ist also in gewisser Weise eine sehr paradoxe Wissenschaft, da sie eine Ontologie des Nicht-Seienden begründet. Alle möglichen Fiktionen und Fabelwesen lassen sich unter den Zuständigkeitsbereich der Meontologie subsumieren. Sie untersucht Gespenster ebenso wie Romanfiguren, ist aber eben auch hilfreich in der Problematik, die uns an dieser Stelle beschäftigt. Einen bedeutsamen Beitrag in dieser Angelegenheit leistet der zeitgenössische Bonner Philosoph Markus Gabriel, der Ontologie und Meontologie gleichermaßen mit einer einzigen Theorie in Einklang und Übereinstimmung zu bringen weiß. Dies gelingt ihm durch die Einführung des durch ihn geprägten Begriffs des »Sinnfeldes«. Demzufolge besteht die Welt nicht als einheitliches Ganzes[61], sondern ist aufgeteilt in prinzipiell unendlich viele »Sinnfelder«. Diese sind dadurch gekennzeichnet, dass die Dinge nur in ihnen und durch sie sind und existieren, sie also dasjenige sind, was ihnen zur Existenz verhilft. Daher lautet Gabriels Definition: »Existenz besteht darin, dass ein Gegenstand in einem Sinnfeld erscheint. Derselbe Gegenstand erscheint in mehreren Sinnfeldern.«[62] Alles, was in irgendeiner Hinsicht existiert, existiert also nur in einem »Sinnfeld« und nicht außerhalb eines solchen. In Gabriels Worten: »Ein *Sinnfeld* ist eine Anordnung von Gegenständen, die unter Anordnungsregeln steht.«[63] Ein allumfassendes »Sinnfeld«, das alle anderen »Sinnfelder« in sich vereint, existiert allerdings laut Gabriel nicht, sondern nur nebeneinander für sich bestehende und voneinander unabhängige »Sinnfelder«. Daraus resultiert, dass es keinen allumfassenden Gegenstandsbereich und damit keine Universalwissenschaft gibt, mit der alles beschrieben werden kann (nichts anderes besagt die These, dass es die Welt nicht gibt, im Sinne eines allumfassenden Ganzen und damit quasi als Menge aller Mengen). Bestrebungen einer Einheitswissenschaft wie der Physik, einer Vorstellung, die insbesondere unter materialistischen Denkerinnen weit verbreitet ist, weichen daher einem Wissenschaftspluralismus, der an »Sinnfeldern« und den je ihr zugehörigen Gegenständen orientiert ist. Damit können Physik, Biologie und Literaturwissenschaft oder Kunstwissenschaft parallel und gleichberechtigt existieren, denn sie kommen sich gar nicht in die »Quere«, da sie völlig voneinander unabhängige »Sinnfelder« untersuchen. Die »Sinnfeld-Ontologie« wendet sich gegen die Annahme, dass nur naturwissenschaftliches Wissen »wahres« Wissen sei und wertet stattdessen epistemisch andere Disziplinen ebenso auf. Zur Veran-

61 Vgl. hierzu: Gabriel, Markus: Warum es die Welt nicht gibt. Berlin 2013.

62 Gabriel, Markus: Fiktionen. Berlin 2020. S. 140.

63 Ebd. S. 143.

schaulichung: Angela Merkel, so Gabriels Beispiel[64], ist – wie alles – Gegenstand vieler »Sinnfelder«. Als Mensch und damit biologisch-physisches Wesen existiert sie im »Sinnfeld« der Physik; körperlich wäre sie damit unter diesen spezifisch physikalischen Gesichtspunkten zu untersuchen. In ihrer Rolle als ehemalige Bundeskanzlerin existiert sie im »Sinnfeld« der jüngeren europäischen Geschichte, genauso wie sie als Ehefrau oder Protagonistin eines potentiellen Spielfilms in den dazugehörigen »Sinnfeldern« existiert oder existieren könnte. Über Angela Merkel im »Sinnfeld« der Politik hat eine Physikerin beispielsweise nichts zu sagen, als Gegenstand dieses »Sinnfeldes« kann sie nur mit politikwissenschaftlichen Maßstäben und Kategorien beschrieben werden. Die »Sinnfeld-Ontologie« ist eine solche der Gleichberechtigung unter den wissenschaftlichen Disziplinen, die mit ihren individuellen Methoden, Zielen und Gegenständen irreduzibel und nicht aufeinander rückführbar sind. In der sich daraus ableitenden Meontologie Gabriels ist analog zu folgern, dass Nicht-Seiendes wie Fiktionen nicht per se nicht existieren, sondern nur in einem anderen »Sinnfeld«. Ein Nichts gibt es nicht in dem Sinne, denn dass es kein »Sinnfeld« für irgendetwas gibt, ist ebenso eine Unmöglichkeit, wie dass es ein »Sinnfeld« für all das gibt, was man »Welt« nennen könnte. Wahre oder falsche Aussagen über Gegenstände und Entitäten sind daher relativ in Bezug auf ihr jeweiliges »Sinnfeld« und daher niemals per se und kategorisch wahr oder falsch, sondern eben nur in den entsprechenden Hinsichten. Die Aussage, dass Einhörner nicht existieren, ist nur dann wahr, wenn man sich im »Sinnfeld« der physikalischen Welt bewegt, da dort Einhörner tatsächlich nicht anzutreffen sind. Es sind fiktive Fabelwesen, die zwar im Gegenstandsbereich der Physik und Biologie nicht existieren, in den »Sinnfeldern« von Märchen und Mythen dagegen schon. Kein Gegenstand ist in allen »Sinnfeldern« existent und andersherum keiner in allen nicht-existent. Durch die Hinsichtenunterscheidung, die die »Sinnfeld-Ontologie« praktischerweise leistet, sind vermeintlich paradoxe Aussagen, dass etwas existiert und gleichzeitig nicht existiert, widerspruchsfrei möglich. Es kommt eben auf das »Sinnfeld« an, von dem die Rede ist und dies muss unbedingt klar-

64 Ebd. S. 140f.

gestellt werden, um Missverständnisse zu vermeiden. Fiktionen gehören also je eigenen »Sinnfeldern« an, die, und das möchte ich hinzufügen, sich durch den kollektiven Glauben an sie konstituieren. Der Wert des Geldes existiert beispielsweise nicht in einem biologischen »Sinnfeld«, sehr wohl aber in einem institutionell-ökonomischen. Ebenso muss für den Fußball ein eigenes »Sinnfeld« bestehen, das dafür sorgt, dass die Zuhilfenahme der Hand untersagt ist. Diese Regel des »Handverbotes« beispielsweise ist Teil des »Sinnfeldes« Fußball, nicht das unserer Alltagswelt: Ein »Sinnfeld«, das nur dadurch zustande kommt, dass daran kollektiv »geglaubt« wird. Damit haben wir Harari durch Gabriel ergänzt und können erklären, dass Intersubjektivität auf »Sinnfeldern« beruht und unter deren Berücksichtigung die Regeln des Fußballs ebenso wahr sind wie etwa chemische Tatsachen über Atome. Die konstitutive Kraft des Glaubens ändert sich dadurch allerdings nicht, denn diese wird weiterhin benötigt, um sich auch als Kollektiv auf die »Sinnfelder«, die hinter den Fiktionen stehen, einzulassen.

Hörten urplötzlich alle Fußballspielerinnen auf, an das »Handverbot« zu glauben, müsste man Fußball dann nicht ab sofort auch mit den Händen spielen können? Nun, dann gäbe es selbstverständlich das Fußballspiel in der aktuellen Form nicht mehr, es würde nicht mehr existieren, denn Regeln sind im Spiel nicht hinterfragbar solange es das Spiel gibt, wie Huizinga korrekterweise bemerkt:

> Gegenüber den Regeln eines Spiels ist kein Skeptizismus möglich. Ist doch die Grundlage, die sie bestimmt, unerschütterlich gegeben. Sobald die Regeln übertreten werden, stürzt die Spielwelt zusammen.[65]

Wir können das »Sinnfeld« Fußball also keineswegs beliebig verändern. Harari spricht bezüglich der Intersubjektivität in einem anderen nicht minder populären Werk davon, dass es eine bemerkenswerte menschliche Eigenschaft sei, »gleichzeitig zu wissen und nicht zu wissen«[66]. Er bezieht sich dabei auf die in der Praxis nicht mehr relevante Trennung von »›wissen,

65 Huizinga: Homo ludens. S. 20.

66 Harari, Yuval Noah: 21 Lektionen für das 21. Jahrhundert. Aus dem Englischen von Andreas Wirthensohn. 4. Auflage. München 2020. S. 373.

dass etwas nur eine menschliche Konvention ist‹ und ›glauben, dass etwas in sich wertvoll ist‹ […].«[67] Daraus, dass Harari hier die bloße »Konvention« hervorhebt, ist zu schließen, dass er Bedeutungen keineswegs für in Stein gemeißelt hält. Was ich allerdings an seinen Schilderungen ablehne, ist der Umstand, dass er zu stark in der Dichotomie von Glauben und Wissen operiert, denn wie ich in diesem Kapitel bereits argumentiert habe, liegt hierbei zwischen diesen beiden Instanzen kein direktes Konkurrenzverhältnis vor. Harari verdeutlicht, und das ist für unsere Zwecke besonders interessant, seine These jedoch anhand des Beispiels des Fußballs:

> Um an Fußball wirklich Spaß zu haben, müssen Sie die Spielregeln akzeptieren und zumindest für 90 Minuten vergessen, dass sie nichts weiter als menschliche Erfindungen sind. Wenn Sie das nicht tun, wird es Ihnen völlig lächerlich erscheinen, dass 22 Menschen einem Ball hinterherjagen.[68]

Meine Zustimmung für Harari endet an dieser Stelle, wie ich unmissverständlich ausdrücken möchte. Natürlich hat er Recht damit, dass das Fußballspiel, wie alle Spiele nur dann bestehen kann, wenn kollektiv an seine Regeln geglaubt wird. Fußball ist Intersubjektivität pur! Wie er hier allerdings von menschlichen »Erfindungen« schreibt, erscheint mir erkenntnistheoretisch abwertend zu sein. Es entsteht der Eindruck, als stünden menschliche Erfindungen im Gegensatz zu »richtigen« Tatsachen und die Tatsache des Fußballspiels sei eben nichts anderes, als dass 22 Menschen einem Ball nachlaufen. Harari ist damit epistemisch konservativ, wie ich es bezeichnen möchte. Er geht davon aus, dass menschliche Erfindungen nicht über den Bereich des Glaubens allein hinausgelangen können und Wissen (er hält ja eben an dieser orthodoxen Dichotomie fest) darüber nicht möglich ist, da sich dieses auf »echte« Fakten beziehen muss. Fußball ist eben nur, dass 22 Menschen dem Ball nachjagen, und wenn du von etwas anderem überzeugt bist, ignorierst du dieses objektive »Wissen« nur, um deinen Spaß zu haben! Was Harari mit dieser Sichtweise völlig

67 Ebd. S. 372.
68 Ebd. S. 373.

vernachlässigt, ist der Spielcharakter des Fußballs und damit genau das, worauf in diesem Buch an so vielen Stellen schon hingewiesen wurde. Dass die Regeln eines Spiels menschliche Erfindungen sind, ist völlig trivial und tut darüber hinaus gar nichts zur Sache. Im Grunde genommen beruht fast alles auf menschlichen Erfindungen. Das heißt nicht, dass darüber keine wahren und richtigen Aussagen zu treffen wären. In der Intersubjektivität ist es nämlich wahr, dass im Fußball die Hand verboten ist. Es ist wahr, weil die Fußballgemeinde daran glaubt, aber warum es nun wahr ist oder nicht, ist in diesem Zusammenhang zweitrangig. Das »Sinnfeld« des Fußballs erlaubt unmissverständlich die wahre Aussage über das Spiel, dass die Berührung des Balles mit der Hand in den meisten Fällen untersagt ist und Sanktionen nach sich zieht. Freilich, in anderen »Sinnfeldern« erschiene eine solche Regel in der Tat »lächerlich« und wäre gar falsch, aber genau deswegen haben wir ja die Unterteilung in »Sinnfelder« vorgenommen, um in den verschiedensten Sphären menschlicher Praktiken je einen eigenen Gegenstandsbereich nachzuweisen, in dessen Rahmen wahre Aussagen möglich sind. Von der Perspektive des »Sinnfeldes« des Fußballs betrachtet wäre es nämlich falsch zu behaupten, Fußball sei nichts anderes, als dass 22 Menschen dem Ball nachjagen (diese Aussage über den Fußball wäre allenfalls in einem vielleicht physikalisch anmutenden »Sinnfeld« wahr, nicht jedoch im »Sinnfeld« des Fußballs). Wahre Aussagen im »Sinnfeld« des Fußballs bestimmen nur die Regeln des Spiels selbst und zwar so lange, wie an sie geglaubt wird. Ändern sich diese und liegt daraus folgend fortan eine Änderung im »Sinnfeld« vor, müsste entsprechend nachgebessert werden. Es wäre ja denkbar, dass im Fußball in einigen Jahren der Kopfball verboten wird (tatsächlich gar nicht so abwegig, da entsprechende Debatten gerade geführt werden, insbesondere aufgrund medizinischer Vermutungen, Kopfbälle könnten in Verbindung mit später auftretenden neurodegenerativen Erkrankungen stehen). Setzte sich dies durch und führte eine Regeländerung zugunsten eines »Kopfballverbotes« herbei, wäre dies eine neue Regel, an die intersubjektiv geglaubt werden müsste. Das ginge aus Gewohnheit sicherlich nicht sofort und zöge bestimmt noch lange Beschwerden und Ärgernis nach sich, doch mit der Zeit ginge auch diese neue Regel in den kollektiven Glauben ein und würde damit zu einer neuen Wahrheit im »Sinnfeld« des Fußballs. Über Entitäten, die sich in einer intersubjektiven Wirklichkeit befinden, sind, wie jetzt gezeigt wurde, wahre Aussagen möglich. Die Fußballregeln sind dann genauso real wie die Existenz von Naturgesetzen (bis zu einem gewissen Grade auch »nur« menschliche Erfindungen) oder Hunde, Fernsehgeräte, Bleistifte und so weiter, die eben nur in einem anderen »Sinnfeld« existieren. Diese Aussage wirkt widersprüchlich, ist aber darum nicht weniger wahr: Fiktionen sind auch echt! Nicht zuletzt Markus Gabriel verdanken wir diese Einsicht. Die philosophische Strömung des »Neuen Realismus«, der er mit seiner »Sinnfeld-Ontologie« im Übrigen angehört, will – im Gegensatz zu früheren Varianten des Realismus, denen ich Harari zuordnen würde – genau dies mitberücksichtigen und auf die Wahrheit der Intersubjektivität aufmerksam machen. Es ist eine schwankende Wahrheit, die sich jederzeit ändern kann, eben wenn der kollektive Glaube entzogen wird, doch welche Wahrheit ist nicht vorläufig und provisorisch? Neue Entdeckungen in der Physik können alte bis dato für wahr erachtete Aussagen schließlich auch widerlegen, ganz zu schweigen von der indefiniten Anzahl an Wahrheiten, die wir überhaupt nicht kennen und mit deren »Sinnfeldern« wir eventuell aufgrund unseres eingeschränkten Erkenntnisapparates niemals in Berührung gelangen. Absolute Wahrheiten sind wohl zumeist vielmehr Ausdruck einer Ideologie.

Nichtsdestotrotz möchte ich Harari durchaus eingestehen, dass intersubjektive Realitäten nicht überbewertet werden sollten. Ansonsten läuft man zu sehr Gefahr, selbst in einer Ideologie zu enden. Der Blick über den Tellerrand der eigenen sozialen Sphäre hinaus hat noch nie geschadet. Dazu gehört vor allem sich zum Beispiel als Fußballfan bewusst zu sein, dass dieses Spiel einer intersubjektiven Realität angehört, dessen Wahrheiten zwar Wahrheiten sind, aber eben nur im Hinblick auf ein spezifisches »Sinnfeld«. Ich möchte ein Beispiel anführen, das veranschaulicht, dass bei vielen Fans des Fußballs diese Erkenntnis noch nicht gereift ist.

Unter den deutschen Fans erfreut sich der Bundesligist RB Leipzig, sportlich seit einigen Jahren zu den besten Mannschaften des Landes gehörend, – vorsichtig ausgedrückt – keiner großen Beliebtheit. Grund dafür ist, dass der Verein erst 2009 (und damit wesentlich später als die übrigen Vereine) gegründet und von Beginn an vom Konzern RedBull geführt wurde, was ihm zu monetären Möglichkeiten verhilft, die vergleichbare Vereine nicht haben. RB Leipzig steht damit für viele Fans sinnbildlich für die Kommerzialisierung des professionellen Fußballs, die immer weiter voranschreitet. Diese Kritik ist sicherlich nicht von der Hand zu weisen (wobei sie sich bei genauerer Betrachtung schnell als sehr einseitig entpuppt, denn mittlerweile gibt es im professionellen Fußballbetrieb kaum noch Vereine, die sich Investoren und lukrativen Sponsoren verschließen, womit sich der Hass der Fans dieser Vereine genauso auf den eigenen Verein beziehen könnte und nicht nur auf RB Leipzig), doch die Art und Weise, wie über RB Leipzig gesprochen wird, lässt auf mangelnde Selbstreflexion vieler Fans schließen. Der RedBull-Verein wird immer wieder als »Konstrukt« bezeichnet, als eine Art »Erfindung« von RedBull, die damit implizit im Gegensatz steht zu einem vermeintlich »organischen«, häufig als solchen betitelten »Traditionsverein«. Dabei ist jeder Verein generell bloß in einer intersubjektiven Wirklichkeit existent und damit ein »Konstrukt«. Ein »Konstrukt«, das nur im »Sinnfeld« des Fußballs Bestand hat, was an sich ja auch überhaupt nicht problematisch ist, denn wie wir gesehen haben, existiert alles bloß in bestimmten »Sinnfeldern«. Allerdings vertauschen die von mir gemeinten Fans die verschiedenen »Sinnfelder«, ordnen RB Leipzig dem des »Künstlichen« und »Artifiziellen« unter und ihren eigenen Verein nicht, obwohl für alle eigentlich das gleiche gelten müsste, da sie alle im selben »Sinnfeld« existieren und nicht in verschiedenen. Für RB Leipzig wird der Begriff des »Konstrukts« eindeutig abwertend gebraucht, wobei gänzlich übersehen wird, dass Fußballvereine notwendig und immer in irgendeiner Form Konstrukte sind – soziale Konstrukte. Bei einem Verein verhält es sich wie mit allen intersubjektiven Phänomenen: Es besteht nur so lange, wie daran geglaubt wird. Fußballfans, die diese Erkenntnis noch nicht erlangt haben, fetischisieren ihren Lieblingsverein und behandeln ihn wie eine Art von übernatürlichem Wesen (was irgendwie ja auch Teil der Fankultur ist und einfach Spaß machen kann). Auffällig ist, dass sie in ihren Fangesängen den Verein personalisieren und ihn, wie eine Person, direkt ansprechen und damit vermenschlichen. In der offiziellen Vereinshymne des 1. FC Köln lautet eine Zeile beispielsweise:

»Un mer jon met dir wenn et sin muß durch et Füer [Und wir gehen mit dir, wenn es sein muss, durch das Feuer].«

Realisten vom »alten« Schlag wie (zumindest in meiner Lesart) Yuval Noah Harari, nehmen den Umstand, dass Fußballvereine nur in der intersubjektiven Wirklichkeit existieren, zum Anlass, ihnen die reale Existenz abzusprechen: Den Verein »gibt« es nicht. Das halte ich, wie bereits dargelegt, für nicht korrekt und würde daher dafür plädieren, auch Erscheinungen dieser Sphäre eine ontologische Realität innerhalb der für sie vorgesehenen »Sinnfelder« zuzugestehen, die eben durch den kollektiven Glauben konstituiert ist. Was allerdings nicht richtig ist, ist dem einen Verein ein großartiges und wahrhaftiges Sein zuzusprechen (wie eben in diesem Beispiel dem 1. FC Köln, der aber wie viele andere Vereine nur durch seine Fans derartig fetischisiert wird), dem anderen (hier RB Leipzig) aber nicht und ihn als »Konstrukt« abzuwerten. Eigentlich sind alle Vereine Konstrukte, dadurch aber nicht weniger real, zumindest in der Sphäre des kollektiven Glaubens. Denn der Verein ist nicht identisch mit seinen eingetragenen Standorten (Büros, Vereinszentrale, Stadien etc.) oder den Spielern, die für ihn auflaufen, denn dann würde das Bestehen des Vereins genau davon abhängen (und wenn Standorte oder Spieler wechseln, genauso der Verein wechseln). Doch der Verein ist ja eben das Bleibende und Beständige, eben weil seine Existenz ideell ist und nicht auf materielle Faktoren wie Standorte oder Mitglieder angewiesen ist, sondern auf einen immateriellen Glauben. Wenn Fans dann sagen, der Verein sei größer als der Einzelne und stünde über allem, ist das zwar einerseits eine enorme Fetischisierung des Vereins als eine Art von metaphysischem Wesen, einem Gott gleichartig, andererseits aber auch nicht ganz von der Hand zu weisen, da der Verein schließlich unabhängig von einzelnen Spielern oder Funktionären existiert, die selbst wiederum ihre Tätigkeit »für« einen Verein nur fantasieren. Dies ist nicht abwertend gemeint, denn schließlich arbeitet jede Arbeitnehmerin in ihrer zutiefst materiellen Produktionstätigkeit bloß für ein ideelles Konstrukt wie ein bestimmtes Unternehmen oder eine Institution wie Schule oder Universität.

Wie an früherer Stelle dieses Buches schon angemerkt, ist der Fußball pure Wirklichkeit und nicht Wahrheit (siehe das Kapitel »Die Wahrheit des Spiels«). Seine Welt spielt sich, genauer gesagt, in einer intersubjektiven Wirklichkeit ab. Es ist wahr, dass der FC Chelsea 2012 im »Finale dahoam« die Champions League gewonnen hat, weil er im Finale den FC Bayern München schlug, doch nur, weil an diese Wirklichkeit innerhalb der Fußballgemeinde kollektiv geglaubt wird. Tabellen, Statistiken, Meisterschaften – all dies ist zwar real, allerdings nur in der Intersubjektivität des Fußball-»Sinnfeldes«. Dadurch allerdings weder mehr noch weniger von Belang.

Mythisierung und Narrativierung

Fußball ist kein einfaches Spiel. Und doch sieht es oft danach aus. In den großen Arenen dieser Welt bewegen sich perfekt trainierte Spieler mit einer solchen Geschwindigkeit und atemberaubenden Technik, die in ihrem Fuß mehr Gefühl haben als die meisten Menschen in ihren Händen. Die besten Spieler des Planeten lassen Fußball so einfach aussehen. Auf so manche Zuschauerin wirkt es, als sähe man im Fernsehen ein perfekt inszeniertes Spiel, durchchoreografiert von vorne bis hinten, mit glänzenden Absprachen, wo sich jeder auf den anderen verlassen kann, weil alle Schritte aufeinander abgestimmt sind. Die »magische« Wirkung, die der Fußball auf seine Fans entfalten kann, liegt nicht zuletzt in diesem Phänomen begründet: Fußball ist Schein! Perfekter Schein! Viele kognitive Verzerrungen aufseiten der Zuschauerinnen und Zuschauer und insbesondere die Art und Weise, wie der professionelle Fußball medial präsentiert wird, tragen dazu bei.

Der Fan nimmt sowohl im Stadion, als auch vor dem Fernsehgerät eine (wenigstens körperlich) unbeteiligte Position ein und betrachtet das Geschehen aus der Vogel-Perspektive quasi von oben. Er überblickt zumeist das ganze Spielfeld, sieht potentiell jede Spielerin auf dem Platz und kann genau verfolgen und analysieren, wie sie sich bewegen und miteinander in einem größeren Kontext interagieren. Alles sieht für den Fan perfekt strukturiert aus, nach einer Art kosmischer Ordnung, ähnlich wie bei einem Schachbrett, wo er alle Figuren überblicken und deren Züge mitverfolgen kann. Auf dem Spielfeld freilich ist die Position eine gänzlich andere, die nur diejenigen nachvollziehen können, die selbst schon mal aktiv gespielt haben. Als Beteiligte ist man radikal auf die eigene subjektive Perspektive beschränkt, man überblickt nicht das ganze Geschehen und alle übrigen Spielerinnen, ja selbst den Ball kann man im Chaos auf dem Feld und im »Eifer des Gefechtes« nicht von jeder Position aus gleichermaßen gut erkennen und einschätzen. Außerdem ändert man mit seinen eigenen Aktionen stetig die Statik des Spiels, verändert Positionen und führt neue Spielzüge und Situation auf dem Platz ein. Fußball ist kein kompliziertes Spiel, aber ein komplexes. Die Regeln sind eingängig und leicht zu lernen, daher ist das Spiel an sich einfach und nicht kompliziert. Die Komplexität besteht allerdings in dieser Unvorhersehbarkeit der Entwicklungen. Kleinste Änderungen im Positionsspiel, bei den eigenen Laufwegen oder Passspielen, haben einen Einfluss auf das gesamte System, und damit können Kleinigkeiten jederzeit den »Output« verändern. Dadurch zeichnen sich komplexe Systeme aus. Das Fußballspiel ist eines von ihnen. Wer selbst Fußball spielt, der weiß: Den Überblick zu behalten, ist alles andere als einfach. Den Ball zu kontrollieren und mit seinen eigenen Aktionen etwas Sinnvolles zum Spiel beizutragen, ist alles andere als einfach. Die enorme Konzentration und mentale Stärke über die gesamte Dauer des Spiels konstant aufrecht zu erhalten, obwohl Körper und Geist mehr und mehr erschöpfen und in ihren Kräften nachlassen, erfordert jahrelanges gezieltes Training, viel Talent und eine außerordentliche Bereitschaft.

All das sieht man als Zuschauer nicht. Im Stadion oder in der TV-Übertragung dagegen könnte man beinahe den Eindruck bekommen, man habe es nicht mit echten Menschen, sondern mit bloßen Robotern zu tun oder vielleicht noch mit leblosen Projektionen auf einer Leinwand. Wahrscheinlich liegt in dieser Distanz begründet, weshalb viele Fans derartig enthemmt auftreten und Spieler bei Missgeschicken zuweilen aufs Übelste beleidigen, eben weil sie diese nicht als reale Menschen wahrnehmen, sondern als leblose Geschöpfe ohne Gefühle, die nur hinsichtlich ihrer Funktionalität zu bewerten sind und kein reales Leben neben dem Rasen haben. Ein Fußballspiel zu schauen, kann einem Kinobesuch mehr ähneln, als man auf den ersten Blick annehmen könnte. In beiden Kontexten wird ein Schein evoziert, der vorgaukelt, etwas würde sich auf eine bestimmte Art und Weise verhalten, obwohl es in Wahrheit ganz anders ist. Die Figuren auf der Leinwand werden von echten Schauspielern porträtiert, die fiktive Geschichte, die uns in ihren Bann zieht, entspricht (zumindest beim klassischen Spielfilm) nicht den realen Tatsachen. Auch Fußballspieler auf dem Feld erinnern eher an fiktive Gestalten und weniger an echte Menschen, die sich dort abarbeiten, wahrscheinlich mit Schmerzen am ganzen Leib und schweißgebadet. Aus diesem Grund eignet sich der Fußball wohl wie kaum eine andere Sportart derart für Projektionen und die Aufladung mit eigenen Wünschen und Phantasien. Durchbrochen wird die Illusion nur gelegentlich, etwa wenn sich ein Spieler wirklich verletzt und ausgewechselt werden muss. Erst in solchen Momenten offenbart sich die Wahrheit hinter dem Schein des quasi unmenschlichen Wesens, nämlich dass es sich bei ihm ebenso um einen sterblichen und zutiefst verletzbaren Menschen handelt wie bei jedem von uns. Die überwiegend äußerst unnatürlichen Bewegungen und Gestiken der Fußballspieler (Treten gegen einen Ball, Rutschen über den Rasen etc.), die diesen Schein aufrechterhalten, erfahren in eben jenen Aktionen, die sie als echte Menschen »entlarven«, einen Bruch. Das Publikum *will* getäuscht werden, genauso wie man ins Kino geht, um sich für die Dauer des Filmes bewusst einer »Täuschung« auszusetzen. Es kann daher aggressiv reagieren, wenn die Illusion durchbrochen wird, wenn Spielern mit dem Ball etwas misslingt und Fehler unterlaufen, die den Spielern ihres Status der Unantastbarkeit berauben. Fehler, menschliche Schwächen, scheiternde Strategien, all das will der durchschnittliche Fan nicht sehen (wenigstens nicht bei der eigenen Mannschaft, dem Gegner wird in den 90 Minuten alles Übel der Welt »gegönnt«). Er will unterhalten werden und zur Unterhaltung gehört wesentlich der Schein, alles sei perfekt einstudiert, den Spielerinnen auf dem Platz fiele alles leicht, man werde dem Gegner keine Chance lassen und so weiter.

Fußballspieler sind zu einem gewissen Grad immer auch Schauspieler, die mit ihrer Theatralik einerseits versuchen, das Beste für ihr Team herauszuholen (beispielsweise durch Täuschung des Schiedsrichters), andererseits jedoch immer auch das Publikum »täuschen«. Dies ist Teil ihres Jobs. Je unterhaltsamer ein Spieler für die Fans ist, desto mehr steigt sein Ansehen, sein sozialer Status, seine Leistungsfähigkeit.

In der medialen Berichterstattung liegt eine weitere Verzerrung vor, die einen ungetrübten Blick auf die Wirklichkeit verhindert und dem Fußball einen gewissen Schleier vorhält, den die Fans nur allzu gerne bestaunen. Der Fokus wird eindeutig auf das »Endprodukt« gelegt, das Spiel selbst ist wie eine konsumierbare kapitalistische Ware. Über die Spiele an sich wird berichtet, diese werden ausgestrahlt und um diese dreht sich ein Großteil der medialen Aufmerksamkeit. Wie oft dagegen sind Kameras auf den Trainingsgeländen der Mannschaften zugegen? Wesentlich seltener. Wie oft gewährt man Journalisten Einblicke in die internen Abläufe des Vereins? Nur zu ganz bestimmten Terminen mit der Presse. Die Fans will man am liebsten im Stadion und vor dem Fernseher sitzen sehen. Auf dem Trainingsgelände sind sie unerwünscht, außer ebenfalls zu ganz bestimmten Zeiten, wenn die Profi-Mannschaften ein der Öffentlichkeit zugängliches Training anbieten, was alle paar Wochen höchstens der Fall ist. Ansonsten hält man sich versteckt, man macht Geheimnisse aus den eigenen Absprachen, den eigenen Übungen und Vorbereitungen. Wettbewerbstechnisch ist das nachvollziehbar, man will schließlich verhindern, dass Informationen über die Taktik etwa über die Presse an den nächsten Gegner gelangen, der daraus einen Vorteil gewinnen und sich selbst wiederum besser vorbereiten kann. Nichtsdestotrotz ist es auffällig, wie wenig Einblicke »hinter die Kulissen« Fußballbegeisterte jedweder Art tatsächlich erhalten. Dies hängt auch damit zusammen, dass der Schein aufrechterhalten werden soll. Die Fans sollen das »Endprodukt«, also das fertige Spiel bestaunen, genauso wie einem Theater-Publikum in aller Regel die Proben ebenso nicht zugänglich gemacht werden, sondern sie sich mit dem fertigen Stück im Theater zufriedengeben sollen. Es soll der Eindruck entstehen, die Spieler seien gewissermaßen von »Natur« aus begabt, als gelänge ihnen im Spiel alles, ohne dass die harte Arbeit, die Tag für Tag dahinter steht, offenbart wird. Wie sehr ein Spieler im Training leidet, wie oft er Krämpfe im Kraftraum verspürt und ob er in persönlichen Gesprächen mal die ein oder andere Träne vergießt und kurz vor dem Aufgeben steht, all das bleibt im Verborgenen. Bestaunt werden soll eine vermeintliche Grandiosität und Genialität, die in der Öffentlichkeit ausgiebig an den Spieltagen zelebriert wird, ein unbändiger Wille und Ehrgeiz. Wie es hinter den verschlossenen Türen wirklich aussieht, interessiert da niemanden und selbst wenn, sind die Möglichkeiten, es herauszufinden, äußerst begrenzt. Sie müssen jedoch begrenzt sein, ansonsten böte es den Fans nicht die Möglichkeit, zu romantisieren, zu mythisieren und die eigene Fantasie anzuregen. Manchmal entscheiden sich Spieler jedoch auch dafür, die Illusionen, die sich um sie ranken, bewusst zu brechen, etwa wenn sie selbst wieder mehr als Menschen wahrgenommen werden wollen oder Respekt für ihren Fleiß zu erlangen wünschen; so wie Lionel Messi, der in der Wahrnehmung der Medien und Fans urplötzlich über Nacht zum Star wurde, als er scheinbar aus dem Nichts auftauchte, wie vom Himmel gefallen, um den FC Barcelona zu »retten«. Solche unfassbaren Erfolgsgeschichten öffnen der Fantasie der Fans Tür und Tor. Messi betonte jedoch stets die harte Arbeit und unermüdliche Disziplin, die hinter seinem augenscheinlich plötzlichen und »naturgegebenen« Erfolg steht. In Zeiten der sozialen Medien, in denen Fußballspieler auch immer wieder einmal Bilder aus dem Training öffentlich posten (selbstverständlich mit einem klischeehaften »Motivationsspruch« versehen) und private Einblicke keine absolute Seltenheit mehr sind, verschiebt sich die Grenze zwischen Schein und Realität zusehends. Das alles findet jedoch weiterhin in einem sehr moderaten Rahmen statt und man darf dabei nicht vergessen, dass solche Aussagen wie die von Messi oder private Bilder auf den offiziellen Social Media-Seiten der Stars sehr selektiv sind. Natürlich wird nichts gepostet, wenn man sich in einer Phase des Zweifels befindet oder gerade Schmerzen verspürt. Die vermeintlich »privaten« Einblicke sind ganz gezielt ausgewählt und für die Öffentlichkeit bestimmt – und somit sind sie in diesem Sinne gar nicht »privat«, sondern erwecken nur diesen Eindruck. Vor allem in den sozialen Medien bleibt es ein Spiel mit dem Schein, das Suggerieren von Nähe und Intimität, obwohl die Stars in Wahrheit weiterhin genauso abgeschottet von der Welt sind, wie eh und je. Die beiden Kulturkritiker Wolfgang M. Schmitt und Ole Nymoen zeigen in ihrer Analyse des heutigen Phänomens der Influencer auf, dass die illusionäre Suggestion von Nähe zu ihrem Publikum vonseiten der Influencer eine bewährte Strategie ist, um manipulativ Werbung für Produkte zu schalten. Sie schreiben:

> Genau das [persönliches Interesse an ihren Fans, die in erster Linie Kunden sind] aber geben die Influencer vor, der Kundenbindung wegen, und um nicht in den Verdacht der Arroganz zu geraten, der einen jener so sehr gefürchteten Shitstorms auslösen könnte.[69]

Fußballspieler, die sich in den sozialen Medien präsentieren, sind zwar nicht direkt selbst Influencer, da sie, zumindest nicht ausschließlich, Werbung für Produkte schalten. Dennoch »bewerben« auch sie schlussendlich das »Produkt« Verein, für den sie tätig sind, dem sie dadurch dienlich werden, dass sie sich selbst auf bestimmte Weise inszenieren und medial darstellen. So ist es kein Zufall, dass Fußball und Kapitalismus Hand in Hand gehen, was Nymoen und Schmitt darin bestätigt sehen, dass für Fans Teilhabe und Zugehörigkeit zu einer bestimmten Mannschaft käuflich wird, indem Merchandise-Artikel in sämtlichen Variationen und, besonders beliebt, Trikots erworben werden:

> Das Bekenntnis zu etwas [hier zum Verein] war schon vor der Influencer-Ära eng mit dem Kaufakt verknüpft, so äußerte sich der durch das deutsche WM-›Sommermärchen‹ ausgelöste ›unverkrampfte Patriotismus‹, […], vorrangig darin, Fähnchen, Mützen und Bierhalterungen in Schwarz-Rot-Gold zu erwerben.[70]

Der durch Vereine und Spieler inszenierte Schein rund um den Fußball trägt also aus einer ökonomischen Perspektive dazu bei, Kapital zu vermehren. Der Schein besteht in dieser Hinsicht in der Intransparenz, dass Fans im Grunde genommen nur als Kunden behandelt werden und nicht »wirklich« Teil von etwas »Größerem« sind, aber sie quasi durch die medial suggerierte Nähe zur Mannschaft dazu gehören – was in Wahrheit nicht der Fall ist. Die Lebensrealität des durchschnittlichen Fans ist von derjenigen des bewunderten Stars durch einen Abgrund getrennt, sämtliche Gefühle von Zugehörigkeit müssen sich in diesem Kontext als illusionär erweisen.

---

69 Nymoen, Ole/Schmitt, Wolfgang M.: Influencer. Die Ideologie der Werbekörper. Berlin 2021. S. 133.

70 Ebd. S. 124f.

Außerdem dienen solche angeblich »realen« Einblicke der Stars in ihr Leben nicht dazu, bestehende Vorurteile und Gerüchte abzubauen und zu widerlegen, sondern installieren im Gegenteil gänzlich neue Mythologien und Spekulationen. Messi hat dann vielleicht nicht mehr den Ruf des »gottgesandten« Naturtalentes (wobei dies eigentlich nach wie vor der Fall ist, sein Status ist derartig zementiert, dass er dagegen kaum noch etwas unternehmen kann, egal was er sagt), an dessen Stelle tritt dann jedoch der Mythos vom disziplinierten und ehrgeizigen Superstar. Es bleibt nämlich dabei: Der Fußball lebt essentiell (nicht nur ökonomisch) von diesen Romantisierungen, von den Erzählungen von vermeintlich unschlagbaren Mannschaften und genialen Spielern, ohne zu wissen, dass diese nach dem Training vielleicht Durchfall haben. Je weniger Informationen über etwas bekannt sind, desto mehr neigt man dazu, dieses fehlende Wissen durch eigene Erzählungen zu kompensieren und mit Spekulationen und Fantastereien die entstehende Lücke zu schließen. Dem Fußball ginge ein ganz wesentlicher Reiz verloren, wenn diese Möglichkeit in Zukunft wegfiele. Vielleicht wäre sogar das ganze »Business«, das darum herum aufgebaut wurde, völlig undenkbar.

Der Fußball ist geradezu durchzogen von Narrativen, die es im Folgenden genauer zu erläutern gilt, indem dieser Begriff analytisch fruchtbar gemacht wird. Narrative sind grundlegend erst einmal nur Erzählungen. Es gibt mit der Narratologie eine eigene wissenschaftliche Disziplin, die sich nur mit deren Erforschung auseinandersetzt und die zumeist in den Bereich der Kultur- und Literaturwissenschaft angesiedelt wird. Narrative begegnen uns überall, in der Kulturwissenschaft besteht sogar die These, dass all unsere sozialen Sinnzusammenhänge ganz elementar auf Narrative angewiesen sind und das alles, was geschieht, in Narrativen strukturiert wird. Wir haben bereits das Konzept des Menschen als Spieler, den »Homo ludens« kennengelernt. Einer weiteren kulturwissenschaftlichen These nach handelt es sich darüber hinaus beim Menschen um das (Geschichten) erzählende Wesen, den »Homo narrans«. Diese weitere anthropologische Bestimmung fasst Hans J. Wulff als ein Vertreter dieser Sicht in einem kurzen Aufsatz wie folgt zusammen: »Der Mensch ist das erzählende Tier. Das Erzählen ist – wie das Spielen und das Sprechen – eine genuin menschliche

Tatsache, unterscheidet ihn von allen Tieren.«[71] Narrative prägen unseren Alltag, denn überall erzählen wir Geschichten (mal erfundene, mal wahre, aber der Akt des Erzählens an sich ist allen Narrativen gemeinsam). Ein Bild unserer eigenen Biographie erhalten wir alle schließlich überwiegend durch Erzählungen von anderen, was wir früher als Kinder einmal gemacht haben und woran wir uns heute selbst nicht mehr erinnern, oder indem wir anderen von uns erzählen und Narrative über uns selbst verbreiten. Genauso sind politische Wahlkämpfe aus Narrativen zusammengesetzt, die uns von der »glorreichen« Biographie des Spitzenkandidaten erzählen, oder solchen Narrativen, die das Parteiprogramm bilden, also beispielsweise das Narrativ von der Menschenwürde, das als Anlass genommen wird, um für höhere sozialstaatliche Ausgaben zu werben, oder das Narrativ vom kriminellen Migranten, das dazu dienen soll, Angst zu schüren und für geregelte Migration zu mobilisieren. In welchem Diskurs wir uns auch immer befinden, einem wissenschaftlichen, privaten, geschichtlichen, politischen oder ökonomischen (wie etwa das ideologische Narrativ des freien Marktes und der sogenannten »unsichtbaren Hand«), ohne Narrative könnten wir uns unmöglich verständigen und hätten auch kein geteiltes Verständnis und Gedächtnis von kollektiven Ereignissen (wie dem Mauerfall, vom dem in verschiedenen konkurrierenden Narrativen immer auf eine ganz bestimmte Weise erzählt wird, die unsere eigene Wahrnehmung von dem Ereignis an sich maßgeblich beeinflussen und entscheidend bestimmen). Wulff schreibt diesbezüglich:

> Das Leben besteht aus Geschichten, weil wir nur die Geschichten auffinden können. Nur-Zustoßendes vergessen wir oder verdrängen es in die schlechten Träume; es kann erst Gegenstand des Gedächtnisses sein, wenn es zur Erzählung geworden ist. Wir haben ein Sensorium für Geschichten. Lebensgeschichtliche Erinnerung ist in Geschichten aufbewahrt. Etwas Geschehenes wird nur dann wirklich gut und erinnerungswürdig, wenn es zur Geschichte wird. Etwas Zugestoßenes wird wieder und wieder er-

71 Wulff, Hans J.: »Das Leben besteht aus Geschichten« Von den Sinnhorizonten des Erzählens. In: TelevIZIon 25/2/2012, S. 4–7. Hier S. 4.

zählt, moduliert und verändert, bis es eine gute Geschichte ist. Erst dann kann es bestehen bleiben.[72]

Der Mensch als das erzählende Wesen muss folglich in seinem Bewusstsein über das bloß Ereignishafte hinauskommen, indem er Geschichten darüber erzählt. Ein reines »Zustoßen« wie Wulff es nennt, kann es für den Menschen nicht geben, er muss es mit Sinn und Bedeutung aufladen, indem er es in einen bestimmten Kontext einbettet, ausschmückt und verbreitet. Es gibt kein bloß passives »Zustoßen«, der Mensch konstituiert die für ihn bedeutsamen Ereignisse zu einem wesentlichen Teil selbst mit – eben durch seine Erzählungen, Narrative, Mythen und Romantisierungen. Das »Ereignis« als solches gibt es nicht an sich, sondern nur unter Mithilfe der menschlichen Narrative, die es zu analysieren gilt.

Da der Fußball eine eigene »Community« besitzt, die über Jahrzehnte hinweg über ein kollektives und gemeinschaftliches Gedächtnis und einen gemeinsamen Erinnerungskult verfügt (siehe das Kapitel »Intersubjektivität«), eignet sich dieser ganz besonders für unterschiedliche Narrative, die betrachtet werden können. Alles, was zuvor in diesem Kapitel herausgestellt wurde, ist schließlich nur durch Narrative möglich. Die »genialen« oder die »disziplinierten« Fußballer, denen alles leicht fällt und die sich kaum anstrengen müssen, all das sind Narrative, die im Fußball bestehen. Sie tragen ebenfalls dazu bei, bestimmte Bilder in den Köpfen der Fans entstehen zu lassen, die sich hervorragend für Mythenbildung eignen. Der Mythos im Fußball hat etwas Urzeitliches. Mythen ranken sich um legendäre Szenen, Spieler oder Mannschaften von vor 30 oder 40 Jahren, längst vergangene Zeiten. Die beharrlichsten Mythen stammen aus einer Vergangenheit, die rückblickend durch Erzählungen erst konstituiert wird. Hier bewahrheitet sich die Analyse Wulffs: Was bloß zustößt, ist bedeutungslos und wird vergessen. Nur in Erzählungen lebt der Mythos weiter, kann die Geschichte bestehen: Die »legendäre« Gladbacher-Mannschaft der 1970er Jahre, die stets ein Kopf-an-Kopf-Rennen mit dem FC Bayern um die Deutsche Meisterschaft führte – wer würde sich an diese Zeit noch erin-

72 Ebd. S. 4.

nern, würde nicht heute noch darüber gesprochen, davon geschwärmt werden? Kaum wird so viel über Vergangenes geschrieben und berichtet wie im Fußball. Der Opa erzählt seiner Enkelin von der Amateur-Meisterschaft, die er »damals« erringen konnte, Fans besingen im Stadion einen Spieler, der sie vor zehn Jahren einmal zum Champions-League-Sieg geschossen hat (so gesehen bei den Bayern-Fans in Bezug auf Arjen Robben). Dadurch, dass diese alten Mythen und Geschichten immer wieder neu erzählt und rekonstruiert werden, behalten sie ihre Präsenz und Lebhaftigkeit im kollektiven Bewusstsein der Fußball-Gemeinde. Weißt du noch damals? Ja, genau so ist es gewesen! Als dieses Tor gefallen ist, habe ich zu Hause vor dem Radio gesessen! Natürlich sind Erinnerungen äußerst fallibel. Sie stehen auf unsicherem Grund, sind der Fehlerhaftigkeit anheimgegeben. Aber das macht nichts, denn ihre Wirkung ist gleichbleibend. Wahrheit ist keine Tugend im Fußball. Mythen leben regelrecht von Übertreibungen und vielleicht der ein oder anderen »Flunkerei«. In der Saison 2003/2004 erlangte in England der FC Arsenal aus London unter Trainer Arsène Wenger die Meisterschaft, ohne dabei eine einzige Niederlage einstecken zu müssen. Seitdem ranken sich zahlreiche Mythen um diese Mannschaft und sie wurde in den Legenden-Status erhoben. Das Narrativ von der »unbesiegbaren Mannschaft«, den »Invincibles«, wie sie genannt werden und als die sie in die Fußballgeschichte eingehen, kam auf, wurde in Erzählungen von Person zu Person weitergegeben, in den Medien aufgegriffen und so weiter. Dadurch wurde eine gemeinsame Struktur des Erlebens geschaffen – und Teil dieser Geschichte, dieses Erfolges ist immer die gesamte Gemeinschaft: Alle »Gunners«, wie die Fans des FC Arsenal genannt werden, hatten Teil an diesem sagenhaften Triumph ihrer »Invincibles«, und damit erhöht (und überhöht) sich die Gruppe maßlos selbst. Das Beispiel, mit welchem ich im Vorwort dieses Buch eröffnet habe, fällt in eine ähnliche Kategorie: Der »Last-Minute« Sieg des BVB gegen den FC Málaga im Viertelfinale der Champions League 2013 – ein Spiel, das als ganz besonders denkwürdig eingestuft wird und Fanherzen noch heute höher schlagen lässt, immer wenn dieser Mythos neu aktualisiert und damit reproduziert wird (durch Fernsehbilder, »Best of«-Videos und so weiter). Oder man denke noch an das deutsche Team, das unter dem Slogan »Die Mannschaft«, aus dem sich ein Narrativ sponn, das später von Vertretern des DFB endlos kommerzialisiert wurde, in Brasilien Weltmeister wurde. Oder die legendäre Szene in der »Nacht von Belgrad«, dem EM-Finale 1976, wo Uli Hoeneß einen Elfmeter statt in das gegnerische Tor in den Nachthimmel versenkte. Es ließen sich endlos viele Beispiele auflisten und jeder Fan hat seine ganz eigenen Lieblingsmomente, an die er sich gerne zurückerinnert, über die er gerne erzählt und die er sich immer wieder, beinahe ritualisiert, vor Augen führt. Welch unverzichtbaren Anteil an Mythenbildung und Narrativen die Fans haben (die Spieler folgen ihnen bloß in ihrem Bewusstsein, sie greifen nur die Narrative über sich selbst auf, die sie aus den Medien und von ihren Fans mitbekommen und fangen vielleicht an, selbst daran zu glauben, sich selbst für »invincible« zu halten), soll folgender Vergleich illustrieren:

Der FC Bayern München konnte zwei Mal in seiner Vereinsgeschichte das sagenumwobene (und damit ebenfalls Teil von Mythen und Narrativen) »Tripple« bestehend aus den drei großen Titeln Meisterschaft, Pokal und Champions League gewinnen (Pokale und Titel als Ziele im Fußball werden nicht nur mythisiert, sondern stark fetischisiert, vor allem den Trophäen wird eine Selbstzweckhaftigkeit und eine Art von Eigenleben attestiert, denn warum sonst sollte ein an sich wertloser Blechgegenstand Objekt solcher Begierde werden wie im Fußball?). Mein persönlicher Eindruck ist jedoch, dass der allererste Gewinn der »heiligen Trinität« mittlerweile als wesentlich »legendärer« und wichtiger eingestuft wird und unter den Bayern-Fans einen höheren Stellenwert hat als das zweite Tripple im Jahr 2020. Woher rührt der Eindruck, die Mannschaft von 2013 und ihr Erfolg würden im kollektiven »Fußball-Bewusstsein« weitaus höher geachtet und wahrgenommen werden als die des zweiten Gewinns? Nun, vielleicht ganz einfach, weil ein erstes Mal immer schöner und besonderer ist als alles, was danach erfolgt. Das ist sicherlich ein Aspekt. Ebenso wie der Umstand, dass man einige der damaligen Stars, die später zu Vereinslegenden avancierten, als charismatischer und sympathischer einstuft als die »Nachfolger«, allen voran Trainer Jupp Heynckes und die Spieler Philipp Lahm, Bastian Schweinsteiger oder Franck Ribéry. Hervorheben möchte ich allerdings einen ganz wichtigen Aspekt, der häufig unterschätzt und vernachlässigt wird: Die Fans. 2020, im Corona-Jahr, fanden Fußballspiele in leeren Stadien statt, um die Infektionsgefahr zu minimieren. Die Bayern gewannen das Tripple vor leeren Rängen, während sie 2013 zehntausende Fans live in den Stadien, an vielen öffentlichen Orten und vor dem heimischen Fernsehgerät mit ihrem Weltklasse-Fußball begeistert hatten. Der Fußball büßt enorm an Wirkung ein, wenn man ihn seiner Zuschauer beraubt. Das Spiel ist von den Regeln und vom Ablauf her genau das gleiche und doch ist Fußball ohne Fans nicht der Fußball, wie man ihn kennt. Die »Geisterspiele« vor leeren Rängen, wo sich nur wenige Monate davor noch Zehntausende befunden hatten, nahmen dem Fußball einen Großteil seiner Autorität und Ausstrahlung. Die »Super-Bayern« aus dem Jahr 2013 eigneten sich einfach viel mehr für Mythenbildung und Narrative, da die Menschen sie live und persönlich mitverfolgten, in »echt« dabei waren und ihre ganz privaten Erlebnisse teilen und weitererzählen konnten. 2020 fieberten die Fans natürlich in den TV-Übertragungen mit, was aber nicht zu vergleichen ist mit der Atmosphäre und »Stimmung« in einem ausverkauften Stadion, das emotional nochmal ganz anders mitreißt und wirkt. Vielleicht ist auch dies ein wichtiger Grund, warum das Tripple von 2013 deutlich höher bewertet wird als das von 2020. Da der unmittelbare Austausch innerhalb des Publikums fehlte, gab es auch keine Re-Emotionalisierung, keine rekapitulierbare Erregung und Begeisterung. Man war einfach nicht Teil der Erzählung, sondern sehr passiver Zuschauer.

Der Fußball liebt die Vergangenheit, überhöht sie künstlich und macht sie zum Gegenstand endloser Romantisierungen. Die Gegenwart kann gar nicht schnell genug zur Vergangenheit werden. Dies geschieht schon unmittelbar nach einem Spiel. Man kommt eventuell aus dem Stadion abends nach Hause und sieht sich dann vom Spiel, das man ohnehin live vor Ort gesehen hat, nochmal die Highlights in den TV-Nachrichten an, bevor man am nächsten Morgen noch einen Spielbericht in der Zeitung liest und sich auf der Arbeit mit Kollegen darüber unterhält. Während man sich als Zuschauer während des Spiels mit einem offenen Ausgang konfrontiert sieht, den Spielverlauf damit selbst erlebt und quasi phänomenologisch »durchmacht«, so kann es nach Abpfiff nicht schnell genug narrativiert werden. Die Narrative über ein Spiel, die direkt nach dessen Ende schon einsetzen, lassen sich hierbei wohl als Versuch einordnen, das Geschehen zu verstehen und zu erklären. Als dem Verständnis förderlich gelten dafür Typologisierungen und Klassifizierungen, in die kleinere Einzel-Narrative eingeordnet werden, um einen größeren Kontext herzustellen. So entstehen dann typische Narrative wie »David gegen Goliath«, »Die glorreichen Sieger« oder die »Sieger der Herzen«, die als Überschriften häufig die Titelseiten der eingängigen Sport-Zeitungen zieren. Fußball will nicht einfach nur genossen, er will verstanden werden. Es muss erklärt werden, warum Spieler X so früh schon ausgewechselt wurde und warum Spieler Y in der aussichtsreichen Position nicht das Tor getroffen hat. Der Fußball ist ein Produkt der Vergangenheit, man befindet sich immer nur im Rückblick. Erst durch die nachträglichen Narrative konstituiert sich das Spiel als das, wie es vermeintlich war und in den Köpfen der Menschen zu sein hat. Dabei könnte man ja einwenden, dass ein Spiel völlig uninteressant ist, sobald es vorbei ist und man weiß, wie es ausging. Scheinbar macht es jedoch gerade den Reiz dieses Sports aus, dass man sich auch Jahre später immer noch so hervorragend darüber unterhalten, vehement diskutieren und kritisieren kann.

All dies ist Teil des Scheins. Das Phantasma einer »besseren«, alles überlegenen Vergangenheit, die die triste Gegenwart überstrahlt. Dass es *genau* so, wie es in den Köpfen ist, in Wahrheit niemals war, wird dabei getrost ignoriert. Es zählt einzig das Gefühl, die positive Erinnerung, ob sie nun den Tatsachen völlig entspricht oder eben auch nicht. Die Narrative und Mythen konstruieren das Geschehen und die Ereignisse der Fußballwelt. Gemeinsam mit dem kollektiven Glauben daran, dass es in der Intersubjektivität tatsächlich so war, dass der VFL Wolfsburg 2009 überraschend die Deutsche Meisterschaft erringen konnte, wird die Gegenwart gerne einmal gegen eine glorreichere Vergangenheit eingetauscht. Vor allem Anhängerinnen der sogenannten »Traditionsvereine« machen von dieser Strategie besonders häufig Gebrauch. Die Erfolge dieser Mannschaften liegen manchmal bereits Jahrzehnte zurück und die Gegenwart des Vereins sieht alles andere als rosig aus. Man denke etwa an den Hamburger SV, der nun schon seit Jahren in der 2. Bundesliga festhängt und als eigentliches Gründungsmitglied der 1. Bundesliga und mehrmaliger Deutscher Meister als »unabsteigbar« galt. So jedenfalls das alte Narrativ, das an der Wirklichkeit gescheitert ist und durch ein neues ersetzt wurde (»Wenn der Frühling kommt, vermasselt der HSV den Aufstieg zurück in die Bundesliga«). Die Fans schwelgen dann in Erinnerungen, wünschen sich die »gute alte Zeit« zurück, erfinden »Märchen« über »ihren« Verein und trösten sich damit über die aktuellen Leistungen hinweg. Dadurch ist nicht ganz abzustreiten, dass dem Fußball etwas enorm Konservatives, an der Vergangenheit Festhaltendes und sich nach ihr Sehnendes anhaftet, was potentiell politisch gefährlich werden kann (doch Politisieren möchte ich in diesem Teil des Buches noch nicht, dem ist ein eigener Abschnitt gewidmet). Wohlgemerkt nicht die Vergangenheit, wie sie *wirklich* war (mit dem, was hinter den Kulissen bei den erfolgreichen Mannschaften tatsächlich ablief), sondern wie sie erzählt, wie sie nachträglich konstruiert und in Narrativen am Leben gehalten wird. Wulff stellt nämlich ganz richtig fest:

> Alle Erzähltexte haben die grundlegende Eigenschaft, Modelle von Wirklichkeit aufzubauen […]. Sie bilden keine Wirklichkeit ab, sondern sie konstruieren Realitäten. Manche dieser ›Modell-Welten‹ haben gewisse Ähnlichkeiten mit der Alltagswirklichkeit eines Zuschauers; andere dagegen entwerfen eine ganz ›unreale Realität‹ […].[73]

Die sogenannte »Modell-Welt« des Fußballs hat sicherlich nichts mit unserer »Alltagswirklichkeit« zu tun, sondern mehr mit einer »Parallel-Welt«, einer Sphäre mit ganz eigenen und besonderen Regeln, die nur dort ihre Gültigkeit entfalten und die ganz eigene Kategorien von »wahr« und »falsch« beinhalten.

Auch die gängige Praxis des Befragens von Spielerinnen, Trainerinnen und Funktionärinnen in Interviews, bei Pressekonferenzen und so weiter trägt dazu bei, dass sich Narrative im Fußball wie ein Lauffeuer ausbreiten können, wenn der Funke einmal entfacht wurde und übergegangen ist. Die Spielerin bestätigt, dass sie gefoult worden ist und es den entscheidenden Elfmeter nicht gab, weil die Schiedsrichterin es übersah. Der Trainer gesteht, dass sein Wutausbruch unberechtigt war und so weiter. Durch Nar-

73 Ebd. S. 5.

rative erhalten persönliche Empfindungen und Schilderungen eine Eigendynamik, die sie von dem Subjekt als Träger der Empfindung trennt und dadurch »objektiv« wirken lässt. In den Worten Wullfs:

> Auch dann, wenn ich Selbsterlebtes erinnern will: Wenn ich es zur Erzählung weiterentwickelt habe, kann ich es wiedererzählen. Und wenn mir andere erzählen, was ihnen widerfuhr, kann ich es wieder- und weitererzählen (auch wenn ich vielleicht das eine oder andere auslasse oder verändere). […] Am Ende ist die Geschichte nicht mehr nur subjektiv, sie löst sich vom Erzähler und vom Erlebten oder auch von der Arbeit des freien Fabulierens, die ihr einmal vorangingen.[74]

Fußball ist Mythos. Er kann ohne diesen nicht existieren. Mythos wird transportiert über Erzählungen und Narrative, die Einzug in das kollektive Gedächtnis der Fußball-Gemeinde als »Adressat« erhalten. Dadurch und durch weitere »Tricks« und Manipulationen (etwa durch verzerrte Wahrnehmungen oder bewusst eingesetzte Mechanismen, die medial einen »Kult« um einen bestimmten Verein oder einen bestimmten Spieler entstehen lassen) erhält die Welt des Fußballs einen Schein, eine Illusion, die die dahinter verborgene Wirklichkeit vor neugierigen Augen verdeckt. Auf die Art lässt sich der Fußball genießen. Wer könnte schon bequem und genussvoll in den Urlaub reisen, wenn er ganz konkret und genau wüsste, wie viele CO_2-Emissionen sein Flug oder seine Autofahrt verschuldet, oder wer könnte noch beruhigt ein Schnitzel essen, wenn er erführe, wie genau dieses gut verpackte Stück Fleisch auf seinem Teller gelandet ist und wo es genau herkam. Das Nicht-Wissen ist ein unverzichtbares Element, das Genuss und Freude ermöglicht. Sicherlich ist es oftmals besser, Illusionen bewusst zu durchbrechen und sich ihnen nicht zwecks Unterhaltung oder schlichter Bequemlichkeit hinzugeben. Eine mündige und aufgeklärte Demokratie bedarf des Wissens, aber andersherum an manchen Stellen auch genauso des Nicht-Wissens. Der Schein, die Täuschung, das, was Platon – und die »wahrheitsbesessenen« Griechen und die traditionelle Philosophie

74 Ebd. S. 6.

im Allgemeinen – strikt ablehnten und an dessen Stelle die Erkenntnis des Wahrhaftigen setzen wollten, ermöglicht in vielen Fällen überhaupt erst unser gesellschaftliches Zusammenleben. Nur dadurch können schließlich Mythen und Legenden entstehen, an die *geglaubt* wird und die dadurch ihre Existenz erlangen. Genauso wie im Fußball, der seine ganz eigenen und nur für ihn gültigen Narrative hat, denn, wie Wulff zusammenfasst, ist idealerweise das »Erzählen getragen vom Respekt vor dem Adressaten.«[75]

Nicht verschwiegen werden soll, dass es in der Forschung durchaus kritische Stimmen gibt, die den Fußball nicht mythisch-religiös gedeutet wissen wollen. Dazu gehört beispielsweise Andreas Hütig, dessen vermeintliche Gegenargumente zwar eine bestimmte Form von Religiosität ausschließen, nicht jedoch die hier von mir ausgeführte. Hütig verweist zunächst darauf, dass besondere Fußballerlebnisse nicht notwendig an den Schauplatz Stadion gebunden seien, sondern prinzipiell überall stattfinden könnten. Eben dadurch gebe es aber weder »weltimmanente Intentionen noch Konsequenzen [...] und daher nicht wirklich einen magischen Weltzugang [...].«[76] Dass die »Magie des Augenblicks«[77] überall zuschlagen kann, sei es im ausverkauften Stadion oder beim Kreisliga-Spiel, erscheint allerdings doch an sich nicht gerade als Gegenargument gegen das Mythische. Gläubige Menschen vermeinen schließlich auch, Gott offenbare sich ihnen nicht zuletzt in alltäglichen Situationen, nicht ausschließlich im Gebetshaus, wenngleich dort natürlich besonders. Die Allgegenwärtigkeit zeichnet das Mythische doch insbesondere aus. Dass der Fußball keine direkten weltlichen Konsequenzen mit sich bringt, ist richtig. Im Rahmen dieser Auseinandersetzung gilt es jedoch, die Perspektive des Fans mitzuberücksichtigen und nicht nur die objektive. Genauso ließe sich aus einer atheistischen Position heraus schließlich ebenso darauf hinweisen, dass göttliche Eingriffe in den Weltverlauf erst im Bewusstsein des Gläubigen

---

75 Ebd. S. 7.

76 Hütig, Andreas: Bewegte Körper, berührte Seelen. Versuch über Transzendenz und Gemeinsinn im Fußball. In: Klein, Gabriele/Meuser, Michael (Hrsg.): Ernste Spiele. Zur politischen Soziologie des Fußballs. Bielefeld 2008, S. 251–269. Hier S. 257.

77 Ebd. S. 257.

entstehen und keine reale Grundlage aufweisen. Der Fan empfindet einen realen Unterschied, wenn sein Verein gewinnt oder verliert, selbst wenn sein eigenes Leben noch so wenig davon betroffen ist. Mythen sind natürlich inhaltlich nicht real, doch wie sie emotional und psychisch wirken, ist ausschlaggebend.

Als Zweites nennt Hütig die »reflektierte Anhängerschaft«[78], wonach rationale Fans erkennen müssten, dass ihr eigener Fan-Kult letztendlich ironisch zu werten sei und beispielsweise Anhänger des verhassten Rivalen nicht wirklich bloß dadurch zu schlechteren Menschen würden. Insofern ist dies richtig, als dass es beim Fußball selbstverständlich unterschiedlich stark ausgeprägte »Fanschaften« gibt, genauso wie nicht alle Gläubigen gleichermaßen religiös sind. Extreme Fälle von wirklich radikalen Fans sind seltener, dafür aber in ihrer Extremität umso aussagekräftiger. Genauso wie es religiöse Fanatiker gibt, die allen, die nicht ihrer Religion angehören, mit der Hölle drohen, während andere kein Problem damit haben, eine andere Religionszugehörigkeit ihres Gegenübers zu akzeptieren. Die Einwände Hütigs richten sich viel mehr, so jedenfalls mein Eindruck, gegen die Annahme, es handle sich beim Fußball explizit um eine Ersatzreligion, die mit »klassischen« Religionen konkurriert. Deutlich wird diese Einstellung daran, dass er davon ausgeht, Religionen könnten sich in Abgrenzung vom Fußball dadurch wieder profilieren, dass sie herausstellen, sie seien die eigentliche Form religiöser Praxis und Fußball etwa nur eine Art von schlechter Kopie.[79] In das gefährliche Fahrwasser der These des Religionsersatzes möchte ich ebenfalls nicht geraten und meine Ansichten über den mythischen Charakter des Fußballspiels nicht dahingehend missverstanden wissen. Meiner in diesem Kapitel entfalteten These zufolge hängen im Fußball Narrative und Mythen zusammen, auf mehr habe ich gar nicht hingewiesen. Meine Ansätze sind folglich von Hütigs Einwänden gar nicht betroffen, da ich den Fußball selbst gar nicht als Religion deute, sondern als ein Spiel, das durch Narrative vermittelte mythische Elemente aufweist, nicht mehr und nicht weniger. Hütig rückt den Fußball selbst wieder stärker in Richtung Kunst[80]

78 Ebd. S. 258.

79 Ebd. S. 259.

80 Vgl. Ebd. S. 262ff.

und betont die Ähnlichkeiten der beiden stärker als die religiösen Anklänge. Dies ist insofern interessant, als dass Narrative, deren Erforschung sich nicht zuletzt die Literaturwissenschaft widmet, ebenso literarische, poetische und damit künstlerische Ansätze aufweisen. Das, was ich mit »Mythos« meine, ist also, ebenso wie bei Hütig, eine Art von Kunstspiel und dahingehend liegen wir beide nicht weit auseinander. Mythologie und Religiosität möchte ich also in meiner Theorie voneinander separiert und auseinandergehalten wissen, denn ich argumentiere nur zugunsten der Position, dass der Fußball im engen Sinne keine Religion ist, im weiten Sinne aber mythische Motive enthält, deren Bedeutung darin besteht, dass sie quasi kunstvoll und literarisch über Narrative vermittelt werden.

Eine moderne Philosophie im Allgemeinen und eine des Fußballs im Besonderen, wie ich sie hier vornehme, muss erzählerische Elemente berücksichtigen und der Bedeutung von Narrativen für unsere Spezies angemessen Rechnung tragen, indem die Mythen im Einzelnen betrachtet und dekonstruiert werden und respektvoll und nicht abwertend mit ihnen umgegangen wird. Eine epistemische Aufwertung von Erzählungen ist damit nötig, denn diese konstituieren unsere Wahrnehmung von der Wirklichkeit entscheidend mit und sind mehr als ein vermeintlicher »Gegensatz« von Tatsachen, da sie bei deren Erkenntnis mithelfen. Das gilt zwar nicht nur, aber auch für den Fußball.

Rituelle Erinnerungskultur

Narrative sind ein wichtiger Teil der Fußball-Kultur. Mythen und Romantisierungen benötigen als Bedingung schließlich ein wie auch immer sozial konstruiertes Ereignis, auf das sie sich beziehen können. Der Mythos der »Invincibles«, der im vorhergehenden Kapitel erarbeitet wurde, kann natürlich erst dann gedeihen, wenn es für ihn einen historischen Anlass gibt, in dem Fall die Meistersaison des FC Arsenal 2003/2004. Das Narrativ der Unbesiegbarkeit breitet sich fortan aus wie ein Lauffeuer, und damit ebenfalls die Erinnerung an eine vergangene Zeit. Die Etablierung einer Erinnerungskultur erfolgt wesentlich durch die soziale Konstruktion der

Vergangenheit, indem also ein Ereignis kulturell aufgewertet wird. Mit der Möglichkeit des genauen Zustandekommens einer solchen kollektiven Erinnerung befasst sich prominent der Ägyptologe und Kulturwissenschaftler Jan Assmann. Seine theoretischen Überlegungen können uns dabei helfen, eine Idee von der Kultur der Fußball-Gemeinde zu erlangen und wichtige, sie kennzeichnende Merkmale wie die kollektive Identitätsstiftung und ihren ganz eigenen, beinahe religiös anmutenden Kult nachzuvollziehen und einzuordnen.

Was mit »Kultur« genau gemeint ist, lässt sich nicht so einfach festlegen. Der Kulturbegriff hat im Laufe der Ideengeschichte einen steten Wandel miterleben müssen. Gemeinsam ist den verschiedenen historischen Konzeptionen des Begriffs, bei Cicero angefangen, zumeist die Gegenüberstellung von »Kultur« als die Summe menschlicher Leistungen und Errungenschaften mit der angeblich von uns unabhängigen »Natur«. Soviel jedoch nur als erste Einordnung, der genaue Streit zwischen den verschiedenen Kulturauffassungen braucht uns nicht weiter zu tangieren.[81] Einigen wir uns für unsere Zwecke auf einen sehr unspezifischen und allgemeinen Kulturbegriff, der grundsätzlich menschliche Schöpfungen im weiten Sinne beinhaltet. Fußball ist als Sport und Spiel, das den Wettkampf in den Vordergrund stellt, ein kultureller Bestandteil und pflegt darüber hinaus seine eigene Kultur. Den Fokus legen wir spezifisch auf die Aspekte von Erinnerungs-Kultur.

Nun zurück zu Jan Assmann: Die These, die seiner Theorie zugrunde liegt und die in der Anthropologie sicherlich konsensfähig ist, lautet, dass Kultur in erster Linie durch Erinnerung und Gedächtnis entsteht und aufrechterhalten wird. Die Kulturwissenschaft markiert etwa die Bestattung von Toten, die beispielsweise bei den Neandertalern nachgewiesen ist, als Beginn von Kultur, denn hier wird an Menschen und damit auch an deren Taten und deren persönlichem Einfluss in der Welt gedacht.[82] Es wird an

---

81 Als Lektüre für einen allgemeinen Überblick empfehle ich folgenden Lexikoneintrag: Perpeet, Wilhelm: Kultur, Kulturphilosophie. In: Ritter, Joachim et al. (Hrsg.): Historisches Wörterbuch der Philosophie. Darmstadt 2007.

82 Vgl. Assmann, Jan: Das kulturelle Gedächtnis. Schrift, Erinnerung und politische Identität in frühen Hochkulturen. München 1992. S. 60f.

etwas erinnert und diese Erinnerung wird räumlich und plastisch durch ein Grab, eventuell durch ein Denkmal oder ein vergleichbares sinnlich wahrnehmbares Objekt materialisiert. So bleibt etwas, beziehungsweise jemand im Gedächtnis, der ansonsten dem Vergessen und der Bedeutungslosigkeit anheimgegeben worden wäre. Die Erinnerung ist ein Kampf gegen die Nichtigkeit, gegen das Nicht-Mehr-Dasein, denn in der Erinnerung bleibt etwas Vergangenes präsent und bestehen. Im Erinnern entsteht kulturelle Bedeutung.

Die Ausgangsfrage, der sich auch Jan Assmann widmet, ist zunächst einmal, wie eine Kultur sich dauerhaft etablieren kann und das biologische Erinnerungsvermögen von Individuen überdauert. Es mögen sich ja einzelne Menschen an eine andere Person oder ein Ereignis erinnern und diesem vielleicht auch ein Denkmal widmen, das sie selbst zwar in gewisser Weise überdauert, doch müsste die Erinnerung nicht mit den Menschen ebenso sterben? Die, die sich an etwas erinnern, sterben schließlich selbst früher oder später. Wie können wir heute noch ein Gefühl von kultureller Identität haben, etwa ein Nationalgefühl, obwohl Staatsgründer und wichtige kulturelle Akteure längst verstorben sind und genauso alle, die sich direkt persönlich an diese erinnern? Der Lösungsvorschlag Assmanns beinhaltet die Unterscheidung zwischen kollektivem und individuellem Gedächtnis, wobei Letzteres an die persönlichen Erinnerungen einzelner Individuen gekoppelt ist. Ich bin selbst ein biologischer Träger von ganz bestimmten Erinnerungen und Erfahrungen, auf die ich geistig zurückblicken und über die ich nachdenken kann. Mein individuelles Gedächtnis stirbt allerdings mit meinem Körper, mit meinem biologischen Bewusstsein. Dann sind meine persönlichen Erinnerungen erloschen. Assmann betont jedoch, dass selbst individuelle Erinnerungen ein Prozess der Sozialisation seien und ein völlig in Einsamkeit lebender Mensch keine Erinnerungen haben könnte, was er folgendermaßen begründet und damit, ohne es explizit auszusprechen, auf die im vorhergehenden Kapitel (»Mythisierung und Narrativierung«) eingeführte These vom »Homo narrans« referiert:

> Erinnerungen auch persönlichster Art entstehen nur durch Kommunikation und Interaktion im Rahmen sozialer Gruppen. Wir erinnern

> nicht nur, was wir von anderen erfahren, sondern auch, was uns andere erzählen und was uns von anderen als bedeutsam bestätigt und zurückgespiegelt wird.[83]

Die Kultur abstrahiert ferner von dieser individuellen Ebene und geht zu der des kollektiven Gedächtnisses über, das sich durch seine Über-Individualität auszeichnet und daher in der Lage ist, einzelne Individuen zu »überleben«, da deren persönliche Erinnerungen gar nicht mehr benötigt werden, denn dieser Theorie zufolge entsteht Erinnerung ja notwendig durch einen narrativen, sozialen und damit übergeordneten Kontext. Wir haben bereits herausgestellt, dass Narrative in der Welt des Fußballs von größter Bedeutung sind, dort also auch zur Erinnerung beitragen und eine Kultur konstituieren, womit das Beispiel des Fußballs die Theorie Assmanns bestätigt.

Kollektive und damit Individuen überdauernde Erinnerung beruht jedoch noch auf weiteren Faktoren und kann, gemäß Assmann, auf zwei übergeordnete Möglichkeiten zurückgeführt werden: Die textuelle und die rituelle Kohärenz. Erstere ist für den Fußball eher weniger relevant, da dieser sich, anders als Religionen wie etwa das Christentum, das auf der Bibel als wichtigster Quelle der Überlieferung beruht, nicht auf eine kanonische und der Auslegung bedürftige Schrift bezieht. Fußball ist eben vor allem durch die Handlung und die Performanz, also durch das Ausagieren gekennzeichnet und nicht durch die Diskursivität. Letztere Option ist diejenige, die zweifelsohne auf den Fußball zutrifft. Die empirische Beobachtung zeigt in aller Deutlichkeit, dass rituelle Kohärenz die Bezugnahme auf die Vergangenheit der Fußball-Welt ermöglicht.

Der Fußball und die Fankultur, die in Ländern wie Deutschland und England besonders stark ausgeprägt ist, wird von Ritualen nur so durchzogen. Diese legen Assoziationen mit dem Religiösen durchaus nahe, selbstverständlich nicht in einem monotheistischen Sinne, jedoch in einem »kulthaften«. Während die textuelle Kohärenz auf ein schriftliches Werk zurückgeht, welches als quasi externes »Speichermedium« fungiert und damit situationsabstrakt ist, hängt die rituelle Kohärenz von Wiederho-

83 Vgl. Ebd. S. 36.

lungen und ständigem »Durchspielen« von Situationen ab. Sicherlich ist das Ritual älter als die Schrift: Sich an dem Grabmal eines Verstorbenen zu versammeln, kann (wenn regelmäßig praktiziert) schließlich schon zu einem Ritual werden, das Erinnerung hervorruft – und damit Kultur quasi als »Nebenprodukt« hervorbringt. Einmalige Handlungen gelangen nicht über den Status des Zufälligen und Gewöhnlichen, vielleicht sogar Banalen hinaus. Bedeutung entsteht erst in der Regelmäßigkeit, im bewussten Einüben und mehrmaligem Wiederholen einer Praxis, denn erst dann ist offensichtlich, dass damit etwas bewusst und gerade nicht zufällig durchgeführt wird und dass damit etwas Bestimmtes vermittelt und zum Ausdruck gebracht werden soll, wodurch Sinn entsteht[84]. Im Fußball könnte ohne Rituale nicht das entstehen, was wir als »Fankultur« betiteln. Die periodische Wiederkehr ist durch die Rahmenbedingungen des Wettkampf-Modus, in welchem das Spiel Fußball ausgetragen wird, gegeben. Spiele in den Ligen finden wöchentlich statt, meistens sogar immer an den gleichen Tagen und zu denselben Uhrzeiten. So ist die Hauptzeit für die Austragung der Spiele in der Fußball-Bundesliga als der höchsten deutschen Spielklasse samstags um 15:30 Uhr. Darüber hinaus erfordert das Ritual physische Präsenz, eine Teilnahme an diesem ist an raum-zeitliche Anwesenheit gekoppelt. Eine heilige Schrift wie den Koran kann ich prinzipiell immer, an jedem Ort und zu jeder Zeit lesen, ein Ritual kann nur an bestimmten Orten und zu bestimmten Zeiten durchgeführt werden, es ist konkret und situationsabhängig, ansonsten kann ich eben nicht teilnehmen. Um mich am »Fußball-Kult« selbst aktiv zu beteiligen, muss ich schon zu gegebener Zeit im Stadion sein. Die Wirkung des Kulthaften lässt schon spürbar nach, wenn man ein Spiel nur live vor dem Fernsehgerät mitverfolgt, wobei immerhin hier das Kriterium der zeitlichen Gebundenheit nach wie vor gegeben ist (man kann sich die Spielzeiten ja nicht persönlich aussuchen, sondern ist an den festgelegten Spielplan gebunden). Im Rahmen dieser raum-zeitlichen Gebundenheit werden bestimmte rituelle Handlungen eingeübt und unterliegen einer ständigen Wiederholung. Die eingefleischten Fans im Stadion stimmen gemeinsam im Chor beinahe mantrahaft ihre Fan-

84 Vgl. Ebd. S. 90.

gesänge an, im Extremfall werden nur wenige Worte über viele Minuten hinweg scheinbar endlos wiederholt, bis sie sich völlig ins Gedächtnis eingeprägt haben. Durch diese Wiederholungen, die in einen Automatismus übergehen, entsteht etwas, das an eine meditative Wirkung erinnert, nämlich das totale Versinken in die Welt des Spiels. Auf den Tribünen werden Fahnen, die das Wappen des eigenen Vereins zieren stolz geschwenkt, die Fans »pilgern« regelrecht in das Stadion als dem großen Versammlungsort für die Ausübung des großen Rituals. Selbst im »Kleinen« beim privaten Konsum einer Spielübertragung im TV, kann man bei Fußball-Fans sich stets stark ähnelnde und immer in vergleichbarer Form auftretende und damit ritualisierte Praktiken erkennen. Das Trikot des Lieblingsvereins wird als »Glücksbringer« noch schnell übergestreift, das zuvor gekaufte und kalt gestellte Bier wird pünktlich zum Anpfiff geöffnet, die bekanntesten Fan-Gesänge entweder alleine vor dem Fernseher oder in einer Gruppe mit Freundinnen und Bekannten mitgesungen und, ganz besonders wichtig, die Daumen sind gedrückt! Selbst die allermeisten Spieler berichten in aller Regel davon, dass auch sie ganz persönliche Rituale vor Spielen pflegen, um sich damit besser fokussieren und mental auf den Gegner einstellen zu können. Sie hören während der Anreise immer die gleiche Musik, um sich in »Stimmung« zu bringen und zu motivieren oder tragen bestimmte »Glücksschuhe«. Oft geht dies einher mit einer gewissen Abergläubigkeit, die im Fußball sowohl bei Beteiligten als auch bei Zuschauern weiter verbreitet zu sein scheint, als die meisten es wohl zugeben würden.

Anekdotisch kann ich hierzu von einem guten Bekannten berichten, der auf dem Weg zum Stadion mitbekam, wie vor ihm in der Menschenmenge jemand ausrutschte (es war ein nasser und sehr regnerischer Tag) und mitten in den Dreck fiel, sodass er von oben bis unten mit Schlamm bedeckt war. Die Mannschaft meines Bekannten verlor später das Spiel und dieser wiederum führte die Niederlage natürlich spaßeshalber auf das »böse Omen« zurück, dass der ihm Unbekannte zuvor genauso ausgerutscht war, wie die Spieler symbolisch »ausgerutscht« sind. Die Psychoanalyse lehrt uns, dass hinter jedem »Spaß« eine verborgene Ernsthaftigkeit liegt, die sich im Gewand des Witzes hemmungslos entfaltet, um dann darauf zu verweisen, es sei ja eben nicht überzubewerten, da es nur als Witz gemeint war.

Die zahlreichen Rituale, die im Fußball gang und gäbe sind, liefern genug Zeugnis davon, dass der Aberglaube als eine pervertierte Form des Glaubens systematisch in den Strukturen des Fußballs verankert ist und nicht bloß arbiträr auftritt. Man mag dies mit einer gewissen psychischen Unreife in Verbindung bringen und der damit assoziierten Vulgarität. Man darf nicht vergessen, dass die Ursprünge der rituellen Kohärenz in ganz archaischen und urtümlichen Zeiten des Menschengeschlechts liegen, Zeiten, in denen Aberglaube und magisches Denken für den wissenschaftlich ungebildeten Menschen alternativlos waren (während die Schrift schon Zeugnis einer höheren Kulturstufe ist, in der Sprache und Wissen wesentlich ausgereifter sein mussten und textuelle Kohärenz damit erst später in der evolutionären Entwicklung entstanden sein muss). Der archaische Mensch, der sich kausale Zusammenhänge nicht erklären kann, vermutet übernatürliche Mächte am Werk hinter rational erklärbaren Phänomenen. Der Tendenz nach neigt er etwa zur Personifizierung der Natur und schreibt bestimmten Ereignissen einem handelnden Akteur zu, der diese zu einem bestimmten Zweck bewirkt haben muss. Man nennt dies auch »Animismus«, was den Glauben daran bezeichnet, dass die Natur vollständig beseelt ist. Dem liegt das in der Psychoanalyse als »magisches Denken« bekannte Schema zugrunde, also dass Ereignisse miteinander in direkte Verbindung gesetzt werden, die offensichtlich kausal nichts miteinander zu tun haben. Von Kindern ist uns diese Denkweise bekannt. Sie müssen beispielsweise zwanghaft bis zehn zählen, da sie ansonsten befürchten, etwas Schlimmes könnte passieren. Viele Rituale des Fußballs sind in diese Kategorie des magischen Denkens zu subsumieren. Dass ich meine Daumen drücke, hat kausal natürlich (und das weiß ich als rationaler Mensch, obwohl mich das nicht davon abhält, dem trotzdem nachzugehen) nicht den geringsten Einfluss auf die Leistungsfähigkeit der Spielerinnen, die ich unterstütze. Dass der Fremde in den Schlamm gestürzt ist, hängt selbstverständlich ebenso wenig mit dem schlechten Abschneiden der Lieblingsmannschaft meines Bekannten zusammen, wie er selbst halb scherzhaft, halb ernst gemeint, behauptet. Der Fußballfan macht eine gewisse Regression durch, er fällt emotional und psychisch auf wesentlich frühere, in diesem Fall kindliche, Entwicklungsstufen zurück, die er eigentlich schon längst abgeschlossen hatte.

Etwas anders verhält es sich bei den Ritualen, die unmittelbar und direkt *im* Stadion vor Ort praktiziert werden. Das laute Anfeuern der eigenen Mannschaft ist schließlich durchaus in ein kausales Verhältnis mit der Leistung der Spieler auf dem Platz zu setzen, die dadurch entweder zusätzlich motiviert und angestachelt oder durch Buhrufe eingeschüchtert und damit potentiell geschwächt werden können. Fans können unter bestimmten Umständen einen direkten Einfluss haben, sie denken jedoch in den meisten Fällen, sie hätten diesen auch dann, wenn sie ihn eigentlich nicht haben (etwa durch das stumme »Daumendrücken« einsam vor dem Fernsehgerät). Die Rituale der Spieler sind analog dazu selbstverständlich ebenso nicht von magischem Denken und dem Hang zum Aberglauben freizusprechen. Manche Spieler haben etwa die ritualisierte Angewohnheit vor dem Betreten des Rasens mit den Füßen, diesen noch kurz mit den Händen zu berühren. Vor allem gläubige Spieler wie Neymar Jr. bekreuzigen sich nach Torerfolgen oder zeigen mit den Fingern gen Himmel. Vor allem an diesem Beispiel wird die Verbindung von Fußball und Religion besonders deutlich. Religiöser Glaube und eine fußballerische Tätigkeit korrelieren doch zumindest stark in vielen Fällen und lassen damit einen systematischen Zusammenhang dieser beiden Bereiche vermuten. Die Gemeinsamkeiten sind schließlich frappant, denn auch Religionen konstituieren sich besonders stark durch Riten und erfüllen ebenso die Kriterien der rituellen Kohärenz, vom sonntäglich in der Kirche abgehaltenen Gottesdient bis hin zum gemeinsamen Gebet in der Synagoge. Alles ritualisierte Handlungen, die einer periodischen Wiederkehr unterliegen und raum-zeitliche Anwesenheit voraussetzen, um sich an ihnen zu beteiligen. Religiöse Menschen, so unterstellt es ihnen prominent zum Beispiel Sigmund Freud, sind besonders anfällig für das magische Denken. Das Beten als Praktik hat schließlich keine kausalen Auswirkungen in der Welt (zumindest keine uns wissenschaftlich bekannten) und doch geht eine Gläubige davon aus, dass sie mithelfen kann, Weltfrieden hervorzurufen, indem sie vor einem fetischisierten Holzkreuz niederkniet und göttliche Hilfe anfleht.

Um diesen Eindruck nicht entstehen zu lassen: Mir geht es keineswegs darum, Fußball-Fans oder gläubige Menschen mit diesen Ausführungen zu diffamieren und sie bloßzustellen, wenngleich ich zugebe, dass manche Formulierungen meinerseits diesen Eindruck womöglich erwecken könnten. Ich weise nur respektvoll auf den Sog hin, den dieses evolutionär tief in uns verankerte Denken auf jeden einzelnen von uns ausübt und dass niemand sich dem völlig entziehen kann. Selbst völlig aufgeklärte und rationale Menschen können unter bestimmten Umständen wie verrückt geworden vor dem Fernsehgerät beim Spiel ihres Lieblingsvereins mitgehen, als seien sie selbst leibhaftig anwesend und haben dabei doch keinen realen Einfluss auf das Geschehen. Gerade die religiösen Strukturen des Fußballs bieten sich für magisches Denken und Aberglaube sehr an, das dazu führt, dass man trotzdem die Daumen drückt, wenn die eigene Lieblingsmannschaft aufläuft, der Einsicht, dass dies im Grunde genommen völlig nutzlos ist, getrost zuwiderhandelnd. Einer gewissen Regression und des Rückfalls in kindliche Denk- und Verhaltensmuster unterliegen wir alle bis zu einem bestimmten Grad in bestimmten Situationen, die durch Rituale wie im Fußball angefacht und durch diese verstärkt werden können. Und Handlungen verlieren nicht dadurch ihre Relevanz, dass man es »eigentlich« besser weiß.

Eine interessante Frage, der sich freilich lohnt, weiter nachzugehen, ist, welche Mechanismen und Strukturen der Fußball konkret beinhaltet, die ihn derartig hervorragend »ritualisierbar« machen. Die Wiederholbarkeit der Praktiken, haben wir bereits herausgearbeitet, doch mit dem Bezug auf Hans Ulrich Gumbrecht verweise ich auf weitere kulturelle Vorbedingungen. Laut Gumbrecht ist die den Sport grundsätzlich kennzeichnende »Performanz« ausschlaggebend, die vor allem eine räumlich-körperliche Dimension enthält, welche er indirekt aus seiner Konzeption der »Präsenz« ableitet.[85] In seiner Analyse zeigt er auf, dass das Soziale grundlegend (wenngleich diese Unterscheidung nicht zu überstrapazieren ist) in zwei konträre Lager eingeteilt werden kann, nämlich die geistig geprägte »Subjektkultur« und die körperlich dominierte »Präsenzkultur«. Erstere nehme ihren Ausgang von Descartes und ordne das Geistige dem Körperlichen

85 Gumbrecht: Lob. S. 40f.

über und erfahre seinen Weltbezug primär durch den Geist. Gumbrecht fährt davon abgrenzend fort:

> In einer Präsenzkultur hingegen wird der menschliche Selbstbezug den Geist nicht grundsätzlich ausschließen, aber er wird dem Körper immer die größere Bedeutung zumessen.[86]

Den Sport ordnet er wenig überraschend der »Präsenzkultur« zu, die sich dadurch kennzeichne, dass sie sich schon längst der materiellen Welt zugehörig erlebe, ein Zugang, der der »Subjektkultur« nicht direkt möglich sei, denn diese könne die materielle Welt nicht als solche unmittelbar wahrnehmen, sondern bedürfe des Rückgriffes auf intellektuelle Interpretationen und der Erzeugung von Sinngeflechten. Daher sein Beispiel: »Ein Fußballspieler käme niemals auf die Idee, zu fragen, welchen ›Sinn‹ der Ball haben könnte oder wozu er da ist. Er wird ihn einfach spielen [...].«[87] Hinzufügen lässt sich, dass sich die herausragende Wirkung und »Aura« des Fußballspielers (siehe Kapitel »›Heiligenverehrung‹ und metaphysische Körper«) nur innerhalb der »Präsenzkultur«, insofern er sich noch in ihr befindet, erhält und dadurch auch erschöpft wird. Ein Lionel Messi erscheint auf dem Fußballfeld wie ein Halbgott. Bei Pressekonferenzen wirkt er mit seiner beinahe autistisch anmutenden Schüchternheit vergleichsweise wie eine »mickrige« Figur. Fußballspieler haben über ihre Tätigkeit, ihren Sport, nichts Sinnvolles zu *sagen.* Ihre Wirkung beschränkt sich auf die bloße Aktivität. Zeugnis davon geben Interviews mit Spielern. Werden sie hierbei aufgefordert, sich über die Spielweise ihres Teams zu äußern oder zu erklären, wie sie etwas gemacht haben oder was der taktische Plan war, sind kaum wirklich präzise Auskünfte oder kausale Erklärungen zu erwarten. Zumeist beschränken sich die häufig nicht sonderlich hochwertig artikulierten Antworten, von einigen sehr charmanten Spielern einmal abgesehen, auf ständig wiederholte Phrasen und Floskeln, die im Grunde völlig nichtssagend sind (siehe Kapitel »Das Runde muss ins Eckige«).

---

86 Ebd. S. 41.

87 Ebd. S. 42.

»Wir haben uns heute viel vorgenommen«, »wir wollten den Gegner unter Druck setzen«, »wir wollten unseren mitgereisten Fans etwas bieten« und so weiter. Niemand interessiert sich wirklich für das, was Fußballspieler zu sagen haben, schlichtweg, weil selten etwas von Belang dabei ist. Das ist jedoch einfach nicht vonnöten. Die »Präsenzkultur«, der der Fußballspieler angehört, *agiert*. Es ist nicht ihre Aufgabe, Worte für etwas zu finden, etwas zu analysieren, zu kategorisieren, zu interpretieren. Dies ist der Geltungsbereich der intellektuellen »Subjektkultur«. An deren Anforderungen kann man Fußballspieler eben nicht messen und daher gilt ihnen kein Vorwurf, wenn sie nicht dazu imstande sind, sich vernünftig auszudrücken und ihre eigene Tätigkeit zu reflektieren. Das überschreitet den Kompetenzbereich der auf die körperliche Aktion reduzierten »Präsenzkultur«. Allenfalls noch die etwas davon getrennten Trainer sind imstande, sich zum Geschehen sinnvoll zu positionieren und es entsprechend einzuordnen, wobei es hinsichtlich der Eloquenz auch hier zu gravierenden Unterschieden kommt. Ihre Aufgabe ist es schließlich, analytisch vorzugehen. Die Interpretation fällt durchaus in ihren Zuständigkeitsbereich, ganz im Gegensatz zu den Spielern. Sie befinden sich damit quasi in der Schnittstelle zwischen den beiden Kulturen, gehören zu einem Teil wenigstens, beiden in gewisser Weise an.

Gumbrecht jedenfalls arbeitet von dieser Dichotomie der beiden Kulturen ausgehend weitere Unterscheidungsmerkmale heraus, von denen ich nur noch eine erwähnen möchte, da sie unserer Ausgangsfrage dienlich ist. In einer »Präsenzkultur« gäbe es, gemäß Gumbrecht, keine Handlungen, da diese Absichten und Motive (demgemäß geistige Tätigkeiten) voraussetzten. Das Agieren in bereits vorgegebenen sportlichen Regeln, die nicht überschritten werden dürfen, mache dagegen ein »Handeln« in diesem Sinne unmöglich und ersetzten dieses durch das »Ritual«.[88] Dieser Argumentation zufolge ist also die Körperlichkeit des Fußballs, die diesen der »Performanz« und damit der »Präsenzkultur« zugehörig werden lässt, dafür verantwortlich, dass das gesamte sportliche Verhalten ein einziges Ritual darstelle, das keine Handlungsfreiheit mehr benötigt, sondern völlig auto-

88 Vgl. Ebd. S. 42.

matisiert ablaufen kann, da es rein körperlich, ohne Hinzunahme des Geistes, ausagiert wird. Da in der »Präsenzkultur« folglich die Kluft zwischen Materialität und Interpretation, die aus der »Subjektkultur« bekannt ist, entfällt, stellt Gumbrecht folgerichtig fest: »In einer Präsenzkultur kann es, genau wie im Sport, nichts ›Fiktives‹ geben.«[89] Auf den Sportler selbst trifft das natürlich zu. Er kann nicht so »tun«, als ob er renne, er rennt wirklich. Aus diesem Grund sieht Gumbrecht auch eine Gefahr darin, den Sport zu interpretieren, da er eigentlich nichts bedeute, ja nicht einmal etwas bedeuten könne, leere Signifikanten ohne Signifikat, auf die die strukturalistische Zeichentheorie nicht anwendbar sei.[90] Ich folge Gumbrecht darin nur bedingt, da ich davon ausgehe, dass in dem Kult, der rund um den Fußball geschaffen wird, durchaus Raum für Fiktion ist, etwas, das dieser Teil des Buches herausarbeitet. Der Fußball ist demgemäß durchaus interpretationsbedürftig, wobei Gumbrecht vollkommen richtig darin liegt, dass beim Ausüben des Sports selbst keine Fiktion möglich ist. Fußball ist allerdings nur deshalb ein Massenphänomen, weil er als Zuschauersport konzipiert ist und nicht darauf beschränkt werden kann, nur aktiv von einem selbst ausgeübt zu werden. Beenden wir damit an dieser Stelle vorerst die Auseinandersetzung mit Gumbrecht und widmen uns weiteren Merkmale der Rituale im Fußball.

Des Weiteren sind diese nämlich kulturtheoretisch grundsätzlich durch eine Hierarchie gekennzeichnet, die alle Beteiligten in Akteure und Zuschauer unterteilt. In der christlichen Eucharistiefeier kommt dem Pfarrer oder Priester die aktive Rolle des ausübenden Akteurs zu, die Gemeinde, die dem Gottesdienst beiwohnt, ist die ihm untergeordnete Menge der Zuschauerinnen und Zuschauer, die eher passiv konsumieren und sich nur gelegentlich und meist auf Nachfrage hin kollektiv äußern (etwa im gemeinsamen Singen von Kirchenliedern). Beim Fußball sind offensichtlich die Spielerinnen auf dem Platz die Akteurinnen und die Fans auf den Rängen die begleitenden Zuschauer. Die Fans bekleiden diese Rolle scheinbar eher unwillentlich, vielen von ihnen gelüstet es jedenfalls, selbst einzugreifen

89 Ebd. S. 44.
90 Vgl. Ebd. S. 44f.

und am liebsten mitzuspielen. Dafür unterstützen sie ihre Lieblingsmannschaft von den Rängen mit allen Mitteln, die ihnen zur Verfügung stehen – egal ob fair oder unfair (natürlich in einem rechtlichen Rahmen, eine völlige Grenzenlosigkeit ist glücklicherweise nicht möglich) –, bevorzugt durch den eben schon erwähnten Fangesang. Die religiöse Codierung des ritualisierten Fangesanges ist definitiv nicht von der Hand zu weisen, liegt doch der Ursprung vieler bekannter Fußballlieder in religiösen Liedern begründet, die teilweise den biblischen Psalmen entnommen sind. Besonders berühmt: »You'll never walk alone«, am bekanntesten gesungen von den Fans des FC Liverpool und von Borussia Dortmund. Das alles verstärkt das religiöse Gefühl, das unter den Fans eines Vereins »zusammenschweißt« und die eigene kollektive Identitätsstiftung bewirkt, die in dieser religiösen Erfahrung gründet. Die Rituale dienen also nicht nur der Erinnerung und der damit einhergehenden Bezugnahme auf die Vergangenheit (der »Verein« als solcher bleibt schließlich dadurch in der intersubjektiven Wirklichkeit in Erinnerung, Lieder handeln häufig von legendären Spielern der Vergangenheit, die sie rühmen und so weiter), sondern stärken das Gruppenzusammengehörigkeitsgefühl der Fußball-Gemeinde. Assmann definiert die sogenannte »kollektive Identität«, auf die ich damit anspiele, folgendermaßen:

> Unter einer *kollektiven* oder *Wir*-Identität verstehen wir das Bild, das eine Gruppe von sich aufbaut und mit dem sich deren Mitglieder identifizieren. Kollektive Identität ist eine Frage der Identifikation seitens der beteiligten Individuen.[91]

Ein Unterschied zu religiösen Gemeinden und Gruppierungen ist hier schlichtweg nicht festzustellen, die konkreten Inhalte sind dabei nahezu beliebig austauschbar. Denn es sind stets die Rituale, die dieses »Wir-Gefühl« entstehen lassen, insbesondere das Zusammengehörigkeitsgefühl, das sich dann entwickelt, wenn die ritualisierten Praktiken *gemeinsam* ausgeführt werden, wenn man zusammen singt, sich bei Torerfolgen in den Armen

---

91 Assmann: Gedächtnis. S. 132.

liegt (nicht nur mit Freunden, sondern auch völlig Fremden, etwas, das in dieser ausgeprägten Form wohl auch nur beim Fußball möglich ist) und gemeinsam die gleiche Mannschaft anfeuert. Dann nämlich identifiziert man sich miteinander und untereinander in der Gruppe, erkennt sich als mehr oder weniger »einheitlich« an mit den gleichen Zielen und Ansichten (zumindest in der Sache des Fußballs vereint und das ist im Stadion ohnehin das einzige, was zählt, nicht politische Einstellung, Hautfarbe oder Staatsangehörigkeit) und erweckt nach außen hin den Eindruck einer homogenen geschlossenen Gruppe, die sich in Wahrheit natürlich aus völlig heterogenen Individuen zusammensetzt, die unterschiedlicher nicht sein könnten. Das spielt im Fußball während des Rausches der 90 Minuten aber eben keine Rolle, dort zählt nicht der Einzelne, sondern nur das Kollektiv, mit dem sich die Individuen durch gemeinsame Rituale identifizieren. Durch diese kollektive Identitätsstiftung vermag der Fußball, derart gewaltige emotionale Ausbrüche und solch kollektive Gefühle von Freude oder Trauer zu verursachen. Im psychologischen »Normalfall« (falls es so etwas überhaupt gibt) keimen Gefühle erst im Individuum und können von dort aus zu einer größeren Gruppe übergehen. Im Fußball hingegen scheint es sich umgekehrt zu verhalten. Hier gehen Emotionen andersherum zuerst von der Gruppe als solcher aus und erst im Anschluss auf den Einzelnen über. Nur in der Gruppe mit ihren eigentümlichen Verhaltensnormen, ihren Ritualen und abergläubischen Motiven entfaltet der Fußball seine ganze emotionale Wirkung. Das Spiel mag dasselbe sein, doch *fühlt* es sich nicht so an, wenn man es allein zurückgezogen in seinem Wohnzimmer vor dem heimischen Fernseher konsumiert. Nur in seltenen Fällen können alleine solche emotionalen Kräfte und Dynamiken entwickelt werden, weshalb es für die meisten sicherlich langweilig ist, Fußballspiele allein im Fernsehen zu schauen und es mindestens eines weiteren Zuschauers neben sich bedarf, um »Spaß« haben zu können. So gelingt es immer wieder, auch eigentlich Nicht-Fußballbegeisterte wenigstens einmal für ein Spiel voll auf die eigene Seite zu ziehen und immerhin vorübergehend und kurzfristig zum eigenen »Glauben« zu bekehren. Der Euphorie, die in einem vollen Stadion entstehen kann, können sich auch solche Menschen, die eigentlich nicht viel vom Fußball halten, nicht immer erwehren. Sie werden mitgezogen, mit in den Strudel der Emotionen gerissen. Die Begeisterung für den Fußball ist ansteckend. Vor allem bei gesellschaftlichen Großereignissen ist dies vermehrt zu beobachten, da hier die Regeln der Massenpsychologie greifen, eine ganz eigene Dynamik entwickeln und primitive Denkweisen, die biologisch in uns verankert sind, wie das Bedürfnis nach sozialer Teilhabe, in uns erwecken. Sind nicht bei einer Welt- oder Europameisterschaft plötzlich alle »Fans« und schwenken nicht vor allem diejenigen dann die Fahnen des eigenen Landes, die dem Fußballsport ansonsten das ganze Jahr über mit einer großen Antipathie gegenübertreten? Je mehr, desto besser, das gilt im Fußball. Immer größer werdende Stadien sind daher gerne gesehen, auf den Tribünen wird begeistert geklatscht, wenn angesagt wird, dass das Stadion ausverkauft ist. Die Gemeinschaft soll groß sein, Fußball ist nicht exklusiv, sondern inklusiv, da viel von seiner Begeisterung und Faszinationskraft genau darauf angewiesen ist, von möglichst vielen mitverfolgt zu werden. Außerdem steigt das kollektive »Wir-Gefühl« mit der Zunahme an Fans und Zuschauern ebenso gleichermaßen an.

Die hier skizzierte Entstehungsgeschichte eines kollektiven Wir-Gefühls, mitsamt Erinnerungskult und ritueller Kohärenz, kann sicherlich kein vollständiges Schema abbilden, wie es zum »Kult« des Fußballs kommt, gibt jedoch sicherlich Aufschluss darüber, welche Faktoren die enorme Massentauglichkeit und Wirksamkeit des Fußballs begünstigen. Ritualisierte Handlungs- und Denkweisen, die sich auffällig oft mit religiösen bis hin zu abergläubischen Motiven und Merkmalen kreuzen, konstituieren eine für die Kultur im Allgemeinen gültige Erinnerungskultur, die die Bedeutung der Vergangenheit und des Spiels grundsätzlich immer wieder in den Mittelpunkt stellen und im kollektiven Gedächtnis auslösen. Kultur lebt davon, dass sie von Menschen praktiziert und *gelebt* wird. Der Fußball muss *gelebt* werden, getreu dem Vereinsslogan des FC Schalke 04, der da lautet: »Wir leben dich.« Denn wo Menschen nicht handeln und sich erinnern, gemeinsam agieren und Zusammenhalt »pflegen«, da breitet sich das Nichts aus und die Geschichte wird wie von einer Lawine durch das Vergessen überrollt. Kultur dagegen bedeutet die Erinnerung, die »Konservierung« des Vergangenen in Riten, Praxen und Erzählungen. An kaum einem anderen sozialen Phänomen lässt sich dies so eindrücklich demonstrieren und nachvollziehen, wie am Fußball.

»Heiligenverehrung« und metaphysische Körper

Der Sinn eines Spieles allgemein ist, dass es Spielender bedarf. Ein Spiel ist abhängig von seinen Spielerinnen und Spielern, denn es ist nicht autonom, kann nicht unabhängig existieren. Fußball bildet da selbstverständlich keine Ausnahme, denn es sind die Fußballspielenden, die dem Ganzen erst Leben einhauchen. Diese Einsicht ist zunächst einmal nicht besonders erwähnenswert, jedoch fällt durchaus auf, dass im Fußball der Fokus und die Zentrierung auf die Spielerinnen und Spieler besonders stark zu sein scheint. Durch die im vorherigen Kapitel (»Rituelle Erinnerungskultur«) geschilderten Merkmale der Mystifizierung und die den Fußball durchziehenden Ansätze von magischem Denken und ritualisierten Akten erfahren nämlich vor allem die Akteure auf dem Spielfeld eine ganz eigene Metaphysik, die es in diesem Kapitel aufzudecken gilt.

Anhand des Umgangs mit den Spielern vonseiten der Fußball-Gemeinschaft, lässt sich darüber hinaus einmal mehr der enge Zusammenhang von Fußball und Religion erkennen. Spiele können grundsätzlich zutiefst religiös sein, das Theater der alten Griechen ist beispielsweise aus dem Gottesdienst heraus entstanden. Schaut man sich heutige Fußballspiele an, kann man durchaus das Gefühl entwickeln, sich ebenfalls in einer Art von Gottesdienst zu befinden. Doch wer oder was wird verehrt und angebetet und wem wird gehuldigt? Die Fans jubeln den Spielern direkt zu, woraus man schließen könnte, dass sie die anzubetenden »Götter« sind. Bestimmte, vor allem im deutschsprachigen Raum anzutreffende Metaphern scheinen eine solche Interpretation nahezulegen, werden besonders gute Spieler von Fußballbegeisterten gerne einmal mit dem Beinamen »Fußballgott« idealisiert (»erfunden« im Übrigen von Herbert Zimmermann, dem berühmten Kommentator des WM-Finales von 1954, der mit diesem Begriff den deutschen Torhüter Toni Turek für seine hervorragende Leistung adelte). Eingefleischte Fußballfans machen jedoch keinen Hehl daraus, dass der »Verein« über allem steht, selbstverständlich damit auch über jedem individuellen Spieler. Die sogenannten »Ultras«, also besonders engagierte und leidenschaftliche Fan-Gruppen sprechen gerne denjenigen Fans, die zu fixiert auf einzelne Spieler sind, die »Wahrhaftigkeit« ihres Fan-Seins ab. Spieler kommen und gehen, doch der Verein überdauert alles, wie sie argumentieren und wer nur die Spieler unterstützt aber nicht den Verein, der ist kein »richtiger« Fan (was natürlich korrekt ist, denn der Verein als Bestandteil der intersubjektiven Wirklichkeit, kann theoretisch ewig bestehen, so lange nur immer ein Kollektiv da ist, das an ihn glaubt). Die Spielerinnen und Spieler selbst sind also nicht direkt die angebetete »Gottheit«. Dennoch sind sie in der Hierarchie sehr weit oben angesiedelt und daran kann kein Zweifel bestehen. Der Verein ist schließlich ein illusionäres Konstrukt des Glaubens und kein Wesen, das selbst agieren kann. Unter seinem Namen sind es die Spieler, die *für* ihn handeln, damit quasi die Exekutive, die ausführende Gewalt. Die Spieler sind Stellvertreter in zweierlei Hinsicht: Zum einen für die Fans, die ihre eigenen Wünsche und nie erreichten Sehnsüchte auf sie projizieren, und zum anderen für den Verein, da sie ihn, zumindest in der kollektiven Einbildungskraft, »repräsentieren« (was auch immer das konkret heißen mag) und damit einem abstrakten Konstrukt zu materieller Wirklichkeit verhelfen. In der Bibel offenbart sich Gott nicht direkt und unmittelbar allen Menschen, sondern nur bestimmten »Auserwählten«, denen dann die Aufgabe zukommt, das Wort Gottes in der Welt in seinem Namen zu verbreiten. Eine ähnliche imaginierte Funktion kommt den Spielerinnen eines Vereins zu. Die Spieler verhalten sich zum Verein, wie die Propheten und Heiligen zu Gott.

Heilige der großen (insbesondere der monotheistischen) Weltreligionen stehen selbst weit über »gewöhnlichen« Menschen und nur noch unter Gott. Dadurch wird ihnen viel Ruhm und Ehre zuteil, sie werden zwar nicht ganz so sehr angebetet und verehrt wie Gott selbst, jedoch werden auch sie in Kirchen als Statuen verewigt und spezifische Gebete sind auch explizit ihnen gewidmet. Wie ich im weiteren Verlauf dieses Kapitels anhand konkreter Beispiele aufzeigen werde, liegt auch im Fußball zuweilen ein Akt der Mystifizierung vor, der an eine religiöse »Heiligenverehrung« nicht unberechtigt erinnert. Die Heiligen dienen den Gläubigen als Möglichkeit, sich Gott anzunähern, mit dem sie schließlich nicht in direkten Austausch treten können. Mit Heiligen können sie aber interagieren. Genauso sind die Fußballspieler für die Fans die »Brücke« zum über allem stehenden Verein. Es bleibt nämlich stets der Verein der Maßstab aller Dinge, ebenso wie Gott unfehlbar ist. Das Christentum spricht Menschen erst dann heilig, wenn diese, zumindest nach Ansicht der Gläubigen, ganz besonders im Einklang mit Gott und der sich auf ihn beruhenden religiösen Lehre stehen und demgemäß leben. Der Fußball selbst spricht nicht explizit von »Heiligen«. Oft zu hören ist allerdings die Bezeichnung »Legende«, sicherlich ein im modernen Fußball etwas inflationär verwendeter Begriff. Das Konzept, das sich dahinter verbirgt, ist allerdings das gleiche wie das, was hinter dem Heiligenstatus steht: Nämlich völlige Übereinstimmung, in dem Fall eines Spielers, mit den Werten des an die Stelle Gottes gerückten Vereins. Unterscheiden muss man hier zwischen »Vereins-Legenden« also Spielern, die nur innerhalb des Vereins, für den sie tätig sind oder waren einen Kultstatus erfahren, und »Legenden« des Fußballs generell, die ein über ihren primären Verein hinausgehendes universell hohes Ansehen genießen. Auch hinsichtlich der Merkmale liegen Unterschiede vor. Um eine »Vereins-Legende« zu werden, ist vor allem Treue zum Verein ein wichtiges Kriterium. Spieler, die nur sehr kurz für einen Verein gespielt haben und dann wieder gewechselt sind zu einem anderen, erreichen beim ursprünglichen Verein nur selten einen Legendenstatus und wenn überhaupt, dann nur durch wirklich enorm herausstechende Leistungen und Errungenschaften mit dem Verein. Das ist dann direkt auch schon das nächste Kriterium, nämlich Erfolge mit dem Verein, zu denen man als Spieler viel beigetragen hat. »Vereins-Legenden« können gleichzeitig natürlich auch »Fußball-Legenden« sein, wie zum Beispiel der brasilianische Jahrhundertspieler Pélé gleichermaßen eine Ikone des Weltfußballs wie eine des FC Santos ist, bei dem er die meiste Zeit seiner glorreichen Karriere verbracht hat. Notwendig ist dies allerdings nicht. Der Torhüter Roman Weidenfeller genießt beispielsweise bei Borussia Dortmund den internen Status der »Vereins-Legende«, den er sich mit großartigen Verdiensten um diesen Verein redlich verdient hat. Als »Fußball-Legende« im Allgemeinen kann man ihn jedoch nicht einstufen, dafür war die Qualität doch nicht ganz ausreichend. »Fußball-Legenden« sind andersherum wohl in den allermeisten Fällen gleichzeitig auch »Vereins-Legenden«, womöglich gar bei mehreren Vereinen, ganz ausgeschlossen ist dies nämlich nicht. Dafür waren ihre Leistungen bei ihren Vereinen nämlich schlichtweg zu groß, wobei Vereinstreue hier ausnahmsweise nicht unbedingt ein Maßstab ist. Viele »Fußball-Legenden« haben im Laufe ihrer Karriere etwa oft den Verein gewechselt und sind sogar schon für den Rivalen des alten Vereins aufgelaufen, wie beispielsweise Lothar Matthäus, der in Deutschland zuerst für Borussia Mönchengladbach und später für den FC Bayern München das Trikot überstreifte. Gemeinsam ist beiden Arten von »Legenden« jedoch, dass sie in der Regel erst im Nachhinein zu solchen gekürt werden, wobei »Kürung« natürlich kein offiziell durchgeführter, zeremonieller Akt ist, sondern ein Status, über den der kollektive Glaube der Fans entscheidet.

Die Anerkennung, die im Fußball eine »Legende« erhält, ähnelt tatsächlich einem Heiligenkult und variiert nur nach Anzahl der Verehrer. Ein Spieler, der »nur« eine »Vereins-Legende« ist, hat eben nur einen vereinsinternen Kult um seine Person, da seine Leistungen und seine Identifikation eng an seinen Verein gekoppelt sind; einer »Fußball-Legende« kann die ganze »Welt« zu Füßen liegen, da in dieser Art des metaphysischen Denkens ihr Verdienst dem »Gott« des Fußballs besondere Ehre erweist.

Auf der Vereinsebene bestimmen Mythen und Narrative das Bild, das von einem Verein gezeichnet wird. Geprägt wird diese Erscheinung insbesondere durch bestimmte historische, aber (und das ist sehr unterschätzt) auch geographische Gegebenheiten. Von den Spielern wird (jedenfalls definitiv von den eigenen Fans) erwartet, dass sie ebenso diesem Bild entsprechen und es symbolisch »repräsentieren«. Die »Ruhrpottvereine« Borussia Dortmund und FC Schalke 04 etwa inszenieren sich gerne als »Arbeitervereine«. Die Region der Malocher, Kohle und Stahl, Zusammenhalt unter Proletariern, das sind Narrative, die diese beiden Vereine heraufbeschwören, mit dem Bezug auf ihre eigenen angeblichen »Wurzeln«. Es wird in der öffentlichen Wahrnehmung getrost ignoriert, dass diese und ähnliche Mythen auf sehr idealisierten Konstruktionen der Vergangenheit beruhen. Dortmund ist historisch nie eine solche Arbeiterstadt gewesen, wie behauptet wird. Heutzutage haben die Vereine dessen ungeachtet mit ihrer vermeintlichen, nachträglich konstruierten »Vergangenheit« ohnehin nichts mehr zu tun. Borussia Dortmund ist an der Börse eingetragen, der Vorsitzende ist CDU-Mitglied und die Spieler sind mit Millionengehältern ausgestattet. Und doch haftet dem BVB durch ständige mantrahafte Wiederholung dieser Narrative in der öffentlichen Wahrnehmung das Image des »Arbeitervereins« an, als welcher sich der Verein gerne und ganz bewusst präsentiert. Spieler, die für den BVB auflaufen, werden aus diesem Grund auch mit ganz anderen Erwartungshaltungen konfrontiert als bei anderen Vereinen. Hier stehen Kampf, Fleiß und Einsatz im Vordergrund, beim FC Bayern München sind es eher Ehrgeiz, Erfolgshunger und technisches Können. Spieler, die bei einem Verein einen Legendenstatus erlangen wollen, müssen diese »Werte« des Vereins, selbst wenn sie nur auf Illusionen und Mythen beruhen, verinnerlichen und nach außen hin präsentieren. Ein Spieler hat beim BVB weitaus höhere Chancen, als »Vereins-Legende« eingestuft zu werden, wenn er kämpferisch ist und damit der Vereinsphilosophie zu entsprechen scheint (sofern er weitere Kriterien wie Vereinstreue und Erfolge ebenso erfüllt). Ist das alles der Fall, dann sind Ruhm und Ehre in der ganzen Stadt die Folge und zwar für das ganze restliche Leben, was einigermaßen überraschend sein sollte, da die betreffende Person dann ja schon lange nicht mehr als Spieler aktiv ist. Ein Uwe Seeler etwa genießt in Hamburg genau einen solchen Ruf, der sogar über seinen Tod hinausgeht. Seine »Legenden« macht der Fußball unsterblich, die Spieler können von wenigen Jahren noch ihr ganzes weiteres Leben zehren und von alten Erfolgen, selbst wenn sie lange zurückliegen, immer noch profitieren, denn das Prestige und die soziale Anerkennung sind im Fußball enorm.

Dass es so etwas wie einen Personenkult, insbesondere in Bereichen der Pop-Kultur gibt, ist nichts Außergewöhnliches. Menschen fällt es psychologisch wohl ohnehin wesentlich leichter, sich für »Artgenossen«, sprich andere Menschen zu interessieren und finden intuitiv zu diesen einen viel leichteren Zugang als etwa zu abstrakten Systemen oder theoretischen Konzepten. Nicht zuletzt die Politik macht sich dies zunutze, denn wann sind Wahlkämpfe schon wirklich inhaltlich geführt? Gewinnen nicht letztendlich immer die Kandidatinnen und Kandidaten, die von der Mehrheit der Wahlberechtigten als »sympathischer«, »vertrauenserweckender« oder

»kompetenter« eingeschätzt werden – also allesamt psychologische und weniger konkret politische Bewertungsmaßstäbe?

Sowohl in der Politik als auch im Sport wird der Personenkult zusätzlich durch die Medien befeuert, die etwa in der Boulevardpresse dafür sorgen, dass die Akteure auch neben ihrer hauptsächlichen Tätigkeit als besonders bedeutsame Personen stilisiert werden. Dahinter stecken wirtschaftliche und marketingtechnische Gründe, die den ohnehin schon von den Fans ausgehenden Kult ökonomisch verwertbar machen und ihn dadurch immer weiter verstärken. Dieter Hintermeier äußert sich dazu wie folgt:

> Dass Medien im Fußballgeschäft ständig Prominente produzieren müssen, ist unabdingbar, denn die optimale Vermarktung des Fußballs verlangt nach Protagonisten mit Ikonenstatus.[92]

Bei den »Legenden« des Fußballs, nennen wir sie doch provokant einfach »Heilige« (denn das sind sie de facto in den Augen ihrer Fans), kommt jedoch, wie ich argumentieren möchte, eine weitere sehr spezifische Komponente hinzu, die es in vergleichbarer Art bei anderen Formen des Personen-Kultes so nicht zu geben scheint und die durch einen bloßen Verweis auf wirtschaftliches Kalkül nur unzureichend beschrieben ist: Es ist ein stark metaphysisch konnotiertes Element.

Der Fußballspieler erfüllt nämlich eine doppelte Funktion und hat damit gewissermaßen Anteil an zwei »Welten«. Es funktioniert dabei ähnlich wie der bekannte »doppelte Körper« des Königs. Als ausgedehnter, physischer Körper, ist der Spieler Teil der materiellen Welt. Als Körper ist er ganz Mensch und seinen biologischen Gesetzmäßigkeiten unterworfen. Qua seiner Funktion und Rolle als Spieler erhält er jedoch Zugang zu einer immateriellen Sphäre, nämlich der eines ideellen und quasi metaphysischen Wertes. Der Fußballspieler ist damit eine dualistische, eine zweigeteilte Figur. Gunter Gebauer legt dies wie folgt dar:

---

92 Hintermeier, Dieter: Wirtschaftsmacht Fußball. Hintergründe, Fakten und Visionen eines globalen Milliardengeschäfts. München 2020. S. 138.

> Der materielle Körper des Fußball-Heiligen ist das Fundament des lebendigen mystischen Körpers. In biologischer Hinsicht ist er zwar mit außergewöhnlichen Qualitäten ausgestattet; wie jeder menschliche Körper ist er jedoch Prozessen der Alterung und Abnutzung unterworfen – er ermüdet, verletzt sich, wird langsam, verliert seine Kraft. Dies alles wird beim mystischen Körper geleugnet: Ihm werden besondere Gaben, die er latent in sich trägt, zugeschrieben.[93]

Aus diesem Grund kann er auch kein vollständiger »Gott« sein, sondern »nur« bestenfalls ein »Heiliger«, der einem »Halbgott« ähnelt, denn seine Menschlichkeit kann der Spieler nie völlig überwinden (selbst der beste Spieler der Welt spielt schon einmal einen Fehlpass, verliert ein Laufduell oder trifft das Tor nicht, macht also menschliche, allzumenschliche Fehler). Als Menschen sind Fußballspieler »echt« im Sinne von »biologisch natürlich«, doch auf dem Fußballplatz werden sie als solche von den Fans nicht wahrgenommen. Sie werden »entmenschlicht« und entweder auf die Stufe von »Über-Menschen« erhoben oder regelrecht zu »Unter-Menschen« degradiert. Diese auf Projektionen vonseiten der Zuschauerinnen und Zuschauer zurückzuführende systematische Entmenschlichung der Spielerinnen und Spieler ist einer der Gründe dafür, warum verhasste Akteure des Gegners im Stadion zum Teil derartig niederträchtig und unverhältnismäßig extrem beleidigt und geliebte Spieler wie absolute Helden gefeiert werden. Die »Heiligenverehrung« hat schließlich auch Schattenseiten, denn ein Ausgleich muss her. Wo auf der einen Seite Spieler in den Himmel gehoben werden, müssen andere völlig entwertet werden. Das ist die dramatische und gnadenlose Logik des Fußballs. Man kann entweder zu einer Legende aufsteigen oder man endet in der Versenkung. Der Öffentlichkeit der professionellen Fußballspieler ist es geschuldet, dass sie als Projektionsflächen für alle möglichen und vor allem auch entgegengesetzte Gefühle dienen und herhalten müssen. Zwischen diesen beiden extremen Polen liegt nichts als ein ganz schmaler Grad. Entscheidend ist, welcher Teil eines Spielers in der öffentlichen Wahrnehmung überwiegt, der menschliche

93 Gebauer: Das Leben in 90 Minuten. S. 158.

und fehlerhafte oder der metaphysische und übernatürliche, wobei nicht außer Acht zu lassen ist, dass in der Vorstellung beide gleichermaßen jedem Spieler innewohnen. Was Søren Kierkegaard, der große dänische Philosoph und Theologe, über den Menschen im Allgemeinen aussagt, trifft auf den Fußballspieler umso mehr zu. Laut Kierkegaard ist der Mensch »[...] eine Synthese aus Unendlichkeit und Endlichkeit, aus dem Zeitlichen und dem Ewigen, aus Freiheit und Notwendigkeit, kurz: eine Synthese.«[94] Den Fußballspieler als philosophischer Figur eignet in besonderer Weise diese Synthesenhaftigkeit, die Zusammengesetztheit aus »Übernatürlichem« und »Natürlichem« (selbstverständlich nur in der Imagination der Fußball-Gemeinschaft). Als Vereinigung dieser beiden Gegensätze von Materialität und Idealität bezeichne ich den Fußballspieler bewusst paradox als »metaphysischen Körper«. Paradox daher, weil das Metaphysische ja eben über das Körperliche hinausgeht und ein »metaphysischer Körper« per definitionem nicht existieren kann. Doch im Fußball existiert häufig das Unmögliche, er findet schließlich zum Großteil in einer imaginierten Fantasie-Welt statt. Je besser ein Spieler ist, desto mehr wächst sein ideelles Ansehen und damit sein »Wert«. Dieser schlägt sich im Fußball im sogenannten »Markt-Wert« nieder, der den ungefähren Preis beziffert, den ein Verein bezahlen müsste, um den Spieler zu verpflichten, um ihn einem anderen Verein abzukaufen. So sehr der Fußball von Mythologie nur so durchzogen ist, so eiskalt ist das sportliche Geschäft. Der Wert von Spielern bezieht sich nämlich nicht nur auf ihre Leistungen auf dem Spielfeld, sondern auf zahlreiche weitere Faktoren, wie Bekanntheit und Popularität, mediale Präsenz wie in den sozialen Medien und Vermarktbarkeit. Der Spieler als solcher setzt sich aus all diesen Faktoren zusammen und in all diesen Bereichen ist sein Status als »Fußballspieler« mindestens implizit enthalten. Der Fußball ist ein sehr interessanter Fall, da sich bei ihm Mythen und Fiktionalität mit rationaler Ökonomie paaren und dieses widersprüchliche Bild entstehen lassen, das so viel von seiner Faszination ausmacht. Der Marktwert eines Spielers ist

94 Kierkegaard, Søren: Die Krankheit zum Tode. Eine christlich-psychologische Darlegung zur Erbauung und Erweckung von Anti-Climacus. Aus dem Dänischen übersetzt und mit Anmerkungen versehen von Gisela Perlet. Nachwort von Uta Eichler. Stuttgart 1997. S. 13.

selbstverständlich völlig fiktiv, denn er resultiert aus dem ganz eigenen und persönlichen Mythos des Spielers.

Nach seinem Siegtor im WM-Finale 2014 schoss der Marktwert des deutschen »Helden« Mario Götze extrem in die Höhe, nur wegen dieses einen aber so symbolträchtigen und wichtigen Tores. Damit schuf er seinen privaten Mythos, der seinen imaginären Wert als Spieler explodieren ließ. Mit dem fiktiven Marktwert gehen Gagen und Gehälter in immer aberwitzigerer und unvorstellbarer werdenden Größenordnungen einher. Die reichsten Vereine der Welt überbieten sich gegenseitig darin, wer ihren Stars am meisten bezahlt und wer die größte Summe für den künftigen Star auf den Tisch legt. Es ist der metaphysische, nicht der physische Teil des Spielers, der bezahlt und der von den Fans angehimmelt wird. Die Mythen, Narrative und Gerüchte, die sich um einen Spieler ranken, und sein Ruf verdienen die Millionengehälter für ihn, nicht der verletzbare und alternde Körper.

Gute und berühmte Spieler kurbeln die Trikotverkäufe gehörig an und spülen ihren Vereinen damit weiteres Geld in die Taschen. Die Fans streifen das Trikot ihrer Lieblingsspieler über in der Hoffnung, dadurch Anteil an deren »Übermenschlichkeit« zu erlangen. Die Spieler identifizieren sich zudem sehr über die Rückennummer, die ihr Trikot ziert, was vor dem Hintergrund besonders spannend ist, da Zahlensymbolik in mythologischen und religiösen Erzählungen ebenso sehr von Bedeutung ist. Die Rückennummer ist Teil des Aberglaubens, dem nicht nur die Fans, sondern die Spieler gleichermaßen erliegen. Spielt man nicht wie auf magische Weise besser, wenn man nur seine Lieblingsnummer trägt? Die Nummer 10 des »Spielmachers« oder die 9 des »Stürmerstars« sind besonders prestigeträchtige Trikotnummern, die nur besonders guten Spielern vorbehalten sind. Im modernen Fußball, in dem das Marketing eine immer wichtigere Rolle spielt, gehört die Rückennummer, für die ein Spieler bekannt ist, ganz selbstverständlich zur Vermarktung dazu. Bestes Beispiel ist Cristiano Ronaldo, dessen eigene Marke und legendärer Spitzname »CR7« unmissverständlich auf seine Trikotnummer aufmerksam macht. Im Übrigen ist Ronaldo ein hervorragendes Beispiel für einen noch aktiven Spieler, der aktuell nahezu ausschließlich von seinem Ruf und seinem imaginären Wert lebt, das sich nicht auf fußballerisches Können allein verlässt, sondern auf die gigantischen Vermarktungsmöglichkeiten, die aus diesem »metaphysischen Körper« einen »Werbekörper« werden lassen. Anders ließe sich nicht erklären, warum er in der sportlich bedeutungslosen saudi-arabischen Liga im »gehobenen« Fußballeralter von derzeit 38 Jahren noch einer der bestbezahlten Spieler der Welt ist mit einem Jahresgehalt von unfassbaren 200 Millionen Euro (die sogar noch verdoppelt werden können). Wobei ich meine Hand nicht dafür ins Feuer legen würde, dass er es noch lange ist.

Es ist fast beängstigend, welch ungeheuerliche Macht erfolgreiche Spieler ausüben. Ihre bloße Präsenz auf dem Spielfeld lässt so manchen Gegner in Ehrfurcht erzittern. Doch ihr sozialer Einfluss selbst außerhalb des Fußballs ist enorm. Ihre große internationale Bekanntheit (selbst durchschnittliche Fußballspieler können eine enorme Popularität erlangen, weil der Sport eben weltweit unfassbar beliebt ist) trägt dazu bei, dass Spieler niemals völlig als »normale« Menschen wahrgenommen werden. Ihnen haftet stets die »andere« Seite, die metaphysische an, selbst wenn sie in anderen sozialen Rollen unterwegs sind, die ihre Menschlichkeit stärker betonen müssten. Die Fans schaffen einen derartigen Kult um sie, dass die Spieler letztendlich selbst an ihre eigene Übermenschlichkeit glauben können. Selbstzweifel kann damit natürlich perfekt ausgeblendet werden. Die Fans als Produzenten des Kults erkennen ihre eigene Rolle in dem Geschehen nicht. Sie sind blind dafür, dass sie selbst diejenigen sind, die mit ihren Projektionen den Status der Spieler als »metaphysische Körper« überhaupt erst konstituieren. Die künstliche Gemachtheit ihres eigenen Kults ersetzen sie in der eigenen Wahrnehmung durch eine Art von Naturalisierung: Die Spieler seien von Natur aus zu Höherem berufen bzw. direkt vom Himmel geschickt. Doch die Spieler sind nur deshalb »übernatürlich«, weil die Fans sie dazu machen. Wieder einmal obsiegt im Fußball der Schein und die Täuschung, denn wen interessiert schon, wie hart ein Spieler hinter den Kulissen arbeitet, wie verzweifelt er über Niederlagen ist und wie schlecht es in seinem Liebesleben läuft? Natürlich geht die Boulevard-Presse solchen Fragen auf den Leim, aber auf dem Fußballplatz ändert sich in aller Regel gar nichts. So »armselig« das Privatleben eines Fußballstars auch sein mag, auf dem Spielfeld wird er zu einer Größe, einer strahlenden Figur. Den Heiligenschein muss man sich noch dazu denken.

Ein trauriges Beispiel dagegen, das die Schattenseiten dieses Kults aufzeigt, ist der ehemalige deutsche Nationaltorwart Robert Enke, der sich tragischerweise im Jahr 2009 das Leben nahm. Für die Fußball-Welt war das selbstverständlich ein entsetzlicher Schock, kannte die Öffentlichkeit ihn doch nur als überragenden Spieler und zwar nur in dieser glorreichen Rolle und nicht als zutiefst verletzbare Privatperson. Der extreme »Heiligen-Kult« des Fußballs ist nicht unbeteiligt daran, dass selbst junge Spieler sehr früh schon »verheizt« werden und viele nach ihrer aktiven Karriere einen persönlichen Absturz erleben. Man denke nur an Diego Maradona oder Gerd Müller, die sich beide nach der glorreichen Spielerkarriere in Drogen- und Alkoholabhängigkeiten stürzten.

Gegenstand einer solchen Verehrung zu sein, solche Erwartungshaltungen erfüllen zu müssen und dabei nie nur Mensch sein zu dürfen, ist der psychischen Gesundheit, wenig überraschend, alles andere als zuträglich. Aktuell werden daher auch immer mehr Stimmen laut, die auf psychische Probleme bei professionellen Fußballspielern aufmerksam machen. Wie sich der Trend weiter entwickeln wird, bleibt abzuwarten. Dass die »Heiligenverehrung« aber irgendwann tatsächlich einmal einem »realistischen« Bild der Spieler und des Spiels weicht, ist nur schwer vorstellbar. Dafür ist dieser Sport schlichtweg zu stark mit Projektionen aufgeladen, die gänzlich auszulöschen wohl nur mit einer Abschaffung des Spiels als Ganzem zu bewerkstelligen wäre, so eng ist der religiöse Kult mit dem Fußball verknüpft; genauso wie religiöse Gefühle in einer Gemeinschaft immer von den subjektiven Projektionen der einzelnen Individuen ausgehen und sich dann in der Sozialität reproduzieren und erweitern. Die Spieler genießen mal mehr, mal weniger den ihnen gewidmeten Personen-Kult, je nachdem wie »verschlissen« sie schon sind. Sie *glauben* jedoch an ihn, was man daran erkennt, dass sie, angesprochen auf ihre Lieblingsspieler (denn der Spieler ist natürlich selbst immer noch ein Fan von anderen), ebenso in Schwärmereien und Huldigungen geraten. Wie sollte man auch anders, wenn man Macht wie ein König und Verehrung wie ein Gott erhält?

Der Soziologe Max Weber, ein Vorreiter seiner Wissenschaft, stellte die »charismatische Herrschaft« als eine Möglichkeit der Erlangung sozialer Macht heraus. Diese Art der Herrschaft ist besonders gefährlich, da sie den Fokus auf eine einzelne Person zentriert, was den politischen Prozess enorm vereinfacht und in der fetischisierten Figur des »Führers« kulminieren lässt. Adolf Hitler ist das Beispiel par excellence für einen solch »charismatischen« Herrscher. Doch Charisma geht über den politischen Sektor weit hinaus und trifft in besonderem Maße auch auf bekannte Fußballspieler zu. In den Augen Webers ist entscheidend für eine charismatische Person im Allgemeinen, dass diese außerhalb der alltäglichen Welt steht oder zu stehen scheint, und damit »als gottgesandt oder als vorbildlich und deshalb als *Führer* gewertet«[95] wird.

Fußballspieler stehen definitiv außerhalb unseres Alltags, sie befinden sich schließlich in der Welt des Fußballs. Natürlich existieren sie als Menschen auch außerhalb davon, aber eben nicht als *Spieler*, das sind sie nur innerhalb der Fußballgesetze. Die Schwächen und Mängel des realen physischen Körpers werden nämlich in der »echten« Welt offenbar, als metaphysische Körper im Fußball wird alle Natürlichkeit negiert, hier herrscht die Außergewöhnlichkeit, quasi die »Superkraft«. Fußballspieler können jedoch nicht nur als außeralltägliche »Superhelden« verehrt und gefeiert werden, sondern auch als allegorische Figuren, die in den Augen des Publikums besondere Gefühle wie Freude oder Stolz körperlich repräsentieren. Dazu nochmal Hans Ulrich Gumbrecht:

> [...] daß in seltenen Momenten unsere Wahrnehmung und unsere Erinnerung die Körper der Sportler zu Inkarnationen elementarer existentieller Momente verklären. Genauer gesagt, zu Verkörperungen von Formen der Erfahrung, die uns so sehr vertraut sind, daß wir sie im Alltag gar nicht mehr bewußt wahrnehmen.[96]

95 Weber, Max: Wirtschaft und Gesellschaft. Grundriß der verstehenden Soziologie. Tübingen 1980. S. 179.

96 Gumbrecht: Lob. S. 52.

Ähnlich wie Weber stellt auch Gumbrecht das Merkmal des Charismas heraus, das die Fußballspieler wie eine Aura umgibt und das interessanterweise auch im Angesicht des Misserfolges zur Geltung kommt. Charisma muss daher nicht notwendigerweise mit Grandiosität und Triumph einhergehen, der Fußball bringt auch immer wieder »tragische Helden« hervor, die ein ganz bestimmtes Leidenspathos aufweisen und

> »[...] deren Charisma geradezu darauf gründet, daß sie – gewissermaßen ›tragisch‹ – daran gescheitert sind, trotz jahrelanger großartiger Leistungen jemals einen größeren Wettbewerb zu gewinnen.«[97]

Auch diese Spieler werden verehrt, die in einem Finale den entscheidenden Elfmeter verschießen oder die sich kurz vor einer Weltmeisterschaft schwer verletzten und den Titelgewinn ihrer Mannschaft nicht miterleben können, so beispielsweise geschehen beim deutschen Hoffnungsträger Marco Reus, der die Weltmeisterschaft 2014 in Brasilien, bei der die deutsche Nationalmannschaft erfolgreich war, »tragischerweise« verpasste. Zu den »tragischen Helden« in diesem Sinne zählt sicherlich auch Uwe Seeler, der trotz mehrerer Endspiele um die großen internationalen Titel keinen davon jemals erringen konnte und »nur« die Deutsche Meisterschaft mit dem HSV als immerhin nationalen Erfolg vorweisen konnte. Ebenso erging es Michael Ballack, einem außergewöhnlich begabten Spieler, dem die internationale Krönung in Form vom Weltmeister- oder Champions League-Titel gleichermaßen verwehrt blieb. Solchen Spielern haftet auf ewig das verhasste Merkmal an, irgendwie »unvollendet« zu sein. Mit dem letztjährigen Gewinn der Weltmeisterschaft konnte der in die Jahre gekommene Lionel Messi diesem Schicksal noch ganz knapp entgehen. Ganzen Vereinen kann es ebenso ergehen, die, obwohl sie oft schon ganz nahe »dran« waren, beispielsweise nie eine Meisterschaft gewinnen konnten, so geschehen bei dem Bundesligisten Bayer 04 Leverkusen.

In diesen Kontext von Charisma, Tragik und auch Heldentum und Genialität ist die enorme Wirkungskraft, die von erfolgreichen Fußballspielern ausgeht, einzuordnen und die ihnen auch nach der Karriere noch

97 Ebd. S. 52.

dazu verhilft, ihre Prominenz auszuspielen und schnell in anderen Bereichen Fuß zu fassen. Viele gründen daher Stiftungen oder engagieren sich in irgendeiner Form – was ganz nebenbei natürlich das eigene Image und damit den fiktiven Marktwert weiter aufbessert.

»Heiligkeit« ist als soziale Attribution nichts, was in einem gesellschaftlichen Vakuum entstehen kann. Es bedarf einer Person oder einer Gruppe, die »Heiligkeit« aussprechen muss. Soziale, hierarchisch strukturierte Beziehungen sind dementsprechend vonnöten. Die charismatische Wirkung eines Heiligen, in dem Fall des Fußballspielers, entsteht aus der Beziehung des Außergewöhnlichen zu den »gewöhnlichen« Verehrern. Diese müssen die »Heldentaten« des Heiligen nämlich als solche anerkennen und an sie glauben, damit sie Realität werden, es beruht in Webers Worten »auf der emotionalen Überzeugung von der Wichtigkeit und dem Wert«[98] dieser. Fußball ist ein Mannschaftssport und doch stechen die Individualisten heraus und erwecken den Eindruck, ihrer Mannschaft und gleichbedeutend ihrer Stadt oder ihrem Land (denn Fußball übt schließlich eine repräsentative Funktion aus) im Alleingang mit ihren »übernatürlichen« Fähigkeiten zum Triumph zu verhelfen.

1987 führte die argentinische »Fußball-Legende« Diego Maradona den SSC Neapel nach einer langen Zeit der Krise zu neuen sportlichen Erfolgen, die in diesem Jahr mit der italienischen Meisterschaft gekrönt wurden. In ohnehin sehr religiösen, wenn nicht gar abergläubischen Regionen und Ländern, stehen die Chancen für Fußballspieler, zusätzlich mystifiziert und als Heilige verehrt zu werden, nochmal besser als anderswo. In den heidnischen Kulten Neapels trifft Maradona daher auf besonders fruchtbaren Boden und der religiöse Kult, der dort um ihn herum gesponnen wird, macht ihn zum wohl eindrucksvollsten Beispiel der religiösen Verehrung eines Fußballers (mitsamt eigenem Altar!). In Argentinien, seinem Heimatland, dem Maradona mit dem WM-Titel 1986 ebenfalls zu einem riesigen Erfolg verhalf, gibt es sogar bis zum heutigen Tag eine eigene Kirche für ihn, die »Iglesia Maradoniana«. Kaum verwunderlich, dass 1986 im WM-Halbfinale gegen England das Spiel von der »Hand Gottes« ent-

98 Weber: Wirtschaft. S. 836.

schieden wurde, eine Formulierung, die Maradona gebrauchte, um sein mit der Hand irregulär erzieltes und vom Schiedsrichter nicht moniertes Siegtor zu erklären. Dieser Kult ist definitiv nicht überzubewerten, da sich die Bewegung wohl auch parodistisch inszeniert. Nichtsdestotrotz: Unter dem Vorwand der Parodie und des Witzes verbergen sich häufig sehr ernste und wahrhaftige Empfindungen, die sich nur nicht trauen, sich im echten Gewand zu präsentieren. Stark religiös geprägte Länder erweisen sich dabei als besonders anfällig für unverhältnismäßige Idealisierungen ihrer Ikonen, zu denen Fußballspieler in besonderem Maße gehören.

Die Wichtigkeit des Fußballs wird durch den Ernst, der ihn wesentlich kennzeichnet, enorm überhöht. Eine Meisterschaft ist dann plötzlich das Wichtigste auf der Welt und überragt sämtliche andere Themen. Diejenigen, die sie herbeigeführt haben, werden in den »Olymp« des Fußballhimmels aufgenommen. Die emotionale Wirkung dieses Sports trägt zusätzlich dazu bei, dass alles, was dort geschieht, mit einer außerordentlichen Wichtigkeit ausgestattet wird, die die Spieler zu besonders »wichtigen« Akteuren werden lassen. Dies beruht nicht zuletzt auf einem Fehlschluss. Menschen schließen darauf, dass wenn sie emotional besonders berührt und ergriffen werden, der Anlass dafür ein besonders großer und wichtiger sein muss. Ein starkes Gefühl, so die Annahme, kann nur von einem mindestens ebenso großen Ereignis ausgelöst werden. Der darauf bezogene Einwand, dass »große« Gefühle genauso auch auf Täuschungen und Illusionen beruhen können und damit im Grunde eigentlich gar nichts bedeuten, wird lieber abgelehnt. Emotionale Wirkung verfehlt ihr Ziel schließlich nie, so idiotisch und irrational der Anlass meinetwegen auch ist.

Gesellschaftlich gibt es viele deutlich wichtigere Berufe als die des Fußballers, damit ist nichts Neues gesagt. Und dennoch: Von der Strahlkraft her kann den Fußballer nichts in den Schatten stellen. Diese Strahlkraft hält meist sogar ein ganzes Leben. Trotz des nachgewiesenen Umstandes, dass Bayern-Boss Uli Hoeneß 28,5 Millionen Euro Steuern hinterzogen hatte, wurde er nach seiner Haftstrafe 2016 wieder mit 97,7 Prozent der Stimmen zum Präsidenten des Vereins gewählt.[99] In keinem anderen Bereich

99 Gmünder, Stefan/Zeyringer, Klaus: Das wunde Leder. Wie Kommerz und Korruption den Fußball kaputt machen. Berlin 2018. S. 91.

des gesellschaftlichen Lebens wäre so etwas möglich, doch dem Image der Fußball-Legende kann selbst das kaum etwas anhaben und ändert nichts an der fortwährenden Bewunderung einer Person, die in recht kriminelle und äußerst fragwürdige Machenschaften verstrickt war.

Des Fußballers Fähigkeiten, mit dem Fuß umzugehen, werden bewundert und doch überträgt sich in der Imagination die besondere Fähigkeit auf den kompletten Körper, ja geradezu auf die komplette Person. Den Äußerungen von Fußballspielern in den Medien, in Interviews und bei PR-Terminen wird eine außerordentliche Bedeutung beigemessen, Journalisten kämpfen gegeneinander, um das erste Interview nach dem Spiel zu ergattern. Und doch muss das, was Fußballspieler von sich geben, notwendig enttäuschen, denn dann fällt die Maske und sie stehen als Menschen da, die eben auch keine höheren Einsichten und Erkenntnisse haben als wir »Normalsterblichen«, genauso stottern, ratlos sind oder sich nicht gerade immer eloquent ausdrücken und so weiter. In solchen einzelnen Momenten kann die Blase der Unantastbarkeit und Unfehlbarkeit der großen Fußballstars platzen und dennoch ändert sich an ihrem Status in der Regel nichts, dafür ist der Sockel, auf den sie gestellt wurden, schlichtweg schon zu hoch. Berühmte Fußballspieler machen sich rar, treten öffentlich außerhalb ihrer Rolle kaum auf und reduzieren den Kontakt zu Fans auf ein Minimum, natürlich auch aus Gründen des Selbstschutzes. Dadurch wirken sie aber natürlich nur noch unnahbarer und geheimnisvoller und werden immer weiter fetischisiert von ihren Verehrern.

Nicht jeder Spieler freilich wird zum »Heiligen«. Innerhalb einer Mannschaft bestehen Hierarchien, denn der Fußball ist definitiv autoritär strukturiert. An der Spitze einer Mannschaft steht ihr »Kapitän«, der »Spielführer«, meist einer der besten und erfahrensten Spieler einer Mannschaft, der besonders im Fokus steht und Verantwortung zu übernehmen hat. Er bietet sich nochmal mehr als andere Spieler für »Heiligenverehrung« an, wenn verschiedene Faktoren zusammenspielen. Also ist auch die Rolle innerhalb einer Mannschaft nicht ganz unerheblich als Kriterium für eine potentielle »Heiligsprechung«. Darüber hinaus gibt es weitere Kategorien von Fußballspielern, viele davon werden auch abgewertet. Manchmal auch ein und dieselben Personen, wobei wirklich »Heilige«, deren Status schon beinahe unangefochten ist, davon eher verschont bleiben. Sobald einzelne Spieler – oder als nächsthöhere Steigerung: ganze Mannschaften – nämlich nicht mehr abliefern, schlecht spielen und ständig verlieren, zerplatzt die Imagination wie ein Luftballon und Fans dieser Mannschaft, die zuvor noch von den gleichen Spielern schwärmten, geraten in Rage, werden aggressiv und werfen mit den entsetzlichsten Beleidigungen um sich. Im Fußball kann die Stimmung, eben weil das Spiel wahnsinnig verdichtet ist und jede Aktion auf dem Spielfeld mit einer ungeheuerlichen Bedeutung aufgeladen wird, unfassbar schnell kippen und sich ins Gegenteil wenden. In der Saison 2020/21 als der Bundesligist FC Schalke 04 nach miserablen Leistungen in die 2. Liga abstieg, gab es viele Ausschreitungen vonseiten der Fans und »scheiß Millionäre« wurde zu der häufigsten Betitelung der Spieler. Im Angesicht des Misserfolges kippt die vorherige unverhältnismäßige Romantisierung und Idealisierung von Fußballern in blanken Hass und pure Entwertung, die jedoch plötzlich erstaunlich ehrlich ist und die Spieler als das sieht, was sie in dem Moment tatsächlich darstellen, nämlich überbezahlte Sportler, die schlechte Leistungen erbringen und menschlich absolut fehlbar sind. Ein viel wahrheitsgetreueres Bild als das des unfehlbar Heiligen. Das zeigt, dass Fußballfans nicht völlig an der Realität vorbeischrammen, sie wissen im Grunde genommen, wie es sich »wirklich« verhält (zumindest in vielen Fällen), wollen dies jedoch nicht einsehen, sondern stattdessen die Realitätsverdrängung im Stadion erleben und sich gerne täuschen lassen, was in Frust mündet, sofern es nicht möglich ist, die Täuschung aufrecht zu erhalten. Zur Paradoxität des Fußballs gehört aber eben diese Vereinigung von Widersprüchen von »Buhmann« und »Legende« von »Mythos« und »Realität«, von »metaphysischen Körpern« eben, die mal *zu* menschlich und mal *zu* göttlich sind, je nachdem wie das Pendel des Erfolges gerade ausschlägt. Der ständige Wechsel zwischen Idealisierung und Entwertung erinnert an gescheiterte Liebesbeziehungen, bei der die jeweils andere Person vom ehemaligen Liebesobjekt zur Projektionsfläche von Hass und Abwertung werden kann. Nur ist das Verhältnis zwischen Fußballfan und angehimmeltem oder entwertetem Star einseitig und entspricht damit einer sogenannten »parasozialen Beziehung«. Dieser seltsam anmutende Personenkult ist aus dem Fußball in jedem Fall nicht wegzudenken, ja er gehört sogar zu den ganz elementaren und wesentlichen Strukturen dieses Sports, denn beim Spiel schaut man ja eben immer notwendigerweise Spielern zu.

Das »Gespenst« der Masse

Für nicht wenige intellektuelle Beobachter liegt das Vulgäre des Fußballs in seiner Massenhaftigkeit begründet. Viel des Schreckens, den dieser Sport auf so manch Außenstehende ausüben kann, käme sicherlich abhanden, striche man einfach die pöbelnde Zuschauermasse aus den Stadien, so geschehen in der Corona-Zeit, in der die großen Fußballspiele unter Ausschluss des Publikums stattfanden, um das Infektionsrisiko zu minimieren. Die Spiele wurden ausschließlich medial übertragen, aber die Vereine der Bundesliga erhalten einen nicht unerheblichen Teil ihrer Einnahmen sowieso durch den Verkauf ihrer Rechte zwecks Fernsehübertragungen. Die ökonomische Rationalität der Vereine als private Unternehmen, fernab jeder herbeigesehnten »Fußball-Romantik«, kommt nicht zuletzt dadurch zum Ausdruck. Denn wirtschaftlich betrachtet ist der Profi-Fußball unübersehbar überdeckt »[...] von einer multimilliardenschweren Kommerz- und Marketingmaschinerie, der das Spiel allein zur Durchsetzung merkantiler Interessen dient.«[100]

Die sogenannten »Geisterspiele« erwecken jedoch mehr noch den Eindruck des »Gespenstischen«, wie ihn der Literaturwissenschaftler Nicolas Pethes beschreibt und in Bezug auf die Zuschauerschaft feststellt:

> Gut möglich also, dass die Phase der Geisterspiele während des Lockdowns als Anomalie offenlegt, was die eigentliche Normalität großer Sportereignisse ist – eine Aufführung weniger für ein Publikum als um der Generierung eines solchen Publikums willen.[101]

---

100 Ebd. S. 22.

101 Pethes, Nicolas: Geisterspiele. In: POP. Kultur und Kritik (2021), H.19, S. 35–39. Hier S. 36.

Der Fußball ist dafür da, um die Massen anzulocken, durch »Geisterspiele« verliert er seine Wirkung. Dann ist er in den Augen der meisten Fans kein »richtiger« Fußball mehr. Der Fußball soll begeistern, er soll mitreißen, er soll bewusst einen euphorischen und emotionsgeladenen Ausgleich zum meist grauen und tristen Alltag anbieten. Die Masse ist aus dem Fußball nicht wegzudenken. Wer sie entfernen möchte, der will den Fußball abschaffen als das, was er ist und in seinem Kern auch sein *soll*. Genauso wie sich niemand für ein Buch interessiert, das keiner liest, so interessiert sich niemand für ein Spiel, das keiner sieht. Neben dem Public Viewing, das sich besonders bei Spielen der Nationalmannschaft großer Beliebtheit erfreut, sind es vor allem die Stadien, die die Menschen zu einer Masse zusammenbringen und mobilisieren (vertiefend behandelt wird das Stadion als sozialer Ort im Kapitel »Der Schauplatz Stadion«). Dass man mit dem Ausschluss des Publikums den Fans extrem weh tut, ist den Organisatoren genaustens bewusst. Spiele ohne Publikum werden nämlich auch als Strafe verhängt, wenn sich sogenannte »Fans« massiv gefährdend verhalten haben. Die entsprechende Mannschaft wird damit indirekt mitbestraft, denn ihr wird ein enormer Motivationsfaktor genommen. Ohne Publikum und seinen Sound fehlt ein Stück ritueller Gemeinsamkeit zwischen Spielern und Zuschauern. Der Spieler kann sich nicht mehr rückversichern. Die Fantrikots, die Schals und Gesänge als Zeichen einer vergrößerten Mannschaft (des zwölften Mannes also), bleiben aus, die Motivationsreserve fehlt – und damit womöglich auch der Anreiz, über sich hinauszuwachsen.

Ein dauerhafter Fußball ohne Publikum vor Ort trüge zur generellen Sicherheit zweifellos einiges bei. Dennoch wäre ein »harmloser« und damit symbolisch »kastrierter« Fußball allenfalls noch ein Nischen-Sport. Viel entscheidender ist jedoch die Frage, woher genau das »Unbehagen« der Masse gegenüber rührt. Aufschluss darüber gibt der historische Diskurs in den frühen Ansätzen der Soziologie und Psychologie. Zu nennen ist hier an erster Stelle Gustave Le Bons Klassiker »Psychologie der Massen«, der gegen Ende des 19. Jahrhunderts den Grundstein für die negative Wahrnehmung und begriffliche Konnotation der Masse legte.

Korrekterweise stellt Le Bon zunächst fest, dass die bloß kumulative Anhäufung von Einzelpersonen noch nicht hinreicht, um von einer Gruppe Menschen als »Masse« zu sprechen.[102] Besucherinnen und Besucher eines Beethoven-Konzertes erfüllen sicherlich auch in unserem alltagssprachlichen Verständnis nicht unbedingt das Kriterium, eine Masse darzustellen. Das Publikum eines Konzertes der klassischen Musik mag gegebenenfalls aus tausenden Menschen bestehen, ähnlich der Anzahl an Personen beim Public Viewing eines Spiels der deutschen Nationalmannschaft. Eine zahlenmäßige Menge allein genügt scheinbar jedoch nicht, um ihr einen *massenhaften* Charakter beizumessen, wenngleich eine totale Entkopplung von der Menschenanzahl sicherlich genauso wenig funktionieren kann, läge bei einer Gruppe von vier Personen doch selbstverständlich ebenfalls noch keine Masse vor. Trotzdem steht es wohl außer Frage, dass es nicht möglich ist, eine Mindestzahl in Bezug auf die einer Gruppe angehörigen Individuen arbiträr festzulegen und alles, was über dieser liegt, als Masse zu klassifizieren und den Rest nicht. Der Unterschied zwischen einer bloßen Menge und einer wirklichen Masse, daran lässt auch Le Bon keinen Zweifel, kann nicht nur quantitativer, sondern muss zwingend qualitativer Art sein. Diese Qualität, folglich die Eigenschaften der Masse genau herauszuarbeiten, ist das Hauptanliegen Le Bons, welches er meines Erachtens zu einseitig verfolgt. Die Einseitigkeit besteht konkret in der überwiegend negative Assoziationen hervorrufenden Beschreibung der Masse. Sie löse die Individualität der Einzelpersonen zugunsten einer »seelischen Einheit der Massen«[103] auf. Die daraus erwachsene Komplexitätsreduktion, so lässt sich freilich mühelos weiterspinnen, muss die Masse besonders anfällig für politische Vereinnahmung machen, insbesondere gepaart mit weiteren Eigenschaften der Masse wie ihrer vermeintlichen Unvernunft und Beherrschung durch das Unbewusste.

Sigmund Freud wird einige Jahre nach Le Bon diese Analyse wiederaufnehmen und das düstere und pessimistische Bild der Masse weiterzeichnen. Neben der Steigerung der Affektivität der einzelnen Angehörigen einer Masse, mit gleichbedeutender Abnahme der intellektuellen Fähigkeiten,

---

102 Vgl. Le Bon, Gustave: Psychologie der Massen. Mit einer Einführung von Prof. Dr. Peter R. Hofstätter. Autorisierte Übersetzung von Rudolf Eisler. Bearbeitet von Rudolf Marx. Stuttgart 1982. S. 10.

103 Ebd. S. 10.

führt Freud zusätzlich seine psychoanalytische Vokabel der »Libido« ein. In dem ebenfalls zum Klassiker avancierten Text »Massenpsychologie und Ich-Analyse« argumentiert er unter anderem, dass die Masse eines Führers bedarf, der als Figur fetischisiert und zum Objekt der massenhaften Libido wird und der damit das gewissenhafte Über-Ich ersetzt. Freud schreibt:

> Wir ahnen bereits, daß die gegenseitige Bindung der Massenindividuen von der Natur einer solchen Identifizierung durch eine wichtige affektive Gemeinsamkeit ist, und können vermuten, diese Gemeinsamkeit liege in der Art der Bindung an den Führer.[104]

Aus heutiger Perspektive lesen sich diese Worte aus dem Jahr 1925 selbstverständlich wie eine Vorwegnahme des Nationalsozialismus und dem Aufstieg Adolf Hitlers. Der Totalitarismus des 20. Jahrhunderts mit seiner rhetorischen Manipulation und »Vergiftung« der Masse scheint dieses wenig zuversichtlich stimmende Bild einer anti-sozialen, dummen und archaischen Masse zu bestätigen, denn voller Schrecken erinnern wir uns an die Sportpalastrede, in der tausende Menschen, die sicherlich alle Kriterien einer Masse erfüllen, Joseph Goebbels' rhetorische Frage nach dem totalen Krieg vehement bejahen.

Le Bon und Freud waren definitiv prägend für das Bild, das auch heute noch in vielen Kreisen von der Masse gezeichnet wird. Davon ist nicht zuletzt der Fußball betroffen. Was nämlich wirklich den Unterschied zwischen dem Beethoven-Publikum und dem Inter Mailand-Publikum ausmacht, ist, dass ersteres deswegen allgemein wohl nicht als Masse gilt, im Gegensatz zu letzterem, weil im Volksmund die Masse, in Anlehnung an den zuvor skizzierten wissenschaftlichen Diskurs, als etwas »Niederes« konzeptualisiert wird, was unvereinbar erscheint mit dem »höheren« Genuss von Kunst und Kultur am Beispiel des Konzertes. Die Abwertung der Masse und die ihr zugeschriebenen Eigenschaften von Unvernunft und Asozialität, die schon stereotyp anmutende Ausmaße annehmen, entstammen in erster Linie einem hierarchischen und somit auch elitären Denken.

104 Freud, Sigmund: Massenpsychologie und Ich-Analyse. Hamburg 2017. S. 51.

Das Missbrauchspotential, das insbesondere den politisierten Massen zu eigen ist, soll überhaupt nicht geleugnet werden. Ebenso wenig das ihnen zuweilen innewohnende Gewaltpotential, das insbesondere in spezifischen Gruppendynamiken vollends zur Entfaltung gelangt, was gewaltbereite Hooligan-Gruppierungen im Fußball belegen. Im Folgenden gedenke ich das konkrete Beispiel der Massenhaftigkeit im Fußball genauer darzulegen, mit Fokus auf den Charakteristika, die diese meines Erachtens von anderen Massen unterscheidet. In diesem Zusammenhang möchte ich der Einseitigkeit vieler kanonischer Betrachtungen entgegenwirken, indem ich nicht zuletzt auch mögliche positive Aspekte der Masse hervorhebe.

Meiner These zufolge ist die Masse beim Fußball in Bezug auf ihre Mobilisierung in den Stadien von einer Dialektik geprägt, die darin besteht, Individualität und Ent-Individualisierung gleichermaßen zu betreiben. In diesem Verhalten ist sie analog zu den auf dem Spielfeld agierenden Mannschaften, die, wenngleich keine Masse, zumindest aber eine Gruppe darstellen, die von hervorragenden Einzelkönnern genauso profitiert wie von mannschaftlicher Geschlossenheit. Die wirklich erfolgreichen Mannschaften müssen beides zusammenbringen: Unterordnung unter das Team und in gleicher Weise das Herausstechen besonders begabter Individualisten. Diese gegensätzlichen Bewegungen scheinen sich auf die Masse im Stadion zu übertragen. Der einzelne Fan ist zunächst einmal gänzlich bei sich, man könnte fast annehmen in einem Zustand der »Einsamkeit«. Er ist zwar umgeben von vielen Menschen, mit denen er zusammen eine Masse bildet, doch verfolgt er das Spiel allein aus seiner eigenen Perspektive, erlebt seine eigene Innerlichkeit, spürt seinen Körper. In gewisser Weise verhalten sich alle Zuschauerinnen und Zuschauer im Stadion individuell, denn sie wollen im Genuss des Spiels nicht gestört werden. Jeder blickt für sich starr auf das Spielfeld als den Ort des Geschehens. Gespräche mit der Nachbarin lenken unnötig ab, den Blick ziellos umherschweifen lassen ebenso. Das Spiel zieht in den Bann und erlaubt keine »Nebenkriegsschauplätze«. In diesem Zustand ist der einzelne Fan wie isoliert, nimmt die Umgebung und die Masse, deren Teil er ist, nur peripher wahr, geht hauptsächlich völlig auf in der enormen Konzentration auf das Spiel selbst. In dieser Hinsicht gibt es keine Masse im Stadion, sondern nur Individuen. Die Dialektik setzt im Anschluss genau daran an, denn eine Masse konstituiert sich nun einmal ganz elementar aus vielen individuellen Körpern und die gemeinsame körperliche Erfahrung (die das Stadion-Erlebnis bietet) bestätigt und überhöht das eigene Erlebnis, das dann nicht mehr nur als persönlich, sondern als Teil von etwas »Größerem« angesehen werden kann. Deutlich wird dies an gemeinsamen Aktionen der Fans auf den Tribünen wie dem Hochhalten einer großen Choreographie, dem gleichzeitigen rhythmischen Klatschen oder der berühmten »La-Ola-Welle«. Hier interagieren fremde Körper zwecks eines gemeinsamen Zieles miteinander und die Individuen erleben sich als wirksam in einer größeren Gruppe. Hans Ulrich Gumbrecht, der den einmaligen Erfahrungen der Stadion-Erlebnisse ein ganzes Buch gewidmet hat und an dessen Ausführungen ich mich anlehne, kennzeichnet dieses doppelseitige und dialektische Verhältnis zwischen Individualität und Massenzugehörigkeit im Fußball wie folgt: »[...] in der lateralen Beziehung zu anderen Körpern, die einen begleiten, und in der gemeinsamen, gleichsam transitiven Beziehung zum Spielfeld und seinen spezifischen Phänomenen.«[105]

Der einzelne Körper ist im Raum beschränkt und nimmt nur einen begrenzten Platz ein. Diesen Raum zu erweitern, was gleichbedeutend damit ist, andere, im Weg stehende Körper zu beseitigen, um sich mehr Platz zu verschaffen, um der eigenen Euphorie Ausdruck zu verleihen, erachtet Gumbrecht des Weiteren als einen wichtigen Faktor, der das Zustandekommen von Gewalt im Stadion erklären kann.[106] Die Masse beim Fußball ist damit jedoch noch nicht erschöpfend beschrieben, denn Gumbrecht macht zusätzlich die Seite stark, die der Masse auch etwas Positives abgewinnen kann. Nachvollziehbarerweise hinterfragt er, mit Bezug auf Gunter Gebauer und Sven Rücker, das Le Bon´sche und Freud´sche Dogma, wonach die Zugehörigkeit zu einer Masse notwendigerweise mit einem Ich-Verlust und der Auflösung der eigenen subjektiven Individualität einhergehen müsse.[107] Der Schluss, man verliere in der Masse seine Individualität, scheint tat-

105 Gumbrecht, Hans Ulrich: Crowds. Das Stadion als Ritual von Intensität. Frankfurt a.M. 2020. S. 27.

106 Vgl. Ebd. S. 39.

107 Vgl. Ebd. S. 55.

sächlich keineswegs gewiss. Denkbar wäre genauso der gegenteilige Effekt, der darin besteht, dass in der Masse eine Selbstermächtigung stattfinden kann, die die eigene Individualität besonders entfaltet und den Glauben an sich selbst und die Gemeinschaft in besonderer Weise stärkt. Vielleicht bin ich in der Masse mehr »ich« als ich es ohne sie wäre, wenn mir ansonsten der Mut fehlt, ich selbst sein zu wollen. Auch das Vorurteil, wonach es der Masse an Fähigkeiten zur Selbstreflexion fehle, kann zumindest im Fußball nicht bestätigt werden, erleben wir doch hier vielmehr eine Masse, die über sich selbst staunen kann. Menschen sind begeistert von der »guten Stimmung« im Stadion, bestaunen die Ultras, die mit ihren Fangesängen für eine hohe Lautstärke sorgen und tauschen untereinander Blicke und Emotionen aus, die sie miteinander teilen. Die Zuschauergruppe wird sich, mit Elias Canetti gesprochen, selbst zur Schau.[108] Im Folgenden soll nun genauer herausgearbeitet werden, was es genau ist, dass die Masse im Stadion zusammenhält und als solche konstituiert.

Beginnend bei einer Charakterisierung ex negativo ist festzustellen, dass es sich bei der Zuschauermasse des Fußballs keineswegs um eine politische handelt. Ich halte es für angebracht, diesen Gegenstand als entpolitisiert zu betrachten. Massen sind zweifelsohne politisch instrumentalisierbar, wie zahlreiche historische Beispiele untermauern, doch die Fußball-Masse könnte politisch uninteressierter kaum sein, von gelegentlichen Pseudo-Bekenntnissen in Form von Bannern, die sich beispielsweise gegen neue Investoren richten, einmal abgesehen, denn diese selbst bleiben ja stets auf den Sport bezogen und gehen nur äußerst selten darüber hinaus. Nein, der Fußball-Fan möchte Fußball sehen, nichts anderes! Sämtliche Annäherungen, die eine politische Absicht hinter allem wittern, scheinen mir in die Irre zu führen. Ich dagegen setze als positive Bestimmung die Ansicht entgegen, wonach es sich bei der hier zu betrachtenden Masse um eine zutiefst *glaubende* handelt (daher auch die Zuordnung dieses Kapitels zu diesem zweiten Teil des Buches und nicht zu dem dritten). Ich beziehe mich damit freilich erneut auf die nicht zu übersehenden religiösen Anklänge des Fußballs und des Kults um ihn, die aus den vorhergegangenen

108 Vgl. Canetti, Elias: Masse und Macht. Frankfurt a.M. 1980. S. 25f.

Kapiteln hervorgegangen sind (siehe das Kapitel »›Heiligenverehrung‹ und metaphysische Körper«).

Dass es sich beim Fußball womöglich um einen postmodernen Religionsersatz handeln könnte, ist eine Möglichkeit, die Gumbrecht entschieden ablehnt:

> Allerdings ist die Vertikale des Stadions keine transzendente, keine religiöse Vertikale. Wenn im Stadion eine Stimmung aufsteigt, so steigt sie nicht in eine andere ›höhere‹ Welt auf. Vielmehr liegt gerade in der Diesseitigkeit der Stadionereignisse eine Bedingung für ihre Intensität als Feier von realer Präsenz: diesseitige Präsenz kann sich nicht in andere Sphären verflüchtigen. Zuschauersport hat also keinesfalls die Religion in unserer Gegenwart ersetzt, […] und die Stadien sind nicht unsere Kathedralen […].[109]

Ich möchte die dem entgegengesetzte These des Religionsersatzes gar nicht stark machen und gegen Gumbrecht verteidigen, denn auch ich erachte diese als überpointiert und zugespitzt (ausführlicher dazu siehe das Kapitel »Mythisierung und Narrativierung«). Was den Fußball generell nämlich von der Religion unterscheidet, ist, dass er keine Theorie des Jenseitigen begründet. Eine jede Religion muss sich früher oder später mit den Fragen der Transzendenz befassen, Antworten darauf liefern, was nach dem Tod passiert und wie ein überirdisches Leben aussieht, das nichts mehr mit dem auf unserer Welt zu tun hat. Fußballfan zu sein, setzt dagegen nicht voraus, an ein ewiges Leben zu glauben. Fußball ist durch und durch säkularisiert, die entscheidenden Fragen sind, wer ist der nächste Gegner, wie bereitet man sich bestmöglich auf die kommende Saison vor oder was passiert mit dem Verein im Falle eines Abstiegs. Selbst der überzeugteste Fan geht wohl nicht davon aus, dass er nach seinem Tod im Verein »ruhen« wird, so wie der Religiöse davon ausgeht, dass er in Gott ruhen wird. Das wäre eine selbst unter Fußballfans äußerst absurde Vorstellung. Mehr Diesseits ist kaum möglich. Ich behaupte also an keiner Stelle, Fußball *sei* Religion, denn dafür fehlen ihm schlichtweg konstitutive Bestandteile. Sehr wohl

---

109 Gumbrecht: Crowds. S. 102.

nehme ich aber an, dass es im Fußball ein religiöses oder eher mythisches *Gefühl* gibt, das im Glauben verwurzelt ist. Ich verweise ebenso entschieden darauf, dass Glaube nicht mit Religiosität synonym ist. Während Religiosität ein Teil des Glaubens ist, ist nicht alles, was Glauben beinhaltet, auch religiös. Der Glaube, den ich durchaus als Conditio humana klassifiziere, manifestiert sich in der Religiosität aber eben nicht ausschließlich, sondern beispielsweise im Glauben an die Realität unserer gesellschaftlichen Institutionen (siehe hierzu ausführlich das Kapitel »Intersubjektivität«). Wenn ich in Bezug auf die Masse beim Fußball von einer glaubenden ausgehe, dann meine ich jenen Glauben im weiten Sinne, der kein Alleinstellungsmerkmal der Religionen im engen Sinne ist. Um diesen Glauben genauer zu präzisieren, greife ich auf eine philosophische Konzeption des »Gespenstischen« zurück, die mir analytisch zu der Klassifizierung der Fußballmasse äußerst passend erscheint.

Das von Karl Marx und Friedrich Engels – im Übrigen zwei Denker, die zur Abwechslung die Masse als das revolutionäre Subjekt durchaus positiv aufwerten – mitherausgegebene »Manifest der Kommunistischen Partei« startet bekanntermaßen mit den Worten: »Ein Gespenst geht um in Europa – das Gespenst des Kommunismus. Alle Mächte des alten Europa haben sich zu einer heiligen Hetzjagd gegen dies Gespenst verbündet [...].«[110]

Das Gespenst ist hier als ein Phantom einzuordnen, ein imaginiertes Fantasie-Produkt, das zum Gegenstand degradiert wird, auf den sich Hass und Hetze projizieren lassen. Einem Gespenst wird wohl niemals freundlich, sondern immer mit Furcht und Unbehagen begegnet, weshalb man es austreiben will. Die Reaktionen auf den Kommunismus sind beispielhaft bezeichnend, denn selbst heute noch geht die Furcht vor einem System um, das es in dieser Weise (wie es theoretisch unter anderem von Marx konzeptualisiert wurde) nie real gegeben hat. Und dennoch wird das Gespenst beschworen, als sei es real, wobei wir doch alle wissen, dass es keine echten Gespenster gibt. Das Phantom des Gespensts dient als Projektionsfläche für

110 Marx, Karl/Engels, Friedrich: Das kommunistische Manifest. Mit Vorreden von Karl Marx und Friedrich Engels. Vorworten von Karl Kautsky und Johannes Schult. Anhang: Kundgebung des Parteitages der SPD am 11. Mai 1946. Hamburg 1946. S. 33.

alle Ängste und Sorgen, ungeachtet seiner tatsächlichen Nicht-Existenz. Es gibt keinen Kommunismus, es gibt nur das Gespenst des Kommunismus, wie das Manifest korrekterweise betont. Gespenster sind diskursunfähig, sie sind nicht dazu in der Lage, sich zu rechtfertigen und zu legitimieren. So wurde auch Marx nach seinem Tod zu einem Gespenst, das heute noch vehement von Anti-Marxisten bekämpft wird, die den Schrecken einer realen oder bloß fiktiven Vergangenheit nie bewältigt haben. Gespenster sind Fiktionen, die der Mensch selbst hervorgebracht hat und denen er dann ein Eigenleben attestiert. Am Prägnantesten konzeptualisiert sicherlich der Franzose Jacques Derrida die Philosophie des Gespenstischen, die ich auf »die Masse im Fußball« übertragen möchte. Von dieser behaupte ich, dass sie gespenstisch ist in zweierlei Hinsicht: Zum einen an sich und zum anderen gebiert sie selbst in ihrem Glauben neue Gespenster.

Das Gespenst ist immer das Andere, das Fremde. Im Fußball sind es die gegnerischen Fans – diese, zumindest aus der Perspektive des eigenen »heimischen« Fanlagers aus betrachtet, zutiefst fremde und bedrohlich wirkende Masse mit ihrem tief rumorenden Kampfschrei und den entsetzlichen Grimassen, die einem entgegenblicken. In dieser allen Konventionen der Gastfreundlichkeit zuwiderlaufenden Feindseligkeit gegenüber dem Fremden vermeinen viele Intellektuelle – wie der Kulturtheoretiker Theodor W. Adorno – dem Fußball einen grundsätzlichen Fremdenhass nachweisen zu können, als »tolerierte Exzesse [...] der Grausamkeit und Aggression mit dem autoritären, dem disziplinierten Innehalten von Spielregeln [...].«[111] Dass Adorno und die marxistisch geschulte Frankfurter Schule das Fanverhalten der Massen im Fußball ideologiekritisch als faschistoid einstufen, verwundert nicht. Die ideologiekritische Perspektive soll in diesem Kapitel allerdings nicht eingenommen werden (siehe dazu das Kapitel »Ideologien des Fußballs«), sondern stattdessen eine hantologische, also eine solche, die sich explizit dem Motiv des Spuks und der Heimsuchung widmet, wie er sich in den Massen des Fußballs niederschlägt.

---

111 Adorno, Theodor W.: Das Reich der Unfreiheit und der Sport. In: Caysa, Volker (Hrsg.): Sportphilosophie. Leipzig 1997, S. 42–43. Hier S. 42.

Derrida als berühmter Vertreter einer grundsätzlichen Hantologie, dieser Wissenschaft vom Gespenstischen, weist nämlich darauf hin, dass das Gespenstische darin bestehe, »sich in seinem Innern von einem fremden Gast *bewohnen*, das heißt, *heimsuchen* zu lassen.«[112] Das Heim konstituiert sich durch die Möglichkeit der Heimsuchung, das parasitäre Fremde bestimmt erst in Abgrenzung dazu das Eigene. Das Heimische leitet sich erst aus dem »Unheimlichen« ab, daran lässt auch die Freud'sche Psychoanalyse keinen Zweifel. Die Masse der gegnerischen Fans tritt im Fußball genau als ein solches Anderes auf, das als Feindbild externalisiert wird. Es ist die Furcht, vor allem im eigenen Stadion (dem Heim) von den Fremden eingenommen, der eigenen »Festung« beraubt zu werden. Andersherum existiert eine solche Perspektive nicht. Die Masse im Fußball kann sich in dieser Hinsicht kaum selbst bestimmen, sie ist stets auf eine negative Abgrenzung vom bedrohlichen Anderen angewiesen. Hier wird die Masse, genauer gesagt die fremde, selbst gespenstisch.

Wie eingangs der Bezug zu Nicolas Pethes verdeutlicht, ist die Abwesenheit der Fans bei den coronabedingten oder als Strafe fungierenden »Geisterspielen« (hier steckt das Gespenstische schon im Namen) nicht minder gespenstisch. Denn der Schatten der Masse liegt über den Stadien, auch ohne reale physische Präsenz. Als Nicht-Seiendes ist das Gespenst dialektisch gekennzeichnet durch Anwesenheit in Abwesenheit, ähnlich wie die nicht in den Stadien präsenten Fans bei »Geisterspielen«, die dann ihre realen Körper einbüßen, als unsichtbare Geister allerdings fortbestehen und die öffentliche Wahrnehmung der Ereignisse prägen. Nicolas Pethes veranschaulicht die Wirkung, die die Masse im Fußball selbst noch in ihrer Abwesenheit auszuüben imstande ist, wie folgt:

> Die Anwesenheit der Körper der Spieler allein scheint der Bildästhetik des Fernsehsports gerade nicht zu genügen, und der Wegfall der komplementären Körperlichkeit des Publikums während des Lockdowns der Stadien hat zu Kompensationsstrategien geführt, die den Fußball zumindest auf

112 Derrida, Jacques: Marx' Gespenster. Der Staat der Schuld, die Trauerarbeit und die neue Internationale. Aus dem Französischen von Susanne Lüdemann. Frankfurt a.M. 2022. S. 17.

> der Ebene seiner bildmedialen Präsentation – die aber ja im Fall von Geisterspielen ironischer- wie konsequenterweise den einzigen Zugang für das interessierte Publikum bietet – zu einem digitalen Format machen: Die fehlenden Fans werden wahlweise digital reproduziert oder ihr Fehlen selbst wird bildästhetisch ausgeblendet und unsichtbar gemacht.[113]

Laut Pethes nähere sich die Ästhetik der »Geisterspiele« an die von Computersimulationen an, die eine ARD-Übertragung nicht mehr von einem Konsolenspiel wie »FIFA« unterscheiden ließen, etwa in Form von CGI-Animationen von Vereinswappen, die über dem Mittelkreis des Spielfeldes zu schweben scheinen.[114] Im DFB-Pokalfinale 2021 erzeugten darüber hinaus Kamera-Montagen der siegreichen Mannschaft von Borussia Dortmund, die über RB Leipzig triumphieren konnte,

> den Eindruck eines rauschenden Fests im Konfettiregen […] aber verbarg, dass die Dortmunder Pokalgewinner faktisch auf einer kahlen Betontribüne tanzten und die Siegestrophäe nicht etwa ihren dankbaren Fans präsentierten, sondern in einen menschenleeren Abendhimmel reckten.[115]

Kurzum: All dies war schlichtweg gespenstisch. Eine gespenstische Leere und Verlassenheit, ein gähnender Abgrund, der an die Stelle von zuvor leibhaftiger Emotionalität gerückt ist. Die Arbeit mit teils optischen, teils computergenerierten Täuschungen und Illusionen verschleierte die Wirklichkeit zugunsten eines fiktionalen Gespenstes, an welchem man sich fortan abarbeiten konnte. Die Fans wurden so behandelt, als seien sie dabei gewesen und doch waren es nur ihre Schatten, nicht ihre realen Körper. Die Ästhetik des »Geisterspiels« lässt deutlich hervortreten, wo dieser gespenstische Eindruck herrührt.

Doch nicht nur die Masse der Fans selbst kann eine gespenstische werden. Sie bringt selbst neue Gespenster hervor, ganz im Sinne des Zauberlehrlings bei Goethe, der die Geister, die er rief, nicht mehr zu kontrollieren

---

113 Pethes: Geisterspiele. S. 39.
114 Vgl. Ebd. S. 39.
115 Vgl. Ebd. S. 39.

imstande ist. Gespenster schauen uns nämlich nicht aus der Gegenwart an, sondern stets aus der Perspektive der Vergangenheit heraus, genauso wie der längst verstorbene Marx. Wenn wir direkt von der Vergangenheit angeblickt werden, fordert diese uns auf, in der Gegenwart etwas zu bewirken und auf bestimmte Weise zu handeln und zu entscheiden und erzeugt damit einen Druck. Die Last der Vergangenheit wiegt schwer auf naiven Schultern. Derrida dazu:

> Die Heimsuchung ist historisch, gewiß, aber sie hat kein *Datum*, sie schreibt sich nie fügsam in die Kette der Gegenwarten ein, […], gemäß der institutionalisierten Ordnung eines Kalenders.[116]

So wäre beispielsweise ein Familienerbstück als Produkt nicht mehr mit dem marxistischen Gebrauchs- und Tauschwert zu bestimmen, sondern durch seinen gespenstischen Charakter. Die von der verstorbenen Großmutter geerbte Kommode als der Vergangenheit angehöriges Objekt, durch das die Verstorbene in gespenstischer Weise mit den Hinterbliebenen in Kontakt durch Erinnerung treten kann, nötigt den Erben dann gewissermaßen, auf eine ganz bestimmte Art mit dieser umzugehen und sie etwa an einen besonderen, der Andacht und Erinnerung vorbehaltenen Ort zu platzieren.

Die Gespenster der Vergangenheit wirken wohl kaum so intensiv wie im Fußball, wo sie scheinbar gar kausal in das Geschehen eingreifen können. Die »Tradition« liegt wie eine dunkle Wolke über den Vereinen. Heutige Spieler werden mit den Helden vergangener Tage verglichen und an deren Maßstäben gemessen. Reale, aber fetischisierte Objekte (in aller Regel Pokale und Trophäen) erlangen genau jenen Status des Gespenstischen, denn sie wurden in der Vergangenheit von früheren Mannschaften, oftmals des eigenen Vereins, bereits gewonnen und errungen und fordern regelrecht, dass die neue Generation es der alten gleichtut. Die Masse der Fußballfans glaubt ja eben an die Realität von Ergebnissen, Titelgewinnen und dergleichen. Sie produzieren intersubjektiv durch ihren Glauben Fik-

116 Derrida: Marx' Gespenster. S. 17.

tionen, die sich je nachdem als gespenstische Phantasmen niederschlagen und verselbstständigen. Unbewusst von der Masse hervorgebracht, saugen die Spieler diesen Glauben wie ein Schwamm auf und werden mit der sich daraus ergebenden Erwartungshaltung erbarmungslos konfrontiert. Bei wichtigen und großen Spielen, meist Endspielen oder den letzten Aufeinandertreffen der Saison, wenn es in der Liga um die Meisterschaft, um die internationalen Ränge oder gegen den Abstieg geht, spürt man sie im Stadion: Die Gespenster, die unsichtbar und doch präsent, anwesend in ihrer Abwesenheit, durch die Tribüne reihum gehen und die Masse der Fans eiskalt ergreifen. In der Luft liegen die gespenstischen Hoffnungen oder Ängste, die sich aus vergangenen Erlebnissen und fußballerischen Erfahrungen speisen. Manchmal beflügeln die Gespenster die Spielerinnen auf dem Platz, manchmal zerbrechen sie an diesen.

Im Fußball gibt es Traumata: Sich immer und immer wieder ereignende und erneut zutragende Prozesse, die immer anders und doch immer gleich ablaufen. Ein unbewusster Wiederholungszwang kann sich einstellen. So geschehen etwa bei Borussia Dortmund, deren Saisonverläufe seit der letzten Meisterschaft 2012 in beinahe erschreckender Weise immer äußerst ähnlich abliefen. Mit großer Euphorie erfolgreich im Sommer in die neue Saison gestartet, erfolgt im Herbst und Winter eine ernüchternde Talfahrt mit schlechten Ergebnissen, die dann im Frühjahr beeindruckend beendet und durch eine Siegesserie ersetzt wird. Wenn man dann am Ende realistische Chancen auf die Meisterschaft zu haben scheint, erfolgt kurz vor dem Ziel auf den letzten Metern nochmal ein kleiner Einbruch, der dann meistens die souveräne Vizemeisterschaft nicht mehr gefährdet, allerdings den ganz großen Wurf, nämlich die Meisterschaft, die dann an den großen Konkurrenten aus München geht, nicht mehr ermöglicht. In den direkten Duellen gegen den FC Bayern, wenn es dann um *wirklich* etwas geht, versagen die Dortmunder in aller Regelmäßigkeit auf ganzer Ebene. Die jüngst abgelaufene Saison 2022/2023 hat diese These auf besonders einschneidende und »tragische« Weise ein weiteres Mal bestätigt. Alles sah danach aus, als könnten die Dortmunder am letzten Spieltag im eigenen Stadion vor den euphorischen Fans endlich die lang ersehnte neunte Meisterschaft der Vereinsgeschichte klar machen. Mit zwei Punkten Vorsprung vor dem Verfolger aus München ging man in das Spiel gegen Mainz 05. Ein eigener Sieg der ansonsten unglaublich heimstarken Dortmunder hätte genügt für die Meisterschaft. Bei allen anderen Ausgängen hätte man darauf hoffen müssen, dass die Bayern in Köln ebenfalls »patzen«. Man hatte alles in der eigenen Hand, die originale Meisterschale befand sich an diesem Tag in Dortmund, die Feierlichkeiten waren geplant, der Titel derartig zum Greifen nahe, dass diesmal doch eigentlich gar nichts schief gehen konnte. Der Ausgang ist uns allen bekannt, denn es kam, wie es kommen musste. Die Dortmunder verspielten ihre gute Ausgangslage und kamen vor heimischer Kulisse in einem hochdramatischen und spannenden Finale nicht über ein spätes Unentschieden gegen Mainz hinaus, während die Bayern zeitgleich denkbar knapp in Köln gewannen. Beide Vereine waren punktgleich an der Tabellenspitze, die Bayern wurden letztendlich aufgrund der besseren Tordifferenz zum 11. Mal in Folge Deutscher Meister. Die Meisterträume der untröstlichen Dortmunder platzten und mussten bitteren Tränen der Enttäuschung weichen. Lange hatte die Bundesliga nicht mehr einen solch dramatischen letzten Spieltag gehabt und doch war am Ende gefühlt alles so wie immer. Bayern auf Platz 1, der BVB knapp dahinter als Vizemeister, als »tragischer Held«, als »Sieger der Herzen«. Woran es letztendlich wieder einmal gescheitert ist, lässt sich als Außenstehender kaum anders erklären, als dass die Dortmunder dem großen Druck nicht gewachsen waren, dass ihnen wiederholt in den entscheidenden Situationen die Nerven versagten. Vielmehr noch, dass sie sich unbewusst vielleicht mit der Rolle des »tragischen Verlierers« identifizieren und ihnen daher der letztendlich ausschlaggebende Siegeswille abhandenkommt, der die Bayern dagegen auszeichnet. Die Angst zu versagen überwiegt die Lust zu gewinnen. Es wirkt beinahe so, als würde es das Schicksal nicht gut mit den Dortmundern meinen, als lastete ein Fluch auf ihnen, der sie immer wieder auf sehr ähnliche Weise scheitern lässt.

In solchen Momenten werden kollektiv die Gespenster beschworen und zu neuem Leben erweckt. Alle Jahre wieder kehren sie beständig zurück und die glorreiche Vergangenheit legt erneut ihre Schatten über eine ernüchternde Gegenwart, was dazu führt, dass man sich in Nostalgie lieber an die idealisierte und romantisierte Vergangenheit klammert, um die

Gespenster irgendwie zu vertreiben, die im Hier und Jetzt ihr Unwesen treiben und vor denen man sich so sehr ängstigt. Die Gegenwart hat nichts zu bieten angesichts der Übermacht der Gespenster der Vergangenheit.

Ähnlich wie dem BVB ergeht es auch dem scheinbar wesensverwandten Hamburger SV, der nach seinem erstmaligen Abstieg aus der Bundesliga 2018 jedes Jahr um den Wiederaufstieg kämpft und die tabellarisch aussichtsreichen Chancen nicht nutzen kann, da der Mannschaft auf scheinbar unerklärliche und gespenstische Weise die Puste ausgeht, wenn das große Ziel in greifbarer Nähe ist. Ebenfalls in der Saison 2022/2023 ist der Verein zum zweiten Mal in Folge in der Relegation um den Aufstieg in die Bundesliga (diesmal am VFB Stuttgart) gescheitert, sodass ihm ein weiteres, verhasstes Jahr in der 2. Liga bevorsteht. Das eigentlich Gespenstische ist die Ontologie daran. Es erscheint wirklich so, als gäbe es biologisch etwas wie eine »DNA« eines Vereins, die ihn entweder zu Erfolg oder Misserfolg verdammt und in den Abläufen und Ereignissen fast schon zu determinieren scheint. Ich gehe dieser Deutung nicht nach, da sie den Verein zu stark fetischisiert, und doch ist sich kaum des Eindruckes zu erwehren, es gäbe eine »Ontologie des Vereins«. Sehr zum Leidwesen der Fans des BVB oder des HSV und sehr zur Freude der Fans des FC Bayern. Im Fußball ist es psychologisch sehr schwer, aus einer Negativserie wieder herauszukommen, sobald man einmal in diesen Strudel gelangt ist. Durchbrochen werden kann er wohl nur, wenn man lernt, mit den Gespenstern zu leben, statt sie offensiv zu bekämpfen und austreiben zu wollen. Es bleibt abzuwarten und den betroffenen Mannschaften wie dem BVB und dem HSV nur zu wünschen, dass es ihnen irgendwann gelingt, die Wunden des Traumas zu heilen und den Wiederholungszwang zu überwinden.

Ich möchte dieses zugegebenermaßen doch sicherlich verwirrende und »gruselige« Kapitel versöhnlich abschließen mit einem Verweis darauf, dass die gewaltaffine Masse im Fußball (eine definitiv nicht zu leugnende Tatsache, aufgrund derer man sich die Skepsis der Intellektuellen zuzieht, sofern man dessen ungeachtet dennoch mit der Masse sympathisiert) nichtsdestotrotz auch sehr sensibel sein kann. Das haben die Dortmunder und Mainzer Fans im Jahr 2016 bewiesen, und damit dem Vorurteil der ausschließlich asozialen und pöbelhaften Masse entgegengewirkt: Im Heimspiel gegen den 1. FSV Mainz 05 verbreitete sich zur Halbzeit im »Westfalenstadion« die Meldung, dass ein Fan im Stadion einen Herzinfarkt erlitten hatte, in dessen Verlauf er auf dem Weg ins Krankenhaus noch verstorben war. Die Fans stellten in der zweiten Halbzeit, sehr zur Verwunderung der Mannschaften auf dem Spielfeld, die lautstarke Unterstützung ein, bevor sie kurz vor dem Abpfiff das eigentlich nur dem Anstoß vorbehaltene »You'll never walk alone« anstimmten. Ein Moment so tiefbewegend und ergreifend, dass er einem auch Jahre später noch eine Gänsehaut einzujagen vermag und in aller Deutlichkeit zeigt, dass die Masse im Fußball mehr zu bieten hat als Aggression und Gewalt und über eine sehr mitfühlende und humane Seite verfügen kann.

Das Gespenst der Masse muss also weder verteufelt noch vor Verteufelung geschützt werden. Wissen wir doch spätestens seit Derrida, dass es diese Gespenster gibt, zumindest jene, die wir durch unsere kollektiven Glaubenssätze und Imaginationen ins Leben rufen, und dass das Eingeständnis dieses Umstandes der erste Schritt ist, um mit ihnen leben zu können und uns mit unserer Vergangenheit zu versöhnen. Ändern können wir sie ja eh nicht mehr.

Teil 3
Der Fußball und die Politik – Ideologie, Werte und die gesellschaftlichen Verhältnisse

Ähnlich wie sich der Fußball zur Philosophie verhält, so verhält er sich auch zur Politik. Beides, so scheint es prima facie, sind zwei Bereiche, die nichts miteinander zu tun haben. In dieser Hinsicht hat es der Fußball einfach: Er kann sich immer wieder darauf berufen, dass er ja »bloß« ein Spiel und als solches völlig apolitisch sei. Während der 1. Teil dieses Buches diesem Narrativ Folge leistete und den Fußball ausschließlich in seinen spielerischen Strukturen beleuchtete, wurde der 2. Teil schon etwas politischer, da er zumindest die Dimension religiösen Erlebens mit dem Fußball in Verbindung gebracht hat. In diesem 3. Teil soll dieser Pfad fortgesetzt und das schwierige Verhältnis zwischen Fußball und Politik schwerpunktmäßig in den Blick genommen werden. Denn auch, wenn der Fußball es nicht wahrhaben möchte: Es gibt ein solches Verhältnis. Die WM 2022 in Katar war der vorläufige Höhepunkt dieser Entwicklung. Die nachfolgenden Kapitel werden den Fußball als Sportart nicht zwanghaft politisieren und stets die Rahmenbedingungen des Spiels angemessen berücksichtigen. Nichtsdestotrotz werde ich jene Narrative besonders in den Blick nehmen, die vom Fußball ausgehen und eindeutig ideologisch sind, sei es dadurch, dass sie bestehende gesellschaftliche Verhältnisse und auch die zwischen den Geschlechtern legitimieren und reproduzieren oder schlichtweg ökonomische Gewinnmaximierung daraus schöpfen. Inwiefern der Fußball die Gesellschaft abbildet und sich in ihm soziale Phänomene und Werte im weitesten Sinne widerspiegeln und wo potentielle Missbrauchsgefahr etwa durch Machtasymmetrien und problematische Hierarchien besteht, sind unter anderem Fragestellungen, denen der letzte große Abschnitt dieses Buches gewidmet ist. Denn ich bin der festen Überzeugung: Etwas vollkommen Unpolitisches kann es nicht geben, sofern soziale Interaktionen zwischen Individuen, Gruppen und Netzwerken bestehen.

Der Schauplatz Stadion

Ein Geschehen bedarf eines Schauplatzes, einer räumlichen Lokalisation, wo es stattfinden kann und *darf*. Fußball kann im Grunde genommen überall gespielt werden, vom Hinterhof, dem Schulflur bis hin zum Bolzplatz und den großen Arenen dieser Welt. Entscheidend ist in diesem Zusammenhang nur, dass das Spielfeld in irgendeiner Form abgegrenzt ist und sich durch Zeichen, wie etwa Markierungen, von dem Außerhalb des Spielfeldes räumlich unterscheidet. Ein unbegrenzter Raum als Spielfeld wäre undenkbar, da dadurch der Fußball wichtiger Funktionen beraubt wäre. Wenn der Ball nämlich außerhalb des Spielfeldes gelangt (ins Aus!), dann ist dies mit einer kleinen Form der »Strafe« gleichbedeutend, denn das Spiel wird dann mit Ballbesitz der Mannschaft, die den Ball *nicht* ins Aus befördert hat, fortgesetzt (entweder durch einen Einwurf, einen Eckball oder einen Abstoß des Torhüters). Der Ballverlust ist in diesem Sinne die »Strafe« dafür, dass eine Mannschaft sich ungeschickt angestellt hat und den Ball über die Grenzen des streng limitierten Spielfeldes hinausbefördert hat. Symbolisch kommt dieses »Vergehen« damit einer Grenzüberschreitung nahe, die ebenso die Missachtung der Regeln impliziert, da diese eben nur auf dem Spielfeld von Gültigkeit sind und nicht außerhalb dieses Rahmens. Ein nicht abgegrenztes Spielfeld würde die Unterscheidung zwischen Spiel und Nicht-Spiel, zwischen Geltungsbereich der Regeln und dem Bereich, in dem diese nicht mehr gelten, hinfällig werden lassen.

Die frühen Vorgänger des heutigen Fußballs, die sich bis ins 10. Jahrhundert historisch zurückverfolgen lassen, hatten noch wesentlich größere »Spielfelder« als die heutigen. Diese konnten sich gut und gerne mal über ganze Meilen erstrecken. Das Spiel kannte kaum Regeln, sodass es häufig zu tödlichen Zwischenfällen kam, und ebenfalls keine Begrenzung bezüglich der Zahl der Teilnehmer.[117] Diese fehlende räumliche Abgrenzbarkeit sowie der Mangel an das Spiel konstituierenden Regeln berechtigen allerdings dazu, diesem wilden Treiben den Status eines »Spiels« abzusprechen. Das Geschehen diente eher der Austragung von Stadtrivalitäten zu Anlässen kirchlicher Festtage, womit ihm die spielerische Selbstzweckhaftigkeit abhanden kommt: Es ist mehr Politik als Spiel. Durch die *Ent*grenzung, im Gegensatz zur *Ab*grenzung, löst man das Spiel nämlich als Ganzes auf, denn wo es sich nicht mehr vom »Alltag« unterscheidet, hört es auf, zu bestehen. Die regeltechnische Bedeutung des »Aus« (der Fußball unterscheidet zwischen Seitenaus, wobei das Spiel mit einem Einwurf fortgesetzt wird, und dem Toraus, das entweder einen Eckball oder einen Abstoß zur Folge hat) ist vor diesem Hintergrund als durchaus relevant einzustufen und darf nicht unterschätzt werden. Im Übrigen ist es interessant, dass alle Fälle, in denen Regeln überschritten werden und die mit einem Ballverlust auf der einen und einem Ballgewinn auf der anderen Seite einhergehen, im Fußball als »Standardsituationen« bezeichnet werden. Gemeint sind damit Einwürfe und Eckbälle (als »Strafe« des Überschreitens der Markierungen, die das Spielfeld und damit den Geltungsbereich konstituieren), sowie Freistöße und Elfmeter (als »Strafe« für Vergehen *im* Spielfeld wie Fouls oder Handspiele). Regelüberschreitungen sind also im Fußball Teil des Spiels, sie gehören zum »Standard«, wie diese Formulierung nahelegt.

Der Fußball ist jedenfalls in seiner räumlichen Ausführbarkeit relativ flexibel, was Beschaffenheit und Größe des Spielfeldes angeht, sofern die einzige Bedingung der räumlichen Abgrenzung erfüllt ist. Dann kann auf dem Spielfeld um »Raum gekämpft«[118] werden, wie es das Ziel in den meisten Sportarten ist. Der Kampf um den Raum ergibt sich notwendigerweise, weil Fußball ein räumliches Ereignis ist, denn durch Abstände der Spieler zueinander und durch ihre Positionierungen kann Raum gewonnen oder

117 Vgl. Gessmann: Philosophie des Fußballs. S. 45.

118 Schroer, Markus: Vom »Bolzplatz« zum »Fußballtempel«. Was sagt die Architektur der neuen Fußballstadien über die Gesellschaft der Gegenwart aus? In: Klein, Gabriele/Meuser, Michael (Hrsg.): Ernste Spiele. Zur politischen Soziologie des Fußballs. Bielefeld 2008, S. 155–173. Hier S. 155.

wieder verloren, das Spiel »weit« oder »eng« gemacht werden.[119] So lange diese Aufteilung des Raumes in einem abgegrenzten Gebiet möglich ist, lässt sich Fußball prinzipiell überall spielen.

Am meisten Aufmerksamkeit und Eindruck schindet aber ohne Zweifel das Stadion als dem Austragungsort der professionellen und »großen« Fußballbegegnungen. Von ihm geht gar eine solch beinahe »magische« Anziehungs- und Faszinationskraft aus, dass Hans Ulrich Gumbrecht freimütig bekennt, immer wenn sich ihm die Möglichkeit dazu biete, er leere Stadien besichtige, die selbst ohne Fans, mit völlig verlassenen Tribünen und Sitzplätzen noch eindrucksvoll wirkten.[120] Mit den Spielen werden sie zum Schauplatz jener Massenveranstaltung, die der professionelle Fußball nun einmal ist. Architektonisch an die römischen Amphitheater erinnernd bieten die großen Arenen zumeist Platz für mehrere Zehntausend Zuschauerinnen und Zuschauer, sowohl bestuhlt als auch stehend. Ein Fußballspiel im Stadion ist ein gesellschaftliches Großereignis und zwar in einer ungeheuren Regelmäßigkeit. Nur wenige Orte der Welt, so viel lässt sich sicherlich ohne Übertreibung behaupten, locken derart viele Menschen an. Die Orte, auf die das ansonsten zutrifft, sind neben den Schauplätzen wirklich großer Konzerte (auch hier meistens Stadien) wahrscheinlich nur noch religiöse Pilgerorte – und in Anbetracht dessen erscheint es durchaus legitim, wenn man etwas ironisch darauf verweist, dass die Fans ins Stadion »pilgern«, womit man die religiöse Codierung dieser Ausdrucksweise bewusst und nicht unberechtigt in Kauf nimmt. Die Fans von Borussia Dortmund nennen »ihr« Stadion, den Signal Iduna Park, den »Tempel«, was die religiöse Assoziation deutlich offenlegt. Der Rasen, auf dem sich die weißen Markierungen befinden, die das Spielfeld eingrenzen, und der der eigentliche Schauplatz der sportlichen Austragung ist, wird von Fans einer jeden Mannschaft als »heiliger Rasen« bezeichnet.

Bei ganz besonderen Erfolgen einer Mannschaft wie einem Titelgewinn kann es nicht selten zu »Platzstürmen« kommen. Die Fans überschreiten dann die ihnen auferlegte Grenze, denn die aktive Teilnahme am Ge-

119 Vgl. Ebd. S. 155.
120 Vgl. Gumbrecht: Crowds. S.9.

schehen auf dem Spielfeld ist ihnen schließlich untersagt, und stürmen in Massen auf den Rasen, um gemeinsam Arm in Arm mit ihren Idolen zu feiern und um sich womöglich selbst ein kleines Stück des Rasens als Andenken an das denkwürdige Ereignis mit nach Hause zu nehmen. Ein solcher Massensturm der Fans auf das Spielfeld ist jedoch die Ausnahme und kommt wirklich nur zu ganz besonderen Anlässen zustande und dann selbstverständlich nach Abpfiff, wenn das Spiel also offiziell beendet und das Ergebnis amtlich ist, das den gigantischen Triumph der eigenen Mannschaft besiegelt. Laufen dagegen einzelne Zuschauerinnen oder Zuschauer auf das Spielfeld, oft sogar während des Spiels, werden diese umgehend von den Ordnern und Sicherheitsbeauftragten entfernt und später sanktioniert (etwa durch Geldstrafen und Stadionverbote). Das sind dann die berühmt-berüchtigten »Flitzer«, die mit ihrer Aktion durchaus Scham aufseiten der Veranstalter auslösen können. Peinlicherweise stören sie nämlich den reibungslosen Ablauf des Spiels, übertreten die Grenze des Erlaubten, die im Fall des Fußballs und im Stadion sogar explizit sichtbare räumliche Grenzen und Markierungen sind, und bringen damit die Hierarchie im Stadion ins Wanken.

Im Verhältnis dazu, wie oft Fußballspiele in Stadien ausgetragen werden und wie viele Menschen partizipieren, sind Flitzer und dergleichen Unruhestifter jedoch eher selten. Mit »Unruhestiftern« in diesem Kontext sind pöbelnde Zuschauer explizit ausgeschlossen. Diese verstoßen vielleicht auch gegen Regeln des sozialen Miteinanders im Stadion; ein Beispiel ist das Zünden von Feuerwerkskörpern, das zwar eindeutig verboten ist, aber viele Fans dennoch nicht davon abhält. Doch im Vergleich zu »Flitzern« liegt ein erheblicher Unterschied vor: Pöbelnde Fans mögen die Regeln im Stadion missachten, sie achten dafür aber zutiefst den Anlass, für den sie überhaupt erst das Stadion aufgesucht haben, nämlich das Fußballspiel. Innerhalb des Rahmens ihrer Tribünen schlagen sie gewaltig über die Stränge, bleiben dabei aber trotz zuweilen illegaler Handlungen der ihnen hierarchisch zugeordneten Rolle als Fans treu. Sie stören nicht direkt den Spielablauf, höchstens den Nebenmann.

»Flitzer« dagegen führen aktiv eine Spielunterbrechung herbei, sie stören und behindern dessen Ablauf und Vorgang massiv. Indem sie die Markierungen überschreiten und auf den Rasen stürmen, missachten sie die Hierarchien und vorgegebenen Grenzen und sorgen mit der von ihnen herbeigeführten Auflösung des räumlichen Rahmens des Spielfeldes, das dieses streng von den Zuschauerplätzen trennt, für eine Auflösung des Spiels als Ganzem. Zumindest so lange, bis man sie gefasst und vom Schauplatz entfernt hat. Das Spielfeld ist für Unbefugte mit einem strengen Tabu versehen. Der Zutritt muss Nicht-Beteiligten verweigert werden, ansonsten führte man das Spiel ad absurdum. Die Beschränkungen vor allem räumlicher Art sind im Stadion während der Dauer des Spiels (danach ist vieles möglich, wie das Beispiel des »Platzsturmes« zeigt) absolut und in beide Richtungen undurchlässig. Andersherum dürfen die Spieler während des Spiels schließlich auch nicht auf die Tribüne zu den Fans (was hätten sie auch dort verloren?!), denn sobald sie das Spielfeld verlassen, sind sie nicht mehr in ihrer Rolle als Spieler aktiv. Selbiges gilt natürlich, wenn eine Spielerin ausgewechselt und durch eine neue ersetzt wurde. Sie darf dann nicht mehr aktiv in das Geschehen eingreifen, genauso wenn sie mit einer Roten Karte vom Platz geflogen ist. Der Platzverweis als Strafe für ein hinreichend schweres »Vergehen« zielt darauf ab, so könnte man argumentieren, eine Spielerin aus dem Spiel zu »tilgen«, sie zu »eliminieren«, was den Ausschluss aus dem Spiel mit einem symbolischen Tod oder psychoanalytisch gesprochen mit einer »Kastration« in semantische Beziehung setzt. Mit den Fans zusammen auf den Rängen feiern, was im Falle großer Triumphe zuweilen auch geschieht, funktioniert jedenfalls äquivalent zum »Platzsturm« nur nach Beendigung des Spiels und erst dann sind kleinere Lockerungen der räumlichen Getrenntheit denkbar. Vorher werden sie streng sanktioniert, zumeist mit Ausschluss, genauso wie die Spielerinnen sich keine radikalen Regelüberschreitungen leisten dürfen, wollen sie auch am Ende des Spiels noch auf dem Platz stehen. Paradoxerweise sind die heutigen Stadien also so gebaut, dass man die Fans und die Spieler möglichst eng räumlich aneinanderrücken möchte (so werden in Fußballstadien zumindest in aller Regel keine Laufbahnen mehr zusätzlich eingebaut, die die Tribünen vom Spielfeld noch weiter entfernen, sodass aus den früheren Mehrzweckstadien mittlerweile reine Fußballstadien geworden sind) bei gleichzeitig strenger Wahrung der Grenzen. Vorgegebene Sitzplätze und personalisierte Tickets tun ihr Übriges, dass der Zuschauer im Stadion tendenziell einer größeren Überwachung ausgesetzt ist als noch vor einigen Jahren, und damit in seinen Freiheiten immer weiter beschnitten wird (siehe das Kapitel »Körper und Macht«). Markus Schroer bringt dies prägnant wie folgt auf den Punkt:

> Wir haben es also mit einer Distanz überwindenden visuellen Verdichtung bei gleichzeitiger körperlicher Disziplinierung zu tun, die sich sowohl auf die Spieler als auch auf die Zuschauer bezieht.[121]

Die sozialen Verhältnisse spiegeln sich nicht zuletzt auch in der Anordnung der verschiedenen Tribünen wider, die räumlich gesellschaftliche Stellungen zum Ausdruck bringen und in dieser Konzeption recht starr und konservativ anmuten. Die »billigsten« Plätze sind die Stehplätze, die dem »Pöbel« vorbehalten sind (die im Übrigen mehr und mehr abgebaut werden zugunsten von komfortableren und teureren Sitzplätzen, was zur Folge hat, dass man den »klassischen« Fan scheinbar mehr und mehr durch zahlungskräftigere Zuschauer zu ersetzen gedenkt). Hier sammeln sich die Ultras, die Hooligans und generell »hartgesottene« Fans. Von diesen Tribünen geht in aller Regel die lautstärkste Unterstützung für die Mannschaft aus (gilt insbesondere für die Anhänger der Heimmannschaft, äquivalent dazu aber auch für die der Auswärtsmannschaft). »Normalsterbliche« Fans können sich mit durchschnittlichen Sitzplätzen auf neutralen Tribünen oder im »Familien-Block« zufriedengeben, während die Reichen ganz oben im Stadion im VIP-Bereich untergebracht werden. Von dort aus wird das eigentliche Spiel längst nebensächlich. In der VIP-Lounge kann das Spiel nicht einmal besonders intensiv miterlebt und beobachtet werden. Dieser Bereich des Stadions wirkt daher wie abgekoppelt vom Rest, genauso wie die Reichen und Mächtigen vom Rest der Gesellschaft. Im VIP-Bereich treffen sich die Ehrenpräsidenten der Vereine, hochrangige Politiker und schwerreiche Manager. Hier wird der

121 Schroer: Vom »Bolzplatz« zum »Fußballtempel«. S. 162.

Fußball tatsächlich eher als Vorwand genommen, um einander kennenzulernen und sich, meist auch politisch, auszutauschen.

Das Stadion ist in seiner Hierarchie von unten nach oben, von arm zu reich, wie eine Art Querschnitt der Gesellschaft anzusehen. Doch sind die Hierarchien innerhalb des Publikums wirklich so streng? Verschiedene Preiskategorien für unterschiedliche Plätze sind die eine Sache, aus diesem rein räumlichen Umstand jedoch zu folgern, dass das Fußballstadion als Ort sozialer Begegnung Klassenunterschiede manifestiert und reproduziert, schiene allerdings voreilig. Vielmehr scheint es in der Realität doch so zu sein, so könnte man einwenden, dass Klassenunterschiede eben irrelevant werden, denn wenn die Lieblingsmannschaft ein Tor erzielt, dann liegen sich Fremde in den Armen und dann spielt es auch keine Rolle, ob die eine Lehrerin und der andere Bauarbeiter ist. Übersehen wird bei dieser romantisierenden Überlegung, im Stadion ließen sich die Klassenunterschiede auflösen, dass die Bedingung für einen solchen Austausch natürlich nach wie vor ist, dass man sich überhaupt auf derselben Tribüne befindet und die gleichen Plätze teilt. Ein Zuschauer auf einem einfachen Sitzplatz kann, diesem räumlichen Umstand geschuldet, selbstverständlich gar nicht erst mit einem Zuschauer im VIP-Bereich in Kontakt kommen und hat gar nicht die Möglichkeit, mit diesem zusammen ein Tor zu bejubeln. Wir können also zusammenfassen: Innerhalb der gleichen Ränge, die wir marxistisch gesprochen mit »Klasse« meinen, sind »Verbrüderungen« untereinander möglich, der Kontakt zu anderen »Klassen« ist dagegen stark erschwert. Völlig klassenlos ist der Fußball also nicht, zumindest, wenn es nach der Architektur der Stadien geht, die die höchst reinliche »Klassentrennung« wahren. Denn:

> Die Stadienbetreiber haben alles daran gesetzt, das Risiko einer Begegnung zwischen sozial fern stehenden Personen so gering wie möglich zu halten.[122]

122 Ebd. S. 166.

Außerdem darf nicht vergessen werden, dass der Fußball zu allem Überfluss die marxistisch angehauchten sozialen Kategorien sogar noch durch neue »Klassen« erweitert, die sich über die Zugehörigkeit zu einem Verein definieren. Da bei einem Fußballspiel immer nur zwei Mannschaften gleichzeitig gegeneinander antreten können, reiht sich auch die Zuschauerschaft überwiegend in diese binären Strukturen ein, von einigen »neutralen« Fans einmal abgesehen, die aber eindeutig in der Minderheit sind. Im Stadion gibt es nur Anhängerinnen der Heimmannschaft (die in der Überzahl sind) und die des Gastes, die beide auch aus Sicherheitsgründen im Stadion voneinander getrennt und je eigenen Bereichen im Stadion zugeteilt werden, woran sich ein weiteres Mal die Kopplung von räumlichen an sozialen Verhältnissen im Stadion erkennen lässt. Im Stadion ist man folglich entweder für den Gastgeber oder für den Gast und daraus ergibt sich das Zwei-Klassen-Denken im Fußballstadion von »wir« gegen »die« und die tief in der menschlichen Psyche verankerte uralte Freund-Feind-Dichotomie.

Unterschiedlicher räumlicher Strukturen im Stadion ungeachtet, darf aber nicht übersehen werden, dass egal welchen Platz man auf den Zuschauer-Rängen einnimmt, *alle* höher gelegen sind als das Spielfeld selbst, sodass man sogar von den untersten Sitz- oder Stehplätzen aus immer noch über den Spielern auf dem Spielfeld thront. Man schaut als Zuschauerin immer auf die Spieler herab, niemals zu ihnen auf. Das hat offensichtliche und praktische Gründe, da man so besser sehen kann. Allerdings sollte dieser Umstand nicht darüber hinwegtäuschen, dass dadurch auch eine hierarchische Wirkung begünstigt wird. Alle Zuschauerinnen, ob reich oder arm, ob auf guten oder eher schlechten Plätzen, eint damit gleichermaßen die Eigenschaft, wenigstens räumlich ihren Idolen auf dem Spielfeld »übergeordnet« zu sein. Dieser Befund spricht ebenfalls dafür, dass man die Fans im Stadion vielmehr als homogen ansehen darf, die nicht innerhalb der eigenen Gemeinde zu stark nach »Ständen« klassifiziert werden, sondern allenfalls noch nach Vereinsangehörigkeit. In meinen Augen ist die Opposition von Zuschauern und Spielern viel einschlägiger, wobei die Zuschauer den Spielern »überlegen« sind. Die Spieler sind ganz unten, auf der Erde, auf dem Rasen, rutschen über den Matsch und den Schlamm, fallen auf den harten Boden, während die Fans deutlich über den schmutzigen Boden erhaben sind und in einiger Distanz zum Geschehen sitzen oder stehen dürfen. Ein Spieler kann niemals alle Zehntausende Fans einzeln sehen, für ihn sind sie nur eine gigantische Masse, die ihn entweder zu Höchstleistungen anspornt oder ihm die Knie zittern lässt. Der Fan kann von der Tribüne aus (sofern er nicht zu weit entfernt ist) jedoch jederzeit prinzipiell alle Spieler sehen, jede ihrer Bewegungen und Aktionen überwachen und kritisch bewerten in Form von Zustimmung oder Ablehnung (siehe das Kapitel »Körper und Macht«). Der Fan kann über den Spieler urteilen, andersherum ist das nur schwer im Einzelfall möglich. Der Bau eines Stadions erinnert damit nicht zufällig ein wenig an das Panoptikum, also die von Jeremy Bentham konzipierte und von Michel Foucault in »Überwachen und Strafen« ausgiebig untersuchte modellartige Gestaltung eines Gefängnisses, das so angelegt ist, dass die Wärter die Gefangenen stets beobachten und überwachen, selbst jedoch von den Gefangenen nicht gesehen werden können. Die Sanktionierung erfolgt in Form von Pfiffen und Buhrufen, wenn sich der »Gefangene« (der Spieler) nicht entsprechend verhält, wie der »Wärter« (der Fan) es wünscht. Im Stadion verfügt der Fan zudem über einen »autonomen Blick« und ist nicht dazu gezwungen, nur immer streng den Ball zu verfolgen. Er kann den Blick selbstständig umherschweifen lassen, während die Aufmerksamkeit in der Fernsehübertragung gezielt gelenkt wird.

Nachdem hiermit die räumliche Gestaltung des Stadions und die damit zusammenhängenden sozialen Codierungen in den Blick genommen wurden, soll nun noch etwas näher auf die ideelle Charakterisierung des Stadions eingegangen werden.

Manche sehen sich angesichts der enormen und breit gefächerten Emotionalität, die das Fußballspiel vor allem bei den Zuschauerinnen und Zuschauern im Stadion (also »live vor Ort«) auslöst, dazu veranlasst, Parallelen zum aristotelischen Theater zu ziehen. Hierbei wird in erster Linie auf die aristotelische Konzeption der »Katharsis« abgezielt, die zweideutig entweder mit der Reinigung *der* Affekte oder der Reinigung *von* Affekten wiederzugeben ist. Gemäß der aristotelischen Auffassung, der sich später in Teilen ein gewisser Friedrich Schiller anschließen wird, soll das Theater in dem Zuschauer »Furcht« und »Mitleid« als Emotionen erwecken, um bei diesem eine psychologische »Läuterung« zu bewirken, die ihn nicht zuletzt auch moralisch belehrt. In diesem Kontext stellt sich die Frage, ob der Fußball eine vergleichbare kathartische Wirkung hervorzurufen imstande und damit das Spielfeld im Stadion mit einer Theaterbühne zu vergleichen ist? Ich halte einen solchen Vergleich aus mehreren Gründen für unangemessen. Es stimmt durchaus, dass das »Spiel« auf dem Fußballfeld in gewisser Weise dem »Schau*spiel*« ähnelt, zum Beispiel darin, dass es in den Worten Peter Handkes »im Wesen des Fußballspiels wie auch vieler anderer Spiele [liegt], daß die außenstehenden Zuschauer das Gespielte ernst nehmen [...]«[123]. Selbiges gilt für das aristotelische Theater, das dem Zuschauer die Illusion von Ernst und Wirklichkeit vorhält und diesen somit »zwingt«, das Geschehen ebenfalls ernst zu nehmen. Dass beim Fußball allerdings eine Katharsis stattfindet, geschweige denn überhaupt angestrebt wird, bezweifle ich stark. Das aristotelische Theater inszeniert wirkliche Menschen und menschliche Handlungen, die zwar selbstverständlich fiktiv sind, jedoch nach Maßstäben der Modalität funktionieren (es *ist* nicht so, es *könnte* aber so sein). Damit lässt das Theater jedoch stets einen Wirklichkeitsbezug zu und stellt diesen selbst her. Das Theater ist in dieser Funktionsweise mimetisch. Im Wettkampfsport Fußball ist dergleichen nicht einmal im Ansatz anzutreffen, denn das Spiel definiert sich ja in ganz besonderem Maße durch seine Abgrenzung vom Alltag, durch seine eigentümlichen Regeln, die die Spieler zu völlig »unnatürlichen« Handlungsweisen und Bewegungsabläufen nötigen. Während man dem Theaterspiel folglich zumindest hypothetisch noch irgendwelche »Lehren« entnehmen kann, indem man die Verhältnisse auf sein eigenes Leben projiziert, so scheint der Fußball etwas Vergleichbares nicht bieten zu können, eben aufgrund seiner »Weltfremdheit«. Natürlich kann man auch aus einem Fußballspiel, wenn man so möchte, etwas »lernen« (wie zum Beispiel, dass es sich lohnt, bis zum Ende zu kämpfen, und dass man niemals aufgeben soll), doch können solche »Lektionen« nicht mit der angestrebten moralischen Besserung des Menschen durch das Theater gleichgesetzt werden. Fans erleben im Stadion immer wieder die gleichen Emotionen, Woche für Woche brüllen

123 Handke: Welt im Fußball. S. 164.

sie sich die Seele aus dem Leib, eine nachhaltige »Besserung« ist dort nicht anzutreffen, denn sie ist überhaupt nicht vorgesehen. Es verbietet sich, in moralischen Kategorien über den Fußball zu sprechen, denn Sport ist jenseits von Gut und Böse, und damit in dieser Hinsicht ohne pädagogischen Wert. Begründen möchte ich diese Ansicht mit dem Verweis darauf, dass Trug, List und Täuschung als »Tugenden« im Fußball nicht nur legitim, sondern sogar wünschenswert sind, sofern dies dem übergeordneten Ziel des Sieges dienlich ist. Maradonas bereits erwähnte legendäre »Hand Gottes« (siehe das Kapitel »Metaphysische Körper«) gibt das verbotene Handspiel paradoxerweise schließlich zu, leugnet jedoch dessen offensichtliche Regelwidrigkeit zu den eigenen Gunsten, indem das Ereignis auf göttliches Eingreifen zurückgeführt wird, da göttliches Handeln nicht an Regeln und Gesetze gebunden ist und diese übertreten kann, was den Charakter des »Wunders« kennzeichnet. Solch große Ereignisse sind natürlich im Fußball nicht alltäglich, doch selbst im fußballerischen »Alltag« ist das Motiv der Täuschung oder zumindest einmal der »Trickserei« nicht wegzudenken. Liessmann bezieht sich beispielhaft auf die von quasi allen Mannschaften verwendete Strategie der »Abseitsfalle«, einer Positionierung der eigenen Abwehrreihe, die so organisiert ist, dass sie gemeinsam einen Schritt nach vorne gegen die Angriffsrichtung geht, um den Angreifer im verbotenen Abseits stehen zu lassen:

> Die zugeklappte Abseitsfalle ist der Triumph der Taktik über die Sittlichkeit und über die Idee des Spiels. Wenn ein Stürmer im Abseits landet, nicht weil er zu früh gestartet ist, sondern weil die Verteidiger auf ein Zeichen im entscheidenden Moment den berüchtigten Schritt nach vorne getan haben, umgibt ihn plötzlich die Aura des Betrogenen. […] Damit ist aber auch gezeigt, dass es keine Regel geben kann, die an sich, allein durch ihre Befolgung, schon Sittlichkeit garantieren könnte.[124]

Der Grundgedanke ist einleuchtend: Pädagogisch in irgendeiner Weise »wertvoll« ist das Fußballspiel nicht. Es kann keinen moralisch höheren

124 Liessmann: Das runde Leder. S. 143.

Zwecken dienen oder das Publikum sittliche Werte lehren und vermitteln. Seine Absichten sind instrumentell auf das Ziel des Sieges hin ausgerichtet und in ihrer Umsetzung von Moralität entkoppelt. Im Gegensatz zum Theater in der Konzeption Schillers ist die Fußballarena keine »sittliche Anstalt«. Wenn es dies wäre, hätte der Fußball wohl kaum die massenhafte Begeisterung auf seiner Seite, denn die Mehrheit der Menschen will mit Sicherheit nicht belehrt werden.

Der Fan will vielmehr in erster Linie zumeist unterhalten werden und sich an erfolgreichem Fußball seiner Lieblingsmannschaft ergötzen. Ein in irgendeiner Form moralischer Anspruch liegt nicht vor, weshalb man auch kaum von einer aristotelischen »Katharsis« sprechen kann.

Ein weiterer altbekannter Unterschied zum (zumindest »klassischen«) Theater ist, dass die Fans im Fußballstadion ihre Mannschaft lautstark unterstützen und anfeuern können, während sie im aristotelischen geschlossenen Theater passive Konsumenten sind. Peter Handke beschreibt dies in der für ihn typischen Ironie:

> Obwohl die Zuschauer sich körperlich außerhalb des Spielfeldes aufhalten, sind sie wie die Spieler Aktivisten des Spiels, die zum Spiel gehören, und nicht die passiven, nur zuschauenden Zuschauer im Theater. Sie können, wie die entsprechende Wendung sagt, anfeuern. Wer könnte im Theater einen Hamlet zum Handeln anfeuern? Der Rhythmus der anfeuernden Stimmen wirkt auf eine unrhythmische Bewegung der handelnden Spieler auf dem Feld ansteckend.[125]

Erst seit Brechts Erfindung des offenen Theaters werden auch dort die Strukturen von aktiven Schauspielerinnen und passiven Zuschauerinnen zunehmend aufgelöst, sogar noch weiter als im Fußball, da hierbei Zuschauer selbst Rollen spielen dürfen, wobei im Fußball bei allem »support« durch die Fans die im ersten Teil dieses Kapitels beschriebene Grenze zum Spielfeld als dem Ort des Geschehens nicht überschritten werden darf. Das offene Theater hat jedoch mit dem aristotelischen nichts mehr zu tun und

125 Handke: Welt im Fußball. S. 162.

vertritt damit den Anspruch der Katharsis nicht mehr, genauso wenig wie der Fußball. Das »moderne« Theater seit Brecht ließe sich vielleicht also eher mit dem Fußball vergleichen als das strenge »klassische«. Doch auch dieser Vergleich hinkt, denn es gilt zu beachten, dass auch das Theater bei Brecht immer *etwas* darstellt und damit Botschaften und Aussagen vermittelt. Handke mag zwar ironisch einräumen, dass das Fußballspiel für viele die »einzige Berührung mit der Ästhetik«[126] sei, doch dabei darf nicht außer Acht gelassen werden, dass Fußball, egal wie schön choreographiert er auch aussehen mag, ein sportlicher Wettkampf mit offenem Ausgang und damit kategorial von einem in sich abgeschlossenen Kunstwerk unterschieden ist (was eine eigene »Ästhetik des Fußballs« zwar nicht ausschließt, allerdings verdeutlichen soll, dass ein Vergleich mit dem Theater schlichtweg unangebracht ist). Jedenfalls sollte aus all dem deutlich hervorgegangen sein, dass das Stadion *keine* Bühne ist: Es gibt schließlich auch keinen Vorhang, im Stadion kann man die Spieler vor Anpfiff beim Aufwärmprogramm beobachten, aber wie Schauspieler hinter der Bühne geschminkt und angekleidet werden, bleibt klassischerweise verborgen. Das Stadion ist keine moralische Anstalt, die Emotionalität im Fußball dient keinen »höheren« Zwecken. Auch wenn das Old Trafford, das Stadion von Manchester United, als »Theatre of Dreams« bezeichnet wird, sind Stadien »Hexenkessel« (die kesselartige Bauart, die die Akustik im Innenraum nochmal verstärkt, macht es möglich) und keine Bühnen.

Der Fußball ist also keine Katharsis, allerdings erfüllt er durchaus Kriterien, die ihn als eine ästhetische Erfahrung qualifizieren. Diesen geht Gumbrecht nach, in Anlehnung an zwei einflussreiche Merkmale, die Kant dem Kunstwerk und damit dem Schönen attestiert. Gumbrecht geht von der Frage aus, wie es möglich ist, dass wir sagen können, eine uns verhasste Mannschaft habe gut gespielt und unsere Lieblingsmannschaft schlecht. Er deutet die Möglichkeit dieses Urteilens als eine Qualität, die nicht mehr mit reiner Sympathie und Antipathie zu erklären ist, sondern eine allgemeinere ästhetische Dimension eröffnet, die sich an grundsätzlichen Merk-

---

126 Ebd. S. 164.

malen des Guten und Schönen orientiert. Diese sehen, laut Gumbrecht, wie folgt aus:

> Erstens spricht Immanuel Kant von der ästhetischen Erfahrung als ›interesselosem Wohlgefallen‹, d.h. von einem Vergnügen ohne Alltags-Nutzen. Wenn unsere Mannschaft drei wunderschöne Tore schießt, werden wir als Zuschauer – unglücklicher- oder glücklicherweise – keinen Pfennig mehr verdienen. Zweitens verdanken wir dem Prinzip der ästhetischen Erfahrung, daß wir – in vielen Fällen konsensfähige – Urteile fällen können, obwohl wir weder über Begriffe noch Kriterien verfügen, um diese Urteile zu fundieren. Man kann das häufig beim Heimweg vom Stadion beobachten. Wir sagen: ›Das war ein ausgezeichnetes Spiel‹, aber wenn uns jemand fragt, warum, dann haben wir keine Begriffe, keine Kriterien, im Gegensatz beispielsweise zur Leichtathletik (von einem Hochsprung würde kaum jemand sagen, daß er gut war – er war 2,34 m hoch).[127]

Der Fußball ist also durchaus von ästhetischem Wert, nicht jedoch in dem Sinne wie ein Theaterstück. Das Stadion ist ein Schauplatz, aber keine Bühne, denn Handeln wird nicht gespielt, sondern geschieht real. Neben der Katharsis, zu der ich mich in Bezug auf den Fußball ablehnend positioniere, möchte ich zum Abschluss noch eine andere theoretische Konzeption vorstellen, die sich meines Erachtens wesentlich erfolgsversprechender auf den Fußball anwenden lässt.

Die Rede ist vom Begriff der »Heterotopie«, wie ihn Michel Foucault in einer kurzen Phase seines Schaffens verwendet. Aus dem Griechischen übersetzt bedeutet der Begriff »anderer Ort«. Foucault nutzt ihn für Räume und ihre ordnungssystematische Bedeutung, die nach eigenen Regeln funktionieren und die zu einer bestimmten Zeit ansonsten geltenden Normen nicht oder nur teilweise erfüllen. Sie grenzen sich dadurch gewissermaßen von anderen Orten ab. Foucault äußert sich dazu wie folgt:

127 Gumbrecht: Ästhetik und Sport. S. 42.

> Unter all diesen verschiedenen Orten gibt es nun solche, die vollkommen anders sind als die übrigen. Orte, die sich allen anderen widersetzen und sie in gewisser Weise sogar auslöschen, ersetzen, neutralisieren oder reinigen sollen. Es sind gleichsam Gegenräume.[128]

Die Analyse des Fußballstadions im ersten Teil dieses Kapitels hat Ergebnisse geliefert, die den Schluss zulassen, dass es sich bei diesem »anderen Raum« um genau eine solche Heterotopie im Foucault'schen Sinne handelt. Ein räumlich streng abgegrenzter Ort, der einem individuellen Regelwerk unterliegt und damit die gesellschaftlichen Normen unterläuft. Die modernen Stadien sind nach außen hin abgeschottet, was in ihrer architektonischen Dreiteilung in »Innenraum« (wo das Spiel stattfindet), »Zuschauerraum« (die Tribünen für die Fans) und »Umgebungsraum« (der das Stadion von außen wie ein in sich geschlossenes Bollwerk erscheinen lässt) begründet ist.[129] Das alles lässt das Stadion nicht zuletzt wie einen eigenen Akteur erscheinen. Das Stadion wird dadurch zusätzlich inszeniert als Gegenstand des Begehrens. Fans, die vom Fernseher aus das Spiel verfolgen und dort das imposante Stadion präsentiert bekommen, wünschen sich nichts sehnlicher, als einmal »dabei« sein zu können und die Atmosphäre direkt mitzuerleben. Die Atmosphäre nämlich, die in dieser Form selbstverständlich nur in einem Stadion entstehen kann, ist, das schreibt auch Nick Hornby in seiner Fußballautobiographie »Fever Pitch«, »[...] eine der entscheidenden Zutaten zum Erlebnis Fußball.«[130]

Im Stadion kann man noch so richtig »die Sau rauslassen«, sich so verhalten, wie es in den meisten anderen gesellschaftlichen Kontexten mindestens zutiefst verpönt, wenn nicht gar zu sanktionieren wäre. Im Stadion dagegen ist »niveauloses« oder »asoziales« Verhalten sogar angesehen, wenn es der Unterstützung der eigenen Lieblingsmannschaft dient. Die Anpas-

128 Foucault, Michel: Die Heterotopien. Les hétérotopies. Der utopische Körper. Le corps utopique. *Zwei Radiovorträge.* Zweisprachige Ausgabe. Übersetzt von Michael Bischoff. Mit einem Nachwort von Daniel Defert. Frankfurt a.M. 2005. S. 10.

129 Vgl. Schroer: Vom »Bolzplatz« zum »Fußballtempel«. S. 160.

130 Hornby, Nick: Fever Pitch. Ballfieber – die Geschichte eines Fans. Köln 1997. S. 104.

sung an die vorherrschende Fankultur ist gefragt, man sollte sich als einer der ihren ausgeben und bei den rituellen Handlungen mitmachen, denn, wie Foucault anmerkt, besitzen Heterotopien, zu denen ich das Fußballstadion zähle, »ein System der Öffnung und Abschließung […], welches sie von der Umgebung isoliert«[131] und welches gegebenenfalls »Eingangs- und Reinigungsrituale«[132] beinhaltet und damit genau dem religiösen und zeremoniellen Charakter entspricht, den wir dem Fußball bereits ausführlich nachgewiesen haben (siehe beispielsweise das Kapitel »Rituelle Erinnerungskultur«). Dadurch, dass sich der Fußball so eklatant von unserer Alltagswelt distanziert und seine eigene Welt erschafft, wird sein Schauplatz, das Stadion, zum geradezu idealtypischen »anderen Ort«, mit ganz anderen Regeln und sozialen Erwartungen, die teilweise völlig inkommensurabel mit denen unseres sonstigen Lebens sind. Das macht das Stadion zum perfekten Ort für Eskapismus, und um die eigenen Alltagssorgen völlig zu vergessen – und nicht zuletzt auch sich selbst und sich völlig gehen zu lassen (natürlich in einem Raum, der nicht rechtsfrei ist). Zwar sind die Stadien örtlich in den Städten lokalisiert (oftmals aus praktischen Gründen gut angeschlossen an Autobahnen und den ÖPNV) und prägen zuweilen gar deren Bild entscheidend mit, was jedoch nichts daran ändert, dass sie ideell mit einer gänzlich anderen Bedeutung aufgeladen werden. Gleichzeitig sind natürlich Stadien sehr mit ihren Städten und vor allem dem dort ansässigen Verein, dessen Mannschaft in dem entsprechenden Stadion seine Heimspiele austrägt, lokalpatriotisch verwurzelt. Im eigenen Stadion sind die Spielerinnen und Spieler nochmal zusätzlich motiviert, denn dann spielen sie vor »heimischer« Kulisse, vor »ihren« Fans, in »ihrem« Stadion, in »ihrer« Stadt. Vor diesem Hintergrund lässt sich die etwas paradox anmutende These formulieren, dass es sich beim Stadion um einen »anderen Ort« (das Element der Heterotopie) in einem Ort (der entsprechenden Stadt) handelt. Beides schließt sich nicht gegenseitig aus und ist prima miteinander vereinbar, denn jeder Raum muss sich zwangsläufig materiell in einem anderen Raum befinden, was trivial ist. Viel relevanter ist die soziale

131 Foucault: Die Heterotopien. S. 18.
132 Ebd. S. 18.

Bedeutung, die den Räumen beigemessen wird und die Foucault in seiner Wissenschaft von den Räumen herausarbeiten will. Für Foucault ist eine Heterotopie überdies wesentlich dadurch gekennzeichnet, dass sie:

> [...] alle anderen Räume in Frage stellt und zwar auf zweierlei Weise: entweder [...] indem sie eine Illusion schaffen, welche die gesamte übrige Realität als Illusion entlarvt, oder indem sie ganz real einen anderen realen Raum schaffen, der im Gegensatz zur wirren Unordnung unseres Raumes eine vollkommene Ordnung aufweist.[133]

Das Fußballstadion ist Schauplatz eines von Illusionen nur so durchzogenen Spiels und dabei gleichzeitig doch ein Ort großer Ordnung, wie die strengen regelgeleiteten Hierarchien unter Beweis stellen, die im Verlaufe dieses Kapitels untersucht worden sind.

Die Fans identifizieren sich mit dem Stadion ihres Lieblingsvereins, das je eigene ist immer das schönste von allen. Als Austragungsort des Fußballs ist es selbstverständlich Teil seiner Geschichte und kann ebenso mystifiziert und in Narrative inkludiert werden. Spektakuläre Fußballereignisse sind mit dem Namen des Ortes, an dem das Spiel stattfand, verbunden, man denke nur an das »Wunder von *Bern*«. Erzählt wird von »legendären« Momenten und Ereignissen, die sich in genau jenem Stadion zugetragen und abgespielt haben. Das Stadion als Heterotopie gehört untrennbar zum Fußball als sozialem Erlebnis dazu. Es ist zwar, wie eingangs bemerkt, nicht unbedingt notwendig (Spiele lassen sich auch auf Bolzplätzen oder dem Schulhof austragen), doch ohne die Stadien, diese eindrucksvollen und architektonisch anspruchsvollen Bauwerke, diese gefürchteten Arenen als Sitz von ebenso gefürchteten Mannschaften, wäre der Fußball als das kulturelle Ereignis, das er nun einmal darstellt, wohl undenkbar. Es ist, man kann es ohne Übertreibung sagen, eine Pilgerstätte für die »Fußball-Gläubigen«, die sich auf eine ganz neue Welt einlassen, gegen die sie die alte für 90 Minuten eintauschen, wenn sie diesen Ort bewusst aufsuchen.

---

133 Ebd. S 19f.

Das Geschlechterverhältnis

Ich habe noch im Vorwort dieses Buches darauf hingewiesen, dass ich, wenn ich abwechselnd von den Begriffen »Spielern« und »Spielerinnen« Gebrauch mache, diese generisch verwende. Dieses Kapitel markiert explizit eine Ausnahme, denn hier muss gegendert werden. Auf den nächsten Seiten wird nämlich das Geschlechterverhältnis im Fußball in den Blick genommen, weshalb ausschließlich je nach Kontext von männlichen »Spielern« oder weiblichen »Spielerinnen« die Rede sein wird. Wenn nicht schon geschehen, so sollte es spätestens in diesem Kapitel äußerst brisant und kontrovers zugehen.

Die »Gender-Studies« als Folge des Feminismus sind heutzutage insbesondere in akademischen Kontexten äußerst verbreitet. Es erfreut sich wissenschaftsübergreifend zunehmender Beliebtheit, genderspezifische Unterschiede zwischen Männern und Frauen sensibel zu thematisieren, sei es in biologischen oder kulturellen Kontexten. Dazu zählt freilich auch die sich intensivierende Hinterfragung der binären Geschlechteranordnung, wobei zudem aufgezeigt wird, dass eindeutige Klassifizierungen eher ideologisch motiviert sind, statt dass sie auf festem wissenschaftlichem Grund stehen. Geschlecht als Kategorie schlechthin, ist kein starres, sondern ein fluides Konzept, so jedenfalls die weit verbreitete Annahme in der gegenwärtigen Gender-Theorie.

Der Fußball allerdings, so scheint mir, hat eine solche »Gender-Sensibilität« noch nicht entwickelt. Binäres Denken in ausschließlich »männlich« und »weiblich« (Kategorien, die hier besonders mit gesellschaftlich bedingten Stereotypen aufgeladen sind) ist nach wie vor vorherrschend. Des Weiteren gilt das aristotelische Prinzip des »tertium non datur«: Weitere Ausprägungen von Geschlechtern (neben den beiden »klassischen«) werden nicht anerkannt oder zumindest nicht explizit betont. Wenn ich im weiteren Verlauf der Argumentation also, möglicherweise in den Augen der ein oder anderen Leserin, selbst nur von »Männern« und »Frauen« spreche und jenseits dieser Einordnungen nichts zulasse, dann ist dies nicht einem ausgeprägten Konservatismus meinerseits geschuldet, sondern vielmehr dem Umstand, dass ich mich nur in die Denkweise des Fußballs hineinversetze. Dieser scheint mir, wie ich aufzudecken versuche, hinsichtlich des Geschlechterverhältnisses weiterhin traditionell und, nennen wir es vorsichtig, »klassisch« zu verfahren. Zugegeben: Der moderne Fußball präsentiert sich als anpassungsfähig. Er möchte einem Geschlechterverhältnis, wie es dem 21. Jahrhundert würdig ist, gerecht werden, bemüht sich daher um Inklusion und Gleichberechtigung von Männern und Frauen. Nicht zuletzt gesellschaftlicher und daher auch zunehmender politischer Druck führen wohl dazu, dass sich der Fußball ohnehin wohl oder übel auf veränderte gesellschaftliche Bedingungen einstellen und sich entsprechend adaptieren muss, will er nicht so enden wie die katholische Kirche, die immer mehr an Attraktivität für junge und progressiv eingestellte Menschen einbüßt. Vordergründig soll dies allerdings nicht darüber hinwegtäuschen, dass Debatten etwa über gleiche Bezahlung von Frauen und Männern zweifellos wichtig zu führen sind, jedoch an den Strukturen des Spiels und insbesondere der Fankultur allenfalls zu marginalen Änderungen führen. Wie diese, meiner Rekonstruktion nach, genau aussehen und wie sie sich decodieren lassen, stellt das Hauptanliegen dieses Kapitels dar.

Als Erstes möchte ich mich dem Thema des Geschlechterverhältnisses im Fußball begrifflich annähern. Hierbei ist direkt augenfällig, dass sprachlich geläufig die Unterscheidung zwischen »Fußball« und »Frauen-Fußball« getroffen wird. Dass Männer und Frauen nicht zusammen in den gleichen Teams oder direkt gegeneinander antreten, ist an sich nichts Bemerkenswertes (wobei selbst die Forderung nach »gemischten« Teams in den aktuellen Debatten vertreten ist). In den allermeisten Sportarten wird nach Geschlechtern getrennt. Als besonders erachte ich nur, dass sich dieser Umstand im Fußball ausdrücklich begrifflich niederschlägt. Im Tennis etwa ließe sich von »Tennis der Frauen« oder »Tennis der Männer« sprechen, aber wohl kaum explizit von »Frauen-Tennis«. Der Fußball nimmt diese sprachliche Unterscheidung jedoch vor, allerdings wohlbemerkt nur in Bezug auf die Frauen. Die Rede ist nicht von »Männer-Fußball« in Abgrenzung von »Frauen-Fußball«, was ja noch eine gleichberechtigte Unterscheidung wäre, sondern von »Fußball« und »Frauen-Fußball«. Dies impliziert, dass das Spiel der Männer der »richtige«, der »eigentliche«, der »normale« Fußball ist und der der Frauen eine Abweichung von der Norm. Michael

Meuser ordnet diesen auffälligen sprachlichen Befund als deutlichen Beleg dafür, dass Fußball als Männlichkeitsspiel so schnell nicht in Frage gestellt werden kann: »Nur der von Frauen gespielte Fußball ist geschlechtlich markiert. Ein zentrales Merkmal einer hegemonialen Position ist es, nicht markiert zu sein.«[134]

Das dahinterstehende Denkmuster lässt sich historisch in vielen Bereichen menschlichen Zusammenlebens ausfindig machen und besagt stets das Gleiche: Der Mann ist das Maß aller Dinge. Die Frau wird in Abgrenzung von ihm als ein defizitäres Wesen konzipiert (laut einer Version des biblischen Schöpfungsmythos wurde Eva schließlich erst aus einer Rippe Adams erschaffen). Die Darstellung der Frau als »Mängelwesen« schlägt sich nicht zuletzt auch in dieser begrifflichen Unterscheidung im Fußball nieder. Sie ist das »Anhängsel«, sie muss in der Bezeichnung explizit genannt werden, denn sie ist nicht das Selbstverständliche. Auch im Fußball ist die Frau das »Andere«, um eine Ausdrucksweise von Simone de Beauvoir aufzugreifen.

Dass sich Frauen gegen die unbestreitbar pejorative Formulierung des »Frauen-Fußballs« zur Wehr setzen, ist völlig nachvollziehbar. Bei der Fußball-EM der Frauen im Sommer 2022 in England gab es daher beispielsweise den Slogan: »We play football, not women football.« Dadurch sollte der Abwertung als »Frauen-Fußball« entgangen werden, um darauf aufmerksam zu machen, dass das Spiel des Fußballs an sich keine Geschlechter kennt und es nur den *einen* Fußball gibt, der für *alle* zugänglich ist. Eben solche Änderungen oder Forderungen sind es, die den heutigen Fußball kennzeichnen und ihn progressiver werden lassen sollen. Nicht zuletzt der Finaleinzug der deutschen Nationalmannschaft bei besagter EM hat viele Debatten angestoßen oder wiederentfacht. Das Endspiel gegen England war sogar das in Deutschland mit ca. 18 Millionen Zuschauerinnen und Zuschauern meistgeschaute Sportevent des Jahres 2022, wohlgemerkt im selben Jahr, als die Fußball-WM der Männer stattfand. Allerdings verzerrt diese Statistik die Realität ziemlich. Die WM der Männer stand schließlich

134 Meuser, Michael: It´s a Men´s World. Ernste Spiele männlicher Vergemeinschaftung. In: Klein, Gabriele/Meuser, Michael (Hrsg.): Ernste Spiele. Zur politischen Soziologie des Fußballs. Bielefeld 2008, S. 113–134. Hier S. 129.

nicht in Konkurrenz zu der EM der Frauen, da die Spiele nicht gleichzeitig ausgetragen wurden, sondern mehrere Monate Abstand dazwischen lagen. Ein direkter Vergleich ist in dieser Hinsicht also nicht möglich, was auch nicht darüber hinwegtäuschen soll, dass grundsätzlich Fußballspiele der Frauen viel seltener in den Genuss einer TV-Übertragung kommen, weil sie allgemein nach wie vor eine geringere Nachfrage aufweisen. Zum anderen erreichte die WM der Männer aufgrund des heftig umstrittenen Austragungsortes Katar ohnehin viel weniger Menschen als gewöhnlich, da viele das Turnier boykottierten. Das im Gegensatz zu den Frauen äußerst enttäuschende Abschneiden der Männer tat sein Übriges. Dennoch: Der »Frauen-Fußball«, um mich der Deutlichkeit halber rein deskriptiv selbst dieser Bezeichnung zu bedienen, hat in den letzten Jahren aufgeholt, so viel ist sicher. Nichtsdestotrotz bezweifle ich selbst ernsthaft, ob er an Beliebtheit und Popularität jemals völlig mit dem der Männer auf Augenhöhe sein wird. Sicherlich, neue Zuschauerrekorde bei Spielen von Frauen allgemein, auch auf Vereinsebene, nicht nur bei der Nationalmannschaft, werden aktuell regelmäßig aufgestellt. Dennoch sind die eigentlich optimistisch stimmenden Zahlen kaum mehr als ein »Trostpreis«, denn was bei den Frauen als ein neuer Rekord an Zuschauern euphorisch gefeiert wird, ist bei den Männern längst Alltag und bestaunen wir dort jede Woche.

Allen Errungenschaften des Feminismus zum Trotz vertrete ich vor diesem Hintergrund nach wie vor die kontroverse (und sicherlich nicht »politisch korrekte«) These, dass der Fußball nicht nur historisch von Männern dominiert war, sondern es auch immer bleiben wird. Das Spiel ist und bleibt eine zutiefst männliche Angelegenheit. Frauen können in dem Spiel nur funktionieren, wenn sie sich in gewisser Weise den systematischen Anforderungen »unterordnen«, denen wir uns noch widmen werden. Wohlgemerkt ist diese These nicht normativ aufzufassen, denn ich behaupte nicht, dass diese Asymmetrie im Geschlechterverhältnis so sein *soll* und plädiere selbst natürlich jederzeit für Möglichkeiten, die Strukturen, wo immer möglich, gerechter und »gender-sensibler« zu gestalten. Ich halte es für gut möglich, dass der »Frauen-Fußball« weiterhin an Beliebtheit gewinnen wird, nur eben dass er mit dem der Männer niemals völlig auf Augenhöhe sein kann. Gut möglich, dass ich mich hierbei täusche und von der Zukunft eines Besseren belehrt werde. Dafür bleibe ich offen, denn die These, die ich formuliere, hängt wesentlich auch von empirischen Elementen ab und ist nicht rein theoretisch konzipiert. Dessen ungeachtet erarbeite ich jedoch im weiteren Verlauf dieses Kapitels Aspekte, die den Fußball kennzeichnen und meines Erachtens in ihrer »klassisch« männlichen Konnotation nicht zu übersehen sind. Inwieweit sich die (sich noch deutlich in der Überzahl befindenden) männlichen Fans dem Fußball der Frauen und den Frauen generell öffnen, steht schließlich noch auf einem ganz anderen Blatt. Männer, die sich für »Frauen-Fußball« begeistern, werden von ihren männlichen Kollegen zumeist erst einmal skeptisch angesehen, wesentlich kritischer im Übrigen als Frauen, die »Männer-Fußball« gucken (sofern sie denn bestimmte Bedingungen erfüllen, die wir später noch erarbeiten werden).

Patriarchal geprägte und teilweise auch misogyne Züge liegen dem Fußball definitiv zugrunde. Ob das Vorurteil eines »Macho-Sports« letztgültig zu rechtfertigen ist, kann noch offen bleiben. Ein Einblick in unbewusste Strukturen ist jedoch äußerst hilfreich, um zu verstehen, warum sich doch insgesamt betrachtet – der wachsenden Popularität des »Frauen-Fußballs« zum Trotz – überproportional weitaus mehr Männer als Frauen für Fußball begeistern (von teilweise regional und kulturell bedingten Unterschieden, die global betrachtet aber eher zu vernachlässigen sind, abgesehen).

Methodisch scheint es mir daher an dieser Stelle geboten, das rein philosophische Terrain zugunsten einer psychoanalytischen Untersuchung vorerst zu verlassen. Die psychoanalytische Deutung über das Unbewusste im Fußball ist in der zeitgenössischen Forschung gar nicht einmal so unterrepräsentiert, sodass sie zu einflussreich ist, um sie hier vorzuenthalten (was nicht bedeutet, dass ich sie vollumfänglich teile).

Die Psychoanalyse setzt an bei dem Verständnis des Sports grundsätzlich als einer »Entfremdung«, einer Art künstlichen »Verschiebung« bestimmter Akte. Der Gedanke des »Spiels« dient hierbei als Vorwand, um dem Vorwurf von »Ernstgemeintheit« zu entgehen. In Wahrheit wird etwas Eigentliches in »Spiel« umgewandelt, in einen symbolischen Vollzug eines Aktes. Hinter der Oberfläche des Spiels und dessen Regeln und Zielen verbirgt sich demgemäß eine unbewusste Bedeutung, die den dahinterliegenden eigentlichen Kern des Ganzen ausmacht. Konsens scheint es jedenfalls zu sein, dass Spiele unter anderem der »Sublimation« dienen, also der Kanalisierung und Lenkung destruktiver Triebe in gesellschaftlich anerkannte Richtungen, um die verborgenen Wünsche dort ausleben zu können, ohne gesellschaftliche Ächtung oder Sanktionen erfahren zu müssen.

Orientierung bietet, wie gewöhnlich in der Psychoanalyse, Sigmund Freud mit seiner Arbeit »Totem und Tabu«, einem Werk, welches die Disziplin der Ethnopsychoanalyse begründete. Freud setzt sich in diesem Text mit dem unbewussten Seelenleben sogenannter »primitiver« Völker und Stämme auseinander. Im Einzelnen braucht uns der Inhalt der Schrift nicht zu interessieren, von großem Belang für unsere Zwecke ist jedoch die dort entfaltete Theorie der »Brüderhorde«, die zeitgenössische Psychoanalytiker immer wieder aufgreifen, um sie mit der »Mannschaft« im Fußball in ein analoges Verhältnis zu setzen. Freud geht von der Feststellung aus, dass die »Naturvölker« ein je eigenes Totemtier haben, welches feierlich verehrt wird und dessen Berührung oder gar Tötung unerlaubt ist.[135] Dies und das sogenannte »Inzestverbot« stellt Freud als die wichtigsten Tabus dieser Völker heraus, wenn er schreibt:

> Die entsprechende Tabubeschränkung aber besteht in dem Verbot, daß Mitglieder desselben Totemclans einander nicht heiraten und überhaupt nicht in Sexualverkehr miteinander treten dürfen. Dies ist die berühmte und rätselhafte, mit dem Totemismus verknüpfte Exogamie.[136]

Aufschlussreich wird es besonders, wenn Freud seine These vorstellt, wie genau es zum »Inzestverbot« und der »Heiligsprechung« ausgewählter Totemtiere gekommen ist. Theoretische Hintergrundannahme ist hierbei der schon längst in der Populärkultur angekommene (und nicht selten völlig fehlinterpretierte) »Ödipus-Komplex«, der auf die frühkindliche Entwick-

135 Vgl. Freud, Sigmund: Totem und Tabu. Einige Übereinstimmung im Seelenleben der Wilden und der Neurotiker. Hrsg. v. Anna Freud, Edward Bibring, Ernst Kris (ders.: Gesammelte Werke. 19 Bände. Hrsg. v. Anna Freud, Edward Bibring, Ernst Kris. Band 9). London 1940. S. 123f.

136 Ebd. S. 129.

lung eines (männlichen) Kindes bezogen ist, das sich zu der eigenen Mutter hingezogen fühlt und dabei in Konkurrenz zum Vater tritt, vor dessen »Über-Macht« (aus der kindlichen Perspektive) sich das Kind fürchtet und sich schlussendlich (nicht zuletzt aufgrund der fantasierten »Kastrationsangst«) mit ihm identifiziert. Die Erklärung, die Freud nun liefert, sieht ungefähr wie folgt aus:

Die männlichen Nachfahren haben sich als Brüder ursprünglich in der »Urhorde« vereint (dass es empirisch jemals so etwas gegeben hat, ist äußerst fraglich, doch Freuds Theorie ist als bloßes »Gedankenexperiment« nicht weniger wertvoll) und aus Eifersucht mit vereinten Kräften den mächtigen »Urvater« ermordet, der das alleinige Recht hatte, über die Frauen des Clans zu verfügen. Nach der Tat des Vatermordes stellen sich bei den Brüdern jedoch ambivalente Gefühlsregungen ein, die schließlich in Reue und Schuldkomplexe münden. Um sich beim getöteten Vater nachträglich als gehorsam zu erweisen und um den Zusammenhalt in der »Brüderhorde« nicht zu gefährden (denn das sexuelle Verlangen, das auf die Frauen des Clans gerichtet ist, befördert alle Brüder in ein extremes Konkurrenzverhältnis zueinander um die begehrten Frauen[137]), beschließen sie, auf die Frauen des eigenen Clans zu verzichten (»Inzesttabu«), und setzen an die Stelle des Vaters das Totemtier, das an seiner statt verehrt und in festlichen Ritualen verspeist wird, um den »Vatermord« damit zu wiederholen. Totemismus und Exogamie resultieren folglich aus dem Schuldbewusstsein der Brüder. Freud interpretiert diese Gefühlsregung von Reue als das, was in der Religion als »Ursünde« gilt und bringt damit seine Skepsis der Religion gegenüber zum Ausdruck, die seiner Ansicht nach aus infantilen Neurosen erwächst (»Gott« ist nichts anderes als ein projizierter Vaterersatz, der an die Stelle des ermordeten Vaters tritt). Die aufgestellten Tabus sind vor allem daher so interessant, da sie eine dem entgegengesetzte unbewusste Neigung zum Ausdruck bringen. Das, was verboten wird, ist das, was sich zutiefst gewünscht wird, ansonsten bestünde schließlich kein Anlass, es zu verbieten, wenn sich ja ohnehin niemand darum kümmerte. Es bedarf einer noch stärkeren äußeren Kraft, um eine ohnehin schon starke innere

---

137 Vgl. Ebd. S. 172.

zu überbieten und in Zaum zu halten: »Grundlage des Tabu ist ein verbotenes Tun, zu dem eine starke Neigung im Unbewußten besteht.«[138] Inzest ist vor diesem Hintergrund nicht als widernatürliches Verlangen einzustufen, sondern im Gegenteil als ein intensiv verspürtes Bedürfnis, das nur durch »väterliche« Autorität an der Verwirklichung gehindert werden kann.

Bei aller Kritik an Freud, die uns im Einzelnen nicht zu interessieren braucht, hindert dies viele Psychoanalytiker nicht daran, die These der vatermordenden »Bruderhorde« erneut zu beschwören und zwar hinsichtlich deren symbolischer Verwirklichung im Fußballspiel.

Einer von ihnen ist der Psychiater und Psychoanalytiker Wolfgang Leuschner, der in den Maskottchen der Fußballvereine wie dem Geißbock des 1. FC Köln und dem Adler Eintracht Frankfurts die Rückkehr der Totemtiere glaubt, erkannt zu haben, und darüber hinaus das Verbot des Berührens des Balles mit der Hand als eindeutig totemistisches Tabu auffasst.[139] Viel entscheidender – und hier kommt das Geschlechterverhältnis ins Spiel – ist aber die psychoanalytische Identifizierung der (männlichen!) Fußballmannschaft mit der Freud'schen »Brüderhorde« in dem Zustand *nach* dem Vatermord: Die Spieler sind die zusammen »jagenden« Brüder, eine Vaterfigur ist direkt nicht ersichtlich. Am ehesten entspricht dieser noch der Trainer vor allem bei besonders charismatischen wie dem Freiburger Trainer Christian Streich oder Jürgen Klopp vom FC Liverpool. Die väterliche Autorität des real abwesenden Vaters hat sich jedoch längst in den Regeln des Spiels manifestiert, in dessen Geboten und Verboten (den Tabus!), die strengstens einzuhalten sind. Daher kommen die »Brüder« ohne den »Vater« aus, er ist in Form des Regelwerkes längst internalisiert.

Weiterhin schließt die psychoanalytische Deutung des Fußballs an das bereits thematisierte »Inzestverbot« als Folge des schuldhaft verarbeiteten Vatermordes an. Dass in einem Fußballspiel zwei Mannschaften gegeneinander antreten, wird eingeordnet als der symbolisch ausgetragene Kampf zweier verschiedener Clans um die begehrten Frauen des jeweils anderen. Die eigenen Frauen, die zum Tabu ernannt wurden, müssen dabei jeweils

138 Ebd. S. 42.

139 Vgl. Leuschner, Wolfgang: Der Torschrei. Essay über das Unbewusste im Fußballspiel. Frankfurt a.M. 2021. S. 56.

»verteidigt« und »beschützt« werden, vor den Angriffen der feindlichen »Horde«, während man sich selbst darum bemüht, bei denen des Feindes einen »Treffer« zu landen. Die Frauen sind im Fußball der Männer zwar nicht real präsent, doch das ist überhaupt nicht vonnöten, denn symbolisch dreht sich das ganze Spiel um sie. Sie werden assoziiert mit dem Tor, dem viereckigen Gehäuse, in dem es gilt, den Ball zu versenken. Vor allem in Bezug auf die Traumsymbole lässt Freud selbst keinen Zweifel daran, dass Truhen, Gehäuse oder Behälter und alles, das in irgendeiner Form der Vagina der Frau ähnelt, stets das Weibliche repräsentieren. Interessant ist auch, dass manche Trophäen, wie die deutsche »Meisterschale«, ebenso hinsichtlich ihrer Form der Symbolik des Weiblichen nachempfunden sind, was zusätzlich belegt, dass Frauen die »Trophäen« sind, um die es im Fußball geht. Dies könnte gegebenenfalls ein Grund dafür sein, warum viele Männer reale Frauen gerne vom Fußball ausschließen und sich Spiele lieber mit ihren besten Freunden ansehen statt etwa mit den Ehefrauen und Partnerinnen. Das Spiel dreht sich ja schon nur um die Frauen und befriedigt damit eine typisch männliche Lust, an der nur andere Männer teilhaben sollen und nicht noch weitere Frauen. Sie identifizieren sich mit den Spielern, die als »Brüder« der Mission des »Frauenraubes« nachgehen. Dahinter verbergen sich natürlich Vergewaltigungswünsche – »Vergewaltigung« deshalb, weil das »beglückende« sexuelle Erlebnis einseitig ist: »Der Torwart, der den Ball hineingeschossen bekommt, würde den Vorgang niemals als beglückende Kopulation erleben. Fußball ist zwar wie Sex, aber nur für eine Seite.«[140] Aufschluss darüber gibt die zum Teil sehr explizit sexuelle Konnotation des Fußballspiels und dessen Metaphern. Der Ball wird geführt mit dem Fuß, einem Phallussymbol. Wenn er »geschossen« wird, erinnert dies an eine Ejakulation, der im Falle eines »Treffers« eine Schwängerung der Frau des gegnerischen »Clans« folgt. Der »Freistoß« kann in diesen Kontext freilich eingegliedert werden als die Hoffnung auf einen »Stoß« in ein weibliches Becken. Vulgär, wie der Fußball ist, verwenden nicht wenige erhitzte Fans gar die eindeutige Formulierung, den Ball ins Tor zu »wichsen« und den Gegner damit zu »ficken«. Leuschner dazu:

140 Schümer: Gott ist rund. S. 13.

> Betrachtet man dieser Deutung folgend alle Drei, Fuß und Ball und Tor, zusammen und aufeinander bezogen, so wird aus jedem Torschuss ein Begattungsakt und das Spielziel zu einer aggressiven Schwängerung. Das Torgehäuse – ein weiblicher Schoß.[141]

Die auf Sexualverbrechen fokussierte »Brüderhorde« wird damit zur »Kriegshorde«, die ihre eigene kollektive Identität dadurch gewährleistet, dass sie sich gemeinsam gegen einen Feind zur Wehr setzt, dessen Frauen sie in Folge des totemistischen Gebotes der Exogamie begehren, ein Gedankengang, der sich bei Freud nicht explizit findet und der erst bei seinen Nachfolgern gereift ist. In der verräterischen Sprache und Metaphorik des Fußballs äußert sich damit also ein gewisser Zusammenhang von destruktiver Sexualität und kriegerischer Gewalt, was nahelegt, dass die Sprache des Fußballs entweder militaristisch (siehe das Kapitel »Kriegsmetaphorik«) oder sexuell gedeutet werden kann. Daher stellt Leuschner heraus, dass sich die Gewalt im Fußball grundsätzlich »nicht nach innen gegen einen Führer oder die eigenen Hordenbrüder, sondern grundsätzlich nach außen«[142] richtet. Diese könnte erklären, warum Spieler und Trainer in Interviews oder bei anderen öffentlichen Äußerungen stets derartig bemüht sind, »mannschaftliche Geschlossenheit«, Zusammenhalt und Eintracht zu beschwören und dass der Erfolg fast ausnahmslos immer ausbleibt, sofern diese innere Stabilität und Harmonie bedroht ist.

Zum weiteren Ziel des Fußballs wird es vor dem Hintergrund dieser Annahmen nicht zwingend, die gegnerischen »Frauen« zu »begatten«, sondern zusätzlich zu verhindern, dass es der feindliche »Clan« bei den eigenen vornimmt. Aus diesem Grund gibt es für einen Fußballspieler kaum eine größere Schmach und Scham als ein »Eigentor«, das psychoanalytisch dahingehend decodiert wird, dass es sich hierbei um den strengstens mit einem Tabu belegten »Inzest« handelt. Der Spieler konnte seinen unbewussten Wunsch nach Geschlechtsverkehr mit den eigenen Frauen nicht zurückhalten und »schwängerte« die eigene »Mutter«, womit der Bezug

141 Leuschner: Torschrei S. 74.
142 Ebd. S. 60.

zum Ödipus-Komplex gewahrt ist. Das Verhindern, dass der Gegner einen »Treffer« bei den streng zu beschützenden Frauen des eigenen »Clans« landet, ist gar von solch großer Wichtigkeit, dass es im Fußball eine Position gibt, die sich gar ausschließlich mit der Verteidigung des eigenen Tores beschäftigt und als große Ausnahme dafür sogar vom Tabu des Handspiels befreit ist: Der Torwart! Er verteidigt unter Zuhilfenahme seiner Hände die »Mutter« der »Horde« vor den Angriffen des feindlichen »Clans« und damit steht er in gewisser Weise außerhalb der eigenen Horde, da er sich in aller Regel nicht an den Angriffen auf die Frauen der anderen beteiligt, sondern ausschließlich die eigenen beschützt. Großen Torhütern haftet daher immer wieder etwas Einsames an, man denke an Oliver Kahn, der nach dem verlorenen WM-Finale 2002, an dem er mit großen Patzern einen nicht unerheblichen Anteil hatte, völlig allein und in sich versunken in »seinem« Tor hockte.

Das Nicht-Verlieren-Wollen im Fußball, das die Lust, selbst zu gewinnen, übersteigt (vor allem dann, wenn der Gegner spielerisch deutlich überlegen ist, also eine übermächtige »Brüderhorde« darstellt), findet psychoanalytisch darin seine Begründung, dass man »es« nicht erneut zulassen will. Man will keine Wiederholung des frühkindlichen Traumas, der Erfahrung der »Ur-Szene«, wenn das Kind den Geschlechtsverkehr der Eltern miterlebt und leidvoll erfährt, dass der Vater die selbst so begehrte Mutter sexuell »besitzt«. Die »Mutter« muss »rein« gehalten werden, sie darf nie wieder von anderen begattet werden. Dass das eigene Tor »rein« gehalten wird (nicht umsonst spricht man im Falle eines Spieles ohne Gegentor davon, der Torhüter habe eine »weiße Weste« bewahrt), stellt die oberste Priorität des Spiels dar, gleichbedeutend mit der damit einhergehenden »Kastrierung« der Gegner, denn dann ist »der Ball am Fuß der Gegner nicht mehr nur Phallusteil und Sperma, er ist […] kastrierende Waffe, das Werkzeug der schwersten Demütigung.«[143] Dass die Erfolge und Misserfolge der eigenen »Brüderhorde« eine solch gewaltige Emotionalität beim Publikum bewirken, liegt gemäß der psychoanalytischen Deutung also darin begründet, dass Männer, mit denen sich durchaus auch homoerotisch identifiziert

143 Ebd. S. 81.

wird, über die »Verteilung« von Frauen untereinander entscheiden und den destruktiven Mechanismen von »Spaltung« (etwa in »gut« und »böse«) und »Projektion« alle Tore öffnen, um diese metaphorische Formulierung aufzugreifen. Die Deutung des Tores als »Ort der Männlichkeit, der Verpflichtung von Männern«[144], nimmt auch Gunter Gebauer in einem Aufsatz vor und verweist auf die Gleichsetzung des Tores mit dem Haus (das nicht umsonst psychoanalytisch ohnehin mit der »Mutter« und der »Frau« assoziiert ist), das die Männer vor feindlichen Übergriffen zu schützen haben, und was im Falle eines Scheiterns einer »symbolischen Schändung«[145] gleichkommt. Es ist wohl vor allem die Identifikation mit der männlichen »Beschützerrolle« und den damit verbundenen Werten sowie andererseits die dem entgegengesetzten Ideal des »Eroberers«, die den Fußball so hervorragend für männliche Fantasien eignen lassen. Die insbesondere männliche und weltweite Faszination von Fußball fasst der Psychoanalytiker Alexander Drandarevski dahingehend treffend zusammen, dass »im Fußballspiel (hetero)sexuelle Szenen immer wieder hergestellt werden, die sich hin und wieder in Toren als orgiastische Entsprechungen entladen […].«[146]

Ihre Gefühle von Zuneigung und homoerotischen Wünschen (als Folge des intensiven gemeinschaftlichen Zusammenhalts unter Männern) äußern die Spieler in den entgegengesetzten Handlungen. Statt sich zu küssen, gibt es den freundschaftlichen »Klaps« auf den Hintern, das »High Five« oder kräftige Umarmungen. Unter Gegnern kann sich dies freilich anders abspielen, etwa durch heftige Zweikämpfe, gnadenlose Fouls oder wie Drandarevski den berühmten Kopfstoß Zidanes gegen Materazzi im WM-Finale 2006 deutet:

> Hierbei stellt sie im Zusammenhang mit den vorangegangenen Szenen zwischen den beiden Spielern eine homoerotische Versuchung-Versa-

---

144 Gebauer, Gunter: Nationale Repräsentation durch Fußball. In: Adelmann, Ralf u.a. (Hrsg.): Querpässe. Beiträge zur Literatur-, Kultur- und Mediengeschichte des Fußballs. Heidelberg 2003, S. 13–25. Hier S. 23.

145 Ebd. S. 23.

146 Drandarevski, Alexander: Die Anwendung psychoanalytisch-interaktioneller Positionen in der fußballerischen Praxis. »… entscheidend is' auf'm Platz«. In: Forum der Psychoanalyse 37(2021), S. 61–77. Hier S. 64.

gung-Hypothese auf, die Zidane in seinem letzten Länderspiel zur Abwehr seiner sexuell-triebhaften Wünsche an den Gegenspieler zum Kopfstoß verleiteten.[147]

Freilich gäbe es in dieser Hinsicht noch viel mehr mitzuteilen. Doch beenden wir an dieser Stelle den Rückgriff auf psychoanalytische Theorien und Deutungsmuster und besinnen uns zurück auf die Philosophie als unsere Hauptdisziplin. Die Psychoanalyse des Fußballs lässt keinen Zweifel daran, dass Fußball ein zutiefst und absolut elementares männliches Spiel ist, das wie kaum etwas anderes spezifisch männliche Themen unbewusst verarbeitet. Der »Frauen-Fußball« muss vor diesem Hintergrund schon konsequenterweise als das »Andere« aufgefasst werden, als die »Abweichung«, die eigentlich über keine Existenzberechtigung verfügt, da die psychoanalytische Perspektive ausschließlich die männliche Sicht einnimmt. »Frauen-Fußball« muss in Anbetracht dessen »kastriert« wirken und das geringe Interesse an ihm darin begründet liegen, dass Fußball als männliches Spiel eben auch nur Männer ansprechen kann. Die Identifikation erfolgt nicht mit der relativ, sondern der absolut besten Leistung, nämlich mit der »Horde«, die am »potentesten« ist. »Frauen-Fußball« kann ästhetisch dem der Männer in nichts nachstehen, ja ist manchmal sogar vielleicht schöner anzuschauen, aufgrund athletischerer und leichtfüßigerer Bewegungen. Es verbleibt jedoch der Eindruck, dem sich wohl kaum jemand ernsthaft erwehren wird, dass die besten Männer-Mannschaften die besten der Frauen jederzeit zu schlagen imstande wären. Frauen sind in der psychoanalytischen Deutung bereits auf dem Platz symbolisch vorhanden, sodass es gar nicht mehr erforderlich, ja sogar widersprüchlich wäre, wenn sie selbst auch noch spielten. Man kann es wenden wie man möchte, die Deutungsmuster der Psychoanalyse in Bezug auf den Fußball lassen sich unmöglich auf den Fußball der Frauen anwenden. Es ist eine androzentrische Deutung. Darin liegt wahrscheinlich auch begründet, dass sie nicht unbedingt gut gealtert ist, denn »Frauen-Fußball« lässt sich nicht, wie noch vor einigen Jahren, völlig wegdiskutieren, da er mittlerweile in der Gesellschaft voll angekommen

147 Ebd. S. 63f.

ist. Die psychoanalytische Deutung leistet zwar wichtige Beiträge bezüglich des Gender-Verhältnisses im Fußball, das ein asymmetrisches, misogynes und hierarchisch strukturiertes zu sein scheint, gelangt jedoch in seinem Miteinbezug des Phänomens der Frauen im Fußball (übrigens auch als Fans, nicht nur als Spielerinnen) an seine Anwendungsgrenzen. Fußball als »Männerangelegenheit« ist jedoch historisch grundsätzlich nicht bezweifelbar, wenn man zudem noch bedenkt, dass Frauen das Fußballspielen sogar noch bis weit ins 20. Jahrhundert hinein völlig verboten war. Die psychoanalytische Deutung hat ihre große Stärke darin, die Genese des Gender-Verhältnisses aufdecken und skizzieren zu können und dessen unbewusst psychisches Zustandekommen darzulegen. Sie liefert jedoch keine allumfassende Erklärung, da sie die Bedeutung der Regeln und Strukturen des Spiels nicht als das auffasst, was sie offensichtlich sind, sondern nur als Ausdruck einer vermeintlich »wahren« unbewussten Bedeutung konzipiert. Aus diesem Grund ist die Psychoanalyse ergänzungsbedürftig um soziale und kulturelle Überlegungen, wenngleich sie uns bis hierhin einen wichtigen Dienst erwiesen hat (freilich muss man ihre Erkenntnisse nicht für wahr halten).

Was die Psychoanalyse nämlich völlig vernachlässigt, weil sie dafür nicht unbedingt zuständig ist, sind nämlich die sozialen Faktoren. Dass Frauen in früheren Zeiten deutlich weniger Interesse an Fußball gezeigt haben als die Männer (was empirisch aber auch heutzutage noch der Fall ist), muss nicht notwendig daran liegen, dass das Spiel ein rein männliches Interesse befriedigt. Jungen wachsen in den meisten Gesellschaften schließlich fast schon mit einem Fußball auf, während Mädchen traditionellerweise immer noch in der Art erzogen werden, dass sie ganz andere Interessen und auch Talente entwickeln (sollen). Das muss nicht naturalistisch mit Verweis auf angeblich »angeborene« oder »biologisch« bedingte Neigungen, sondern kann vielleicht noch besser mit gesellschaftlichen Konventionen und stereotypen Rollenzuschreibungen von typisch männlich und weiblich erklärt werden. Dass der »Frauen-Fußball« bis auf den heutigen Tag vergleichsweise unterrepräsentiert ist, lässt sich zweifellos ebenso auf eine jahrzehntelange absichtliche und daher ideologisch motivierte Marginalisierung zurückführen, was sich unter anderem im eben schon erwähnten

Verbot der fußballerischen Beteiligung von Frauen niedergeschlagen hat. Der Fußball der Frauen wurde lange Zeit, auch nachdem er erlaubt und genehmigt wurde, abgewertet, über die Spielerinnen wurde sich lustig gemacht, von fairen Bezahlungen ganz zu schweigen. Dass das Interesse am »Frauen-Fußball« damit geringer ist als an dem der Männer, ist logisch völlig nachvollziehbar. Die Frauen haben (um in der Fußball-Sprache zu bleiben) eben einen riesigen »Rückstand« aufzuholen.

Neben den von der Psychoanalyse aufgedeckten unbewussten Bedeutungen des Fußballspiels, die ich, wie bereits dargelegt, zwar nicht in Gänze teile, jedoch auch nicht völlig verwerfen möchte, sind es die kulturellen Bedingungen, die den »Frauen-Fußball« zur Nebensache degradiert haben. Beide Komponenten zusammen ergeben ein düsteres Bild vom Fußball der Frauen, das meiner These zufolge darin besteht, dass er mit dem Fußball der Männer niemals völlig gleichziehen, sondern höchstens halbwegs Schritt halten kann. Mit Meuser möchte auch ich daher behaupten: »Der Verbindung von Fußball und Weiblichkeit fehlt es an der Fraglosigkeit, mit der Fußball und Männlichkeit als eine Einheit gesehen werden.«[148]

Einzig die Kommerzialisierung des modernen professionellen Fußballs, die sich beinahe nur noch für das Ökonomische interessiert, kann dazu führen, dass Frauen dauerhaft auch als Zuschauerinnen in den Stadien präsent sind, da sie als zahlungskräftige Kundinnen für den Markt attraktiv sind, wie Almut Sülzle korrekterweise bemerkt[149], was an der grundsätzlich männlich dominierten Kultur im Fußball jedoch langfristig nur wenig ändern dürfte.

Die patriarchale Struktur und Kultur des Fußballs ist nämlich, und darin stimme ich mit der These Almut Sülzles völlig überein, männlich codiert, da sie auf männlichen Werten beruht. Daran ändert auch nichts, dass versucht wird, möglichst viele Frauen zu integrieren, sei es als aktive Spielerinnen oder als passive Zuschauerinnen. Egal ob Männer oder Frau-

148 Meuser: It´s a Men´s World. S. 130.

149 Sülzle, Almut: Männerbund Fußball – Spielraum für Geschlechter im Stadion. Ethnographische Anmerkungen in sieben Thesen. In: Dinges, Martin (Hrsg.): Männer – Macht – Körper: Hegemoniale Männlichkeit vom Mittelalter bis heute. Frankfurt a.M. 2005, S. 173–191. Hier S. 175.

en, die Werte des Fußballs bleiben stets ein Überbleibsel patriarchalischer Denkweisen. Fielen diese weg, gäbe es das Spiel Fußball in der Form, wie wir es kennen, nicht mehr, da es – rein historisch und kulturell betrachtet – selbst ein Relikt patriarchaler Zeiten ist. Dies lässt sich nicht so einfach ändern. Hier liegt der Kernaspekt meiner These begründet, denn selbst wenn die Frauen mit den Männern im Fußball wirklich eines Tages auf Augenhöhe sein sollten (was ich nach wie vor bezweifle, was aber selbstverständlich denkbar wäre), subsumierten sie sich unter männlichen Werten. Die Frauen im Fußball werden also paradoxerweise »vermännlicht«, es erfolgt, wie ich aufzeigen werde, eine Homogenisierung eigentlich heterogener Elemente. Die kulturellen und möglicherweise psychologischen Faktoren waren in der Vergangenheit schlichtweg zu stark und haben das Spiel in dieser Form erst hervorgebracht und weiterhin spürbar geprägt. Äußere Einflüsse auf bereits festgefahrene und starre Strukturen des Fußballs, wie sie aktuell angestrebt und zum Teil auch schon umgesetzt werden, haben keine entscheidende Wirkung mehr auf den Kern des Fußballspiels und die Fußballkultur, sondern können allenfalls marginale Änderungen herbeiführen. Sogar wenn Frauen in der Überzahl wären, ja wenn Fußball gar eines Tages nur noch von Frauen gespielt und geschaut würde, dann wären die Strukturen, Denkmuster und Werte, auf die sie sich einließen, nach wie vor und unhintergehbar männlich geprägt. Würden sie gegen diese vorgehen, schafften sie das Spiel als solches ab und ersetzten es durch ein neues. Im Folgenden möchte ich diese zahlreichen (und wie ich zugebe, äußerst strittigen) Behauptungen argumentativ und beispielhaft unterlegen.

Das Stadion ist wohl für viele Männer einer der letzten verbliebenen Orte, an denen sie noch ihre »Männlichkeit« ausleben können, mit allem, was in ihren Augen dazugehört. Neben militaristischen Werten wie »Stärke« und »Härte« spielt auch der Faktor eine wichtige Rolle, dass Männer in einer Gesellschaft, die ihnen stets diese »Härte« und »Unnachgiebigkeit« abverlangt und gar als männliche Ideale postuliert, vielleicht nur im Stadion noch ausschließlich alle Emotionen zeigen und sogar weinen dürfen, ohne als »Schwächlinge« verurteilt zu werden. Andererseits ist die heutige Gesellschaft eine des Triebverzichtes, die ständig verlangt, den (männlichen) Trieb zu unterdrücken, zurückzuhalten, ihn zu verteufeln. Fußball schafft hier als Ventil Abhilfe, indem er genau die Triebe und Emotionen zulässt und legitimiert, die ansonsten mehr und mehr in Verruf geraten. Wie zu Beginn des Kapitels herausgestellt, werden im gesellschaftlichen Diskurs die traditionellen »Werte« ohnehin immer stärker hinterfragt und aufgeweicht, doch im Fußball als diesem »Relikt« archaischer Zeiten (wie die Psychoanalyse aufzeigt) haben sie noch Gültigkeit. Man kann kaum erahnen, was es für einen Mann in diesem Zusammenhang bedeutet, sich derartig intim und verletzbar zu präsentieren, und dass er daher kein großes Interesse daran hat, den Frauen, denen gegenüber er sich stets als »stark« und »potent« erweisen möchte, darauf Zugriff zu gewähren.

Dessen ungeachtet besteht im Fußball die projektive Verachtung des Männer-Kultes für alles »schwache« und »weibliche«. Das Denken ist ein dichotomes. Es ist in Binäroppositionen angeordnet, die Strukturen des Spiels selbst legen diese immanent nahe. Die Zahl zwei ist im Fußball von außerordentlicher Bedeutung, gegensätzliche Kräfte wirken in ihr aufeinander. Zwei Mannschaften und mit ihnen zwei Fan-Lager stehen sich konträr gegenüber, es gibt nur das Gewinnen oder das Verlieren, den Erfolg oder den Misserfolg, und daher auch nur Stärke und Schwäche, Härte und Weichheit. Dies führt dazu, dass in den Fan-Lagern nach wie vor, trotz der psychoanalytisch bereits thematisierten homoerotischen Tendenzen des Fußballs, Homosexualität stark bekämpft wird (zweifelsohne eine psychische »Abwehr« der eigenen Neigungen, die vom Selbst abgestoßen und auf ein äußeres Objekt projiziert und dort im Außen statt im Innern bekämpft werden), was man zurecht als »rückständig« anprangern kann. Nicht umsonst ist die Zahl derjenigen aktiven Spieler, die sich als homosexuell geoutet haben, nach wie vor äußerst gering und die Furcht vor einem öffentlichen Coming-Out weiterhin stark, wenngleich sich hier momentan vieles bewegt. Im dichotomen Denken der Fußballkultur, die keinerlei Ambiguitätstoleranz zulässt und Ambivalenzen stets zugunsten der Eindeutigkeit auflösen und daher in starre Binäroppositionen einteilen muss, die nach stereotypen Eigenschaften angeordnet sind, ist für als »unmännlich« empfundene Fußballspieler kaum Platz. Homosexuelle Spieler werden auf die Seite des Weiblichen transferiert, zu dem ein ohnehin schon angespanntes, wenn nicht gar offen feindliches Verhältnis besteht (die Frauen werden schließlich verobjektiviert und sexualisiert, gemäß der psychoanalytischen Deutung, worin sich eine offene Frauenverachtung äußert). Die Spieler müssen tatsächlich nicht einmal tatsächlich homosexuell sein. Allein ein als »weibisch« empfundenes Verhalten kann ausreichen. So erfreut sich der »Schönling« unter den Fußballspielern, David Beckham, der nach seiner Karriere vor allem als Modell in Erscheinung getreten ist, nicht einer allzu großen Beliebtheit und unter manchen Fans hat es aus ähnlichen Gründen auch der fußballerisch brillante Cristiano Ronaldo zuweilen schwer, da ihnen »Härte« und »Männlichkeit« tendenziell eher abgesprochen wird. Selbstverständlich gilt dies nicht für alle Teile der Fankultur, insbesondere nicht für gemäßigte Fans. Aufschlussreicher als diese sind aber die Extremfälle, die Hooligans und »Ultras«, die noch wesentlich stärker an ihren patriarchalen und dichotomen Denkmustern hängen als andere. Sie sind das Unbewusste des Fußballs und bieten sich daher besonders gut an, um Gedanken und Handlungen an ihnen exemplarisch abzulesen.

Verehrt wird das traditionell Männliche, assoziiert mit »Stärke«, »Härte«, »Durchsetzungsfähigkeit«, aber auch »Ehre«, »Treue« und dergleichen (siehe etwa das Kapitel »Ideologien des Fußballs«). Das Weibliche wird im Zuge dieses dichotomen Denkens dagegen mit »Schwäche« und »Weichheit« in Verbindung gebracht. Man denke nur an die Idealisierung der männlichen Unbarmherzigkeit, die im Spitznamen für die Mannschaft vom 1. FC Union Berlin zum Ausdruck kommt: »Die Eisernen«. Laut Gunter Gebauer ist das kein Zufall, denn

> […] Sport ist historisch gesehen eine Männerdomäne. Die darin wichtigen Themen sind Agon, Wettkampf, Beherrschen von Gegnern und Meisterung des Zufalls, Unterordnung zum Zweck des Sieges, dies alles verbunden mit körperlicher Stärke, Einmaligkeit, Phantasien von Unsterblichkeit – […] überwiegend eher männliche Faszinosen.[150]

Es soll nicht bezweifelt werden, dass eine Frau ebenso »hart«, »stark« und »durchsetzungsfähig« sein kann und andersherum ein Mann »empfindsam«

---

150 Gebauer: Nationale Repräsentation. S. 20.

und »schwächlich«. Ist es doch grundsätzlich sowieso viel angebrachter, solche Klassifizierungen endgültig zu verbannen und der Vielfalt Platz zu machen. Natürlich teile ich persönlich den Wunsch danach, Stereotypen nach Möglichkeit abzubauen, doch soll hier völlig ohne normative Bewertungen nur ein tatsächlich vorliegender Diskurs rekonstruiert werden, der mir im Fußball gegenwärtig (und historisch ganz zu schweigen) nach wie vor stark ausgeprägt zu sein scheint, ja vielleicht sogar heutzutage nur noch im Fußball in dieser extremen Form existiert. Aufgrund dieser eben gegebenen Historizität werden vermeintliche Werte wie »Stärke« und »Ehre« immer männlich konnotiert bleiben, selbst wenn sie eine Frau vertritt und ein Mann nicht, was selbstverständlich immer möglich sein kann. Hier gilt es, abstrakt und systematisch zu denken und nicht individualistisch und personalisiert.

Ich möchte daher unterscheiden zwischen »Mann« und »Frau« als biologischen Kategorisierungen und zwischen »männlich« und »weiblich« als sozialen Konzepten. Demzufolge ist es widerspruchsfrei möglich, »männliche Frauen« (etwa durchsetzungsstarke und ehrgeizige Frauen) und »weibliche Männer« (etwa zurückhaltende und schüchterne Männer) zu konzipieren.

Damit eine Frau im Fußball irgendwie Anerkennung findet, muss sie sich wohl oder übel diesen männlichen »Werten« beugen und sie annehmen. Dirk Schümer dazu:

> [...] Fußball ist nur möglich aus einer ganz bestimmten Grunddisposition männlicher Sexualität, bei der Frauen zu dulden oder bestenfalls abseits zu stehen haben. Frauen, die trotzdem am Fußball teilhaben möchten [...], wird dies bloß gestattet, wenn sie den Männerjargon erlernen und eine Mimikry an die männliche Fußballerotik vollziehen.[151]

Dann und nur dann kann es ihr gelingen, unter männlichen Fans als gleichberechtigt zu gelten. Sie wird dann als eine der »ihren« angesehen. Sie werden allerdings selbst dann medial noch »zur Ausnahme stilisiert«,

151 Schümer: Gott ist rund. S. 15.

wie Sülzle bemerkt.[152] In diesen Kontext einzuordnen ist das Narrativ vom »echten« Fan, das einen solchen beschreibt, der »treu« zu seinem Verein hält in »guten wie in schlechten Zeiten« und ritterliche Tugenden wie »Kameradschaft« und »Konkurrenz« nicht nur anerkennt, sondern selbst aktiv lebt. »Unechte« Fans sind in Abgrenzung davon solche, die sich beispielsweise nicht für den Verein an sich interessieren, sondern nur für die Spieler, die häufig besonders geliebt werden. Ein Verstoß gegen ein wichtiges Fan-Gebot, wonach der Verein stets über den Spielern steht, da er das »Notwendige« ist und die Spieler nur das »Kontingente«. Dies wird überdurchschnittlich häufig den Frauen nachgesagt und hier liegt zweifelsfrei ein Fall von Sexismus vor: Diese schwärmten eher für Einzelspieler und nicht für den Verein und könnten daher keine »echten« Fans sein. Frauen sind also einer ganz besonderen Skepsis ausgesetzt und müssen sich grundsätzlich zunächst einmal als würdig erweisen, in den Rang eines »echten« und damit gleichberechtigten Fans erhoben zu werden. Die Hürden und Anforderungen an andere Männer sind dagegen zumeist deutlich geringer. Die Unterteilung in »echte« und »unechte« Fans nimmt zwar schlussendlich keine Differenzierung mehr in männlich und weiblich vor (wobei sie nach wie vor sehr dichotom ist), da ihre Merkmale auf männlichen »Tugenden« beruhen, bleiben sie im Grunde jedoch notwendig anti-feministisch und patriarchalisch, womit eine hegemoniale Männlichkeit und daraus resultierend asymmetrische Machtstrukturen zwischen den Geschlechtern aufrechterhalten und reproduziert werden. Frauen können also durchaus zu Ansehen und Ruhm innerhalb der Sphäre des Fußballs gelangen, das wird an keiner Stelle bestritten. In dem Fall können sie sich auch als ebenbürtiger Teil der Gemeinschaft integrieren. Möglich macht dies alles aber nur eine Anpassung an die Ideale der Männlichkeit, die im Fußball vorherrschen, worunter stereotype Weiblichkeit definitiv nicht fällt. Hat man die sozialen Regeln der patriarchalen Fußballkultur allerdings akzeptiert, so ist vieles möglich und es bieten sich ungeahnte und unerwartete Freiräume. Bei Sülzle heißt es diesbezüglich:

---

152 Sülzle: Männerbund Fußball. S. 173.

> Das Stadion ist ein so männlich konnotierter Raum, daß es für Männer (unter dem Deckmantel Fußball) möglich wird, ganz unterschiedliche Männlichkeiten auszuleben, ohne in den Verdacht zu geraten, unmännlich zu sein. Das zeigt sich auch an den Berührungen unter Männern, die auf den Rängen möglich sind. Da wird umarmt, geherzt und geküßt, aber auch öffentlich geweint und getröstet.[153]

Interessant ist vor allem, dass diese Verhaltensweisen und Emotionen klassischerweise (und natürlich ganz besonders im dichotomen Denken) dem Weiblichen zugeordnet werden. In ganz bestimmten Kontexten, können sie nun doch als männlich gelten und damit eine Umdeutung – oder eine »Umwertung der Werte«, nietzscheanisch ausgedrückt – erfahren. All dies geschieht nur, wie Sülzle wichtigerweise betont, ausschließlich unter dem »Deckmantel« des Fußballs, was als weiterer Beleg dafür dient, dass dieser derartig männlich aufgeladen und konnotiert ist, dass er alle anderen Aspekte mühelos übertrumpft und selbst Widersprüche in sich vereinen kann. Ein fußballbegeisterter Mann wird niemals in seiner Männlichkeit angezweifelt werden. Nichtsdestotrotz offenbart dieser Befund, dass selbst im Fußball Geschlechterverhältnisse zuweilen durchaus fluide sein können und mit den klassischen Geschlechterrollen zumindest innerhalb eines klar umgrenzten Rahmens, den eben die patriarchalen »Werte« bilden, gespielt werden kann. Für manche Frau kann das Stadion sicherlich auch ein Ort der Freiheit und Emanzipation sein, nämlich als der Ort, an dem sie sich mal nicht so verhalten muss wie ein »echtes« Mädchen, sondern diese Grenzen einmal überschreiten darf. Das Genderverhältnis im Fußball bietet also einiges an »Zündstoff« und spannungsreiches Konfliktpotential, ist allerdings mitnichten einseitig negativ einzustufen. Dennoch bleibt es grundsätzlich bei einer Unterordnung unter die männlichen »Werte«. Wer sie akzeptiert und ihnen gemäß agiert, kommt in den Genuss gewisser Freiheiten. Denn hier egalisiert sich die Differenz von männlich und weiblich völlig, der Gegensatz wird, hegelianisch gesprochen, »aufgehoben« und es überwiegen schlichtweg andere Merkmale, wie die gemeinsame »Liebe« zum Verein,

153 Ebd. S. 182.

doch bis dahin ist es ein steiniger Weg. Selbst behavioristisch scheinen sich einige Frauen den Anforderungen der »Männer-Domäne« Fußball anzupassen, tragen Kutten, trinken Bier und brüllen aus voller Kehle. Notwendig scheint dies zwar nicht zu sein (man bedenke schließlich, dass auch Männer mit langen Haaren, so lange sie in den Rang eines »echten« Fans erhoben sind, völlig gleichberechtigt sind), dennoch ist die Tendenz von Homogenisierung nicht zu leugnen. Sind nicht auch die unter Männern angesehensten Spielerinnen solche, die besonders »männlich« wirken? Man denke hierbei an Alexandra Popp, die Stürmerin des VFL Wolfsburg, die deutschlandweit vor allem durch ihre hervorragenden Leistungen bei der EM 2022 Bekanntheit erlangte. Ich vermute, dass nicht nur ihre vielen Tore, sondern auch ihr durchaus kräftiges, robustes, selbstbewusstes und damit keinesfalls »mädchenhaftes« Auftreten und äußeres Erscheinungsbild dazu beitragen, dass sie auch von männlichen Fans ernstgenommen wird. »Frauen-Fußball« muss nur hinreichend viele als männlich eingestufte Merkmale, wie Kampf, Härte und Einsatzbereitschaft, aufweisen und dann beginnen sich durchaus auch Männer dafür zu begeistern, was empirisch durchaus belegbar ist.

Abschließend möchte ich darauf hinweisen, dass dieses Kapitel keineswegs den Anspruch verfolgt, Stereotypen und dichotomes Denken aufrechtzuerhalten. Vielmehr habe ich bewusst die Position des Fußballs eingenommen, in dem Wissen der sich daraus ergebenden Konsequenzen. Nichtsdestotrotz war es mir ein Anliegen, diese Denkstrukturen einigermaßen aufzubrechen, ihre psychoanalytischen und kulturwissenschaftlichen Hintergründe offenzulegen und sie dadurch zu dekonstruieren. Alles in allem sehe ich mich nach der hier erfolgten Beweisführung berechtigt, weiterhin zu behaupten (obwohl es sich heutzutage sicherlich nicht mehr so einfach sagen lässt), dass der Fußball nach wie vor eine nicht zu leugnende »Macho-Kultur« pflegt. Unsere heutige Zeit setzt sich zunehmend kritisch mit dem auseinander, was wir klassischerweise als männliche Stereotypen bezeichnen. Härte, Durchsetzungskraft, Rücksichtslosigkeit, Stärke, Ehre und dergleichen erscheinen in großen Teilen der gegenwärtigen Gesellschaft, die durch Gender-Debatten mehr und mehr sensibilisiert ist, als Eigenschaften eines veralteten Begriffs von Männlichkeit, den es zu ersetzen gilt. Populär ist dafür heutzutage der Begriff der »toxischen Männlichkeit«, die kritisch auf die traditionellen männlichen Werte referiert. Dass man Geschlecht und Geschlechterkonzeptionen nicht länger starr belassen, sondern vielfältiger und pluraler denken will, ist an sich eine progressive und wünschenswerte Entwicklung. Sie ruft allerdings unweigerlich heftige Gegenreaktionen hervor von Menschen, die sich dadurch abgehängt und übergangen fühlen. Die männlich dominierte Macho-Kultur des Fußballs scheint mir genau eine solche Gegenbewegung zu sein. In Zeiten, in denen »der Mann« ein Auslaufmodell zu sein scheint, propagieren männliche Fans genau jene traditionellen männlichen Werte, die in der Gesellschaft ansonsten kaum noch nachgefragt werden. Wie wir gesehen haben, wehren sie dabei alles, was den Mann als irgendwie »verweichlicht« und »weibisch« erscheinen lassen könnte mit Vehemenz ab (außer es geht um Fußball, da ist zumindest weinen erlaubt). Gegenwärtig ist der Fußballplatz wohl einer von nur ganz wenigen Orten, an dem der Mann noch »männlich« sein darf und sogar sein soll. Dass die Inszenierung von ritterlicher Männlichkeit im Fußball noch derart verbreitet ist, deute ich daher als Trotzreaktion und bewusste Provokation in Richtung Zeitgeist, der durch »#Me too« und Ähnliches geprägt ist. Wenngleich ich dem Fußball der Frauen weitere Besserungen und stetig wachsendes Interesse und Ansehen sehr wünsche, halte ich daher doch an meiner These fest, dass die männlichen Strukturen im Fußball niemals völlig aufgebrochen werden können, da sie psychologisch sowie kulturell schlichtweg schon längst einen zu starken Einfluss auf die Strukturen und Regeln des Spiels selbst ausgeübt haben. Den Frauen bleibt da nur die Anpassung, wenn sie mit der »Brüderhorde« gemeinsam auf »Jagd« gehen und nicht selbst das »Andere« und ausschließlich selbst »Gejagte« bleiben wollen. Die Konflikte zwischen den Geschlechtern, die unsere Gesellschaft zu allen Zeiten stark geprägt, mal geeint, mal zutiefst zerrissen haben, spiegeln sich im Fußball als Abbild der Gesellschaft, der diese wie unter einem Brennglas vergrößert darstellt, exemplarisch wider. Dass der Fußball gesamtgesellschaftlich betrachtet jedoch nach wie vor einige Jahrzehnte hinterherzuhinken scheint, ist dem Umstand geschuldet, dass die Strukturen dort eben nicht so »einfach« zu ändern sind wie in manch anderen Bereichen, da man ansonsten Gefahr läuft, das Spiel ganz zu ändern. Ob dies nicht vielleicht irgendwann sogar tatsächlich geschieht und der Fußball der Männer ein »Auslaufmodell« ist, wird die Zukunft zeigen und der Diskurs bestimmen, denn hierbei entscheidet sich, was gesellschaftlich noch gewünscht ist und was verworfen werden soll. Diesen Kräften unterliegt selbstverständlich auch der Fußball, er kann sich ihrer als Bestandteil des gesellschaftlichen Zusammenlebens nicht entziehen. Der Fußball ist in Teilen modifizierbar, wie aktuelle Bestrebungen und Änderungen hinsichtlich mehr Geschlechtergerechtigkeit in diesem Sport durchaus untermauern, aber die Flexibilität und Dehnbarkeit seiner Rahmenbedingungen ist eben begrenzt. Die nächsten Jahre können und werden zeigen, wie gut dieses Buch und insbesondere dieses Kapitel altern.

Ideologien des Fußballs

In den vorherigen Kapiteln ist bereits angeklungen, dass Fußball und politische oder gesellschaftliche Fragestellungen und Entwicklungen zusammenhängen und beides nicht sauber voneinander zu trennen ist. Selbstverständlich spiegelt sich der Zeitgeist in Bezug auf Kulturkämpfe, die Gender-Debatten oder politische Tendenzen wie die Entwicklung hin zum Überwachungsstaat im Fußball wider. Um das nicht einzusehen, muss man schon recht ignorant sein. Zu behaupten, Fußball habe mit Politik rein gar nichts zu tun, ist nicht nur unhaltbar, sondern beinahe schon ideologisch. Damit wären wir direkt beim Thema dieses Kapitels angelangt. Nimmt man nämlich Bezug auf die Politisierung des Fußballs, wie es das Anliegen dieses dritten Teils des Buches ist, dann kommt man nicht umhin, potentiell ideologische Vereinnahmungen dieses Sports in den Blick zu nehmen. Dazu zählen etwa die Diskurse bezüglich der hegemonialen Männlichkeit, aber auch subtilere Zusammenhänge wie der zwischen Fußball und Neoliberalismus, worüber die folgenden Seiten Aufschluss geben werden. Der Ideologiebegriff ist grundsätzlich nicht klar umschrieben, weil er unter Umständen weit gefasst werden kann, es gilt ihn jedoch zumindest vorläufig für unsere Zwecke festzulegen, sodass eine Auseinandersetzung damit möglich ist. Einleitend erfordert es das Thema dieses Kapitels somit, einen Ideologiebegriff einzuführen und zu konzeptualisieren.

Meinem Eindruck zufolge erleben wir in den gegenwärtigen Diskursen und öffentlichen Debatten unserer Gesellschaft einen zunehmend inflationären Gebrauch des Ideologiebegriffes. »Ideologie« ist in diesen Kontexten als Begriff pejorativ gebraucht, was bedeutet, dass bereits der bloße Begriffsgebrauch mitnichten wertfrei ist, sondern stattdessen äußerst abwertend und negativ konnotiert. Politische Gegner bezichtigen sich gegenseitig, »Ideologien« anzuhängen, was zweifelsfrei vorwurfsvoll aufzufassen ist. Gleichgesetzt wird Ideologie hierbei mit einer extremen Weltanschauung, der alles andere untergeordnet wird, sei sie politisch, religiös oder anderweitig motiviert. Den Begriff der »Weltanschauung« allerdings mit dem der »Ideologie« gleichzusetzen, ist in mehrfacher Hinsicht problematisch und übersimplifiziert. »Weltanschauung« legt nahe, es handle sich um etwas »Großes«, etwas das kaum zu übersehen ist. Dies wird allerdings dem Umstand nicht gerecht, dass sich Ideologien nur äußerst selten derart offen präsentieren, sondern zumeist sehr subtil auftreten, häufig sogar unbewusst sind in dem Sinne, dass sich ihre Anhänger nicht einmal bewusst sind, dass sie eine vertreten. Ideologien sind grundsätzlich durch Pluralität gekennzeichnet, viele können nebeneinander bestehen und sich gegenseitig bekräftigen und bestärken, während andere sich auszuschließen scheinen. Diese Vielfalt spricht ebenfalls gegen eine Gleichsetzung mit der »Weltanschauung«, die eher nahezulegen scheint, dass man *die* eine Sicht auf die Welt hat und nicht vielleicht sogar mehrere. Rassismus und Sexismus sind Beispiele von äußerst unschönen Ideologien, die gehäuft zusammen auftreten und sich dabei nicht aufeinander reduzieren lassen. Eine »Weltanschauung« ist außerdem erst dann ideologisch, wenn sie weitere Merkmale erfüllt, denen ich mich im Folgenden zuwenden möchte, um den Ideologiebegriff, wie er hier entfaltet werden soll, vorzustellen.

Eine jedwede Konzeption eines Ideologiebegriffes kommt nicht ohne den Bezug zu Karl Marx aus, der die Theorie der Ideologie erst nachhaltig ausgearbeitet hat, mitsamt der Methode der »Ideologiekritik«, die dazu dient, Ideologien als solche zu entlarven, aufzuzeigen, wie sie funktionieren und zu welchem *Zweck*. Die lateinische Formel des »Cui bono«, also »wem nützt es«, ist zentral in einer Auseinandersetzung mit Ideologien. Grundsätzlich lässt sich diese marxistisch als »falsches Bewusstsein« charakterisieren, das bestimmten Interessen dient. Ideologie ist vor diesem Hintergrund zu verstehen als das Gegenteil von Wahrheit, als ein Blick auf die Welt, der illusionär und trügerisch ist. Ein »falsches« Bewusstsein, dem ein »richtiges« entgegengesetzt werden kann. In der marxistischen Gesellschaftskritik werden Ideologien grundsätzlich von den Mächtigen begründet und dienen damit den Interessen der jeweils herrschenden Klasse, die denjenigen der weniger privilegierten diametral gegenüberstehen. Die unteren Klassen werden mit Ideologien »vertröstet«, sie sollen dazu gebracht werden, sich mit den sozialen Umständen zu arrangieren und nicht daran zu arbeiten, diese zu ändern, denn dann verlöre die herrschende Klasse ihre Macht, was ihren Interessen zuwider ist. Ideologien produzieren und reproduzieren damit soziale, gesellschaftliche und politische Verhältnisse und dienen deren Aufrechterhaltung. Eine bündige und kompakte Definition, auf die ich zurückgreifen möchte, liefert der in der marxistischen Tradition stehende Denker Louis Althusser mit folgender Formulierung: »Die Ideologie repräsentiert das imaginäre Verhältnis der Individuen zu ihren realen Existenzbedingungen.«[154]

Dieses Verständnis von Ideologie funktioniert mithilfe eines angenommenen Dualismus. Auf der einen Seite steht die Materialität des Daseins, die ganz konkrete Lebensrealität der Menschen, das was Althusser mit den »realen Existenzbedingungen« meint. Diese sind in gewisser Weise unhintergehbar. Körperliche Grundbedürfnisse überwiegen und treten immer deutlich zu Tage. Sie lassen sich nicht verleugnen. Die Basis des Lebens ist materiell, so besagt es jedenfalls der marxistische Materialismus, der an dieser Stelle nicht ausführlicher diskutiert werden kann. Die Ideologie ist das dem Materiellen gegenüberstehende Geistige, etwas Ideelles, das in ein meist erklärendes Verhältnis zu den »realen Existenzbedingungen« tritt. Das Erklärungsmuster wird genau dann ideologisch, wenn es in Althussers Worten »imaginär« ist, also auf Fiktionen beruht und nicht die Fakten, die

154 Althusser, Louis: Ideologie und ideologische Staatsapparate. Positionen Band 3. Westberlin 1977. S. 133.

Realität anerkennt, sondern eben eine Art von Schleier darüberlegt. Die Ideologie bestimmt dann die Interpretation und Wahrnehmung der Realität in der Art, dass sie ungetrübt nicht mehr erkannt werden kann, sondern quasi nur durch die ideologische »Brille«. Wenn Menschen beispielsweise in Armut leben, könnte eine ideologische Betrachtungsweise diesbezüglich lauten, sie hätten eben nicht hart genug gearbeitet und seien selbst an ihrer Misere schuld, während in Wahrheit strukturelle Benachteiligung für die systematische Armut vieler Menschen verantwortlich ist. In dem Fall wäre das ideologische Paradigma ein Neoliberales, das die Verantwortung den Individuen zuspricht und dementsprechend die Schuld ebenso auf diese verlagert. Dies ist das »falsche Bewusstsein«, das die Realität nicht anerkennt und das zutiefst materielle Faktum, die »reale Existenzbedingung« der Armut durch eine »imaginäre« Erklärung legitimiert. Dienlich ist dies selbstverständlich den Interessen der Reichen und Mächtigen, die ein ungerechtes System aufrechterhalten können und nichts an den politischen Strukturen zu ändern brauchen, denn in diesem ideologischen Narrativ liegt es ja gar nicht an den Strukturen (in Wahrheit natürlich schon), sondern an der »Faulheit« Einzelner. Weitere Vertiefungen und Erklärungen können hier nicht geleistet werden. Fortan wird mit einem Ideologiebegriff gearbeitet werden, der diese als »falsches Bewusstsein« auffasst, das den Interessen der herrschenden Klasse dient, indem es die »realen Existenzbedingungen« der Menschen nicht als solche auffasst, sondern zu diesen in ein »imaginäres« Verhältnis tritt. Wirksam ist die Ideologie letztendlich genau dann, wenn die Menschen, um bei unserem vorherigen Beispiel zu bleiben, die Schuld an ihrer Armut tatsächlich bei sich selbst suchen, statt politische Strukturen zu hinterfragen und dort mit Kritik und Änderungsversuchen anzusetzen. Den Mächtigen spielt das selbstverständlich in die Karten, denn ihre machtvolle Position bleibt unangetastet. Die Ideologie ist dann besonders effektiv, wenn sie nicht mehr als solche erkannt wird, sondern sich längst in das Bewusstsein der Mehrheit eingeschlichen hat und man längst an ihre Wahrheit und Unhinterfragbarkeit glaubt. Mit dieser theoretischen Grundlage im »Gepäck« widmen wir uns fortan nun wieder dem Fußball und bemühen uns um eine praktische Anwendung.

Der Fußball scheint sich mir von seiner Veranlagung der Massenwirksamkeit her besonders gut für gar mehrere koexistierende Ideologien zu eignen. Eine Ideologie, der nur wenige angehören, reicht schließlich nicht aus, um eine gesamte Gesellschaft zusammenzuhalten. Hier kommt die enorme Publikumstauglichkeit des Fußballs ins Spiel. Wir alle beobachten dieses Phänomen bei Welt- und Europameisterschaften, deren Anziehungskraft sich nur die Allerwenigsten entziehen können. Plötzlich schwenken sogar fußballerische »Analphabeten« Fahnen des eigenen Landes stolz auf den Straßen, etwas das ansonsten vor allem hierzulande äußerst verpönt ist. Autokorsos nach Siegen der Nationalmannschaft etwa, ein wahrhaftiges Bombardement an diesbezüglichen Nachrichten bei X (ehemals Twitter) oder Facebook versichern dem durchschnittlichen Zuschauer vor allem eines: *Alle* haben das Spiel vor ihren Fernsehgeräten verfolgt. Man selbst war nicht allein. Man selbst ist nicht die Einzige, die sich passiv konsumierend hat »berieseln« lassen vom sportlichen Spektakel. Genau diesen Aspekt werfen Intellektuelle den Sportzuschauern gerne vor: Sie seien passive Konsumenten, unmündige und faule Bürger, süchtig nach Unterhaltung und daher nicht fähig und nicht willens, sich zu einer politisch reflektierten Masse zusammenzuscharen, um auf die Art etwas an den gesellschaftlichen Bedingungen zu verbessern. Dieser Deutung zufolge, die als marxistisch einzustufen ist, wird der Fußball, die Redewendung Marxens aufgreifend, als »Opium des Volkes« dargestellt, der dazu dient, die Masse mit Unterhaltung von den politischen Umständen abzulenken und sie damit an einer Politisierung zu hindern, womit die potentielle Revolution bereits im Keim erstickt werden soll. Fußball im Dienste der mächtigen Eliten zur Unterdrückung der sozial Benachteiligten, wirksam durch Blendung und Täuschung. In dieser Hinsicht wäre der Fußball ein durch und durch ideologisch zu wertendes Phänomen, das genau den Kriterien entspräche, die wir eingangs erarbeitet haben.[155]

Führt man diese marxistische Perspektive fort, ist der Fußball im Bereich der Arbeit und damit der materiellen Produktion grundsätzlich ein Ersatz, der die Mängel ausgleicht, die die moderne Arbeitswelt mit sich

155 Vgl. hierzu: Gessmann: Mit Nietzsche im Stadion. S. 12.

bringt. Sport allgemein dient dann der Bewegung, der Freude am Wettkampf und dem Zusammenhalt unter Gleichgesinnten. Er befriedigt menschliche Bedürfnisse und bietet einen Ausgleich zur modernen Arbeitswelt mit ihren eintönigen und langweiligen Aufgaben, die in vielen Branchen mit einem Mangel an Bewegung und körperlicher Betätigung oder einer generellen Sinnentfremdung einhergehen, die sie entweder selbst erst hervorgebracht oder nicht zu stillen in der Lage ist. Doch statt sich dann politisch für veränderte Arbeitsbedingungen einzusetzen, wird den Arbeitenden Fußball oder Sport generell als Kompensation vorgesetzt, womit sie sich dann zufriedengeben können und ihr eigentliches Anliegen darüber gänzlich vergessen. Sport ist dann »Trost« und Ersatzbefriedigung, um zu gewährleisten, dass die Arbeitsbedingungen so bleiben können wie sie sind, was der mächtigen Elite und deren Interessen dient. Das Volk begehrt dann nicht dagegen auf, schließlich ist es ja ruhig gestellt mit Sportausübung oder Sportkonsum. Dieser ideologisch anmutende Zusammenhang von Arbeitswelt und Freizeitbeschäftigung in Form sportlicher Betätigung wird beispielsweise ebenso bei Liessmann folgendermaßen herausgestellt:

> Was in der Freizeit an spielerischen Kompensationsleistungen erbracht werden muss, ist *negativ* vorgeprägt: All das, was dem Menschen in der Arbeit verweigert wird [...], wird ihm im Sport ermöglicht.[156]

Dass Sport und materielle Produktionsbedingungen in einem ideologischen Verhältnis zueinanderstehen können, hat die Untersuchung nun ergeben. Ob die Kulturkritik mit ihren an Fußballfans gerichteten Vorwurf der Passivität, die von den Eliten bewusst so eingerichtet worden ist, nun Recht behält oder nicht, ist schwieriger zu beurteilen. Dass das Fußballpublikum grundsätzlich, sehr zum Wohlwollen der herrschenden Klassen, unpolitisch bleibt, ist nicht evident, so würde ich behaupten. Nicht zuletzt die WM in Katar hat ganz im Gegenteil zu einer enormen Politisierung der Masse geführt, sodass selbst die eingefleischtesten Fußballfans plötzlich ihr sportliches Konsumverhalten kritisch reflektiert und im Anschluss

156 Liessmann: Das runde Leder. S. 130f.

individuell abgewogen haben, ob ihr Interesse an Unterhaltung dasjenige, ein politisches »Statement« zu setzen und zu »boykottieren«, überwiegt oder nicht. Ein weiteres Beispiel ist die zunehmende Kommerzialisierung des professionellen Fußballs, dem sich die Fan-Gruppierungen der meisten Vereine entschieden entgegenstellen und mit unmissverständlichen Botschaften ihrem Unmut über den Einstieg neuer Investoren und Geldgeber zum Ausdruck bringen. Vor diesem Hintergrund wäre es sicherlich nicht fair, den Fußballfans eine grundsätzliche politische Passivität und mangelnde Einsatzbereitschaft vorzuwerfen. Wobei auch andererseits nicht vergessen werden darf, dass der Sport an sich für die meisten immer noch im Fokus steht. Ob ein Spieler seine Ehefrau verprügelt, ein Vereinsvorsitzender Steuern hinterzogen hat oder ähnliche Beispiele von Handlungen, die durchaus politischen Sprengstoff in sich bergen, ist der Fan-Masse des betroffenen Vereins zumeist relativ gleichgültig, so lange die sportliche Leistung davon nicht in Mitleidenschaft gezogen wird. Erfolgreiche Athleten können sich, so zumindest der Eindruck, beinahe alles erlauben. Erfolg gibt nun mal recht. Den »Liebling« eines Millionenpublikums verschont dann auch gerne mal die Justiz oder drückt ein Auge zu.

Im Rahmen der in diesem Kapitel entfalteten Ideologiekritik gilt es, den Blick darüber hinaus noch zu weiten und weitere ideologische »Risiken« zu untersuchen, für die der Fußball anfällig zu sein scheint. Es lässt sich beispielsweise nicht des Eindruckes erwehren, der Fußball böte einem neuen Nationalismus Raum. Gabriele Klein vertritt eine überzeugende Theorie, wonach der neue Nationalismus, wie wir ihn aus dem Fußball kennen, als Produkt der rasant fortschreitenden Globalisierung und damit einhergehenden Medialisierung entstanden ist. Ihrer These zufolge ist der Fußball von der Globalisierung gar völlig untrennbar. Zunächst scheint Nationalismus, den man wohl eher mit dem Lokalen in Verbindung bringt, mit einer tendenziell kosmopolitischen und universellen Globalisierung unvereinbar, doch der vermeintliche Widerspruch offenbart sich, gemäß Klein, als bloßer Schein-Widerspruch. Die These von Horkheimer und Adorno, wonach das Globale zugunsten einer Homogenisierung und Vereinheitlichung von Produkten und Kulturgütern das Lokale verdränge, erachtet sie als veraltet und meint stattdessen:

> Der Fußball veranschaulicht vielmehr jene These, die besagt, dass die kulturelle Praxis unter den Bedingungen von Globalisierung sich im ›Dazwischen‹ von Globalem und Lokalem konstituiert: Fußball wurde an bestimmten Orten und in kulturellen Räumen entwickelt, von dort aus global verbreitet, in verschiedenen Gegenden der Welt angeeignet. An diesen Orten bilden sich wiederum lokale Stile (z.B. brasilianische Dribbelkunst oder Bremer Offensivfußball) heraus, die auf den globalen Fußball, auf seine Techniken, Taktiken und Trainingsformen zurückwirken.[157]

Für dieses dialektische Verhältnis des Lokalen und Globalen, das sich gerade nicht gegenseitig ausschließt, sondern einander bedingt, wählt sie den Neologismus der »Glokalisierung«[158], den sie von Ronald Robertson übernimmt. Nimmt das eine zu, in dem Fall die Globalisierung, wie wir schließlich alle beobachten können, dann provoziert dies unweigerlich Gegenbewegungen und damit starke nationalistische Tendenzen, die sich durch Heimatssehnsucht und dem »Wunsch nach einer Reduktion kultureller Komplexität«[159] kennzeichnen und dadurch die spezifische Differenz betonen wollen. Die Idee der Nation nimmt hierbei die Rolle der »identitätsstiftende[n] Figur des Lokalen« an und ist damit als Konstruktion deren stärkste Ausdrucksmöglichkeit im Rahmen einer globalisierten, postkolonialen Welt, in deren Zuge der Fußball als »Verwestlichung oder Europäisierung anderer Kulturen«[160] auftritt. Fernsehen und moderne Massenmedien tragen dann schließlich zur Verbreitung des Fußballs durch weltweite Übertragungen bei, die regional und national lokalisierte Vereine der Globalisierung als Produkt der Populärkultur anheimgeben.

Als ein einschlägiges Beispiel, um darzustellen, wie sich der Nationalismus im Fußball konkret äußert und welche Mechanismen er anwendet, bieten sich auch hier wieder Nationalmannschaften bei Welt- und Europa-

157 Klein, Gabriele: Globalisierung, Lokalisierung, (Re-)Nationalisierung. Fußball als lokales Ereignis, globalisierte Ware und Bilderwelt. In: Klein, Gabriele/Meuser, Michael (Hrsg.): Ernste Spiele. Zur politischen Soziologie des Fußballs. Bielefeld 2008, S. 31–42. Hier S. 34.

158 Ebd. S. 33.

159 Ebd. S. 35.

160 Ebd. S. 34.

meisterschaften an. Hier werden die Fußballspieler eines Landes als nationale »Repräsentanten« aufgefasst, die von der Putzfrau bis zum Bauarbeiter »uns« alle repräsentieren. Ein kollektives »Wir-Gefühl« wird dadurch entfaltet, dass sich eben auch von der Putzfrau bis zum Bauarbeiter alle mit den im Fernsehen spielen zu sehenden Millionären identifizieren, völlig ungeachtet dessen, dass sich deren Lebenswirklichkeit und »reale Existenzbedingungen« unendlich von denen der allermeisten Menschen unterscheiden. Und doch fühlen wir uns während großer Turniere auf seltsame Art mit der jeweiligen Nationalmannschaft verbunden, als hätten wir unglaublich viel mit ihr gemeinsam, wobei uns hinsichtlich der erlebten und erfahrenen sozialen und materiellen Realität ein Abgrund trennt. Es stellt sich in diesem Kontext durchaus die berechtigte Frage, inwiefern die Spieler überhaupt legitimiert sind, »uns« als Volk und Nation zu »repräsentieren«, wie es oft heißt. Im Gegensatz zum Parlament sind sie schließlich nicht demokratisch gewählt und die Möglichkeit, dass Repräsentation über hinreichend viele geteilte Gemeinsamkeiten vonstattengeht, konnte bereits ausgeschlossen werden. Einzige Ausnahme: Die bloße Staatsangehörigkeit als uns »verbindende« Gemeinsamkeit, wo es ansonsten ja nicht viele gibt. Wie ich vermute, ist hier eine tendenziell nationalistische Ideologie vorhanden, die ein kollektives Gemeinschafts- und Identitätsgefühl über die geteilte Staatsbürgerschaft konstituiert und diese als alleinigen Anlass dafür nimmt, Nationalspieler als »Repräsentanten« eines ganzen Landes aufzufassen. Womöglich liegt darin auch der Wunsch vieler Fans begründet, dass sich die Nationalspieler doch bitte ganz besonders mit »ihrem« Land identifizieren sollen und ihre »Heimattreue« beispielsweise dadurch zum Ausdruck bringen, lauthals die Nationalhymne mitzusingen. Wer das Land »repräsentiere«, der solle sich doch schließlich auch damit »identifizieren«. Dieser nationalistischen Ideologie entstammen, meines Erachtens, die völlig überzogenen und überflüssigen Anfeindungen, denen sich in der Vergangenheit zumeist Spieler mit Migrationshintergrund ausgesetzt sahen. Wenn Spieler wie Mesut Özil oder Emre Can nicht die deutsche Nationalhymne mitsingen oder mitsangen, wird ihnen mangelnde »Identifikation« vorgeworfen, was daraufhin skandalisiert wird und prominent im Fall eben jenes Özil unter anderem dazu geführt hat, dass er zum »Sündenbock« degradiert und regelrecht vom Hof gejagt wurde (problematisches Verhalten Özils tat sein Übriges und soll natürlich nicht verschwiegen werden).

Das kollektive »Wir« darf nach dieser Denkweise nicht fragmentiert und zerstückelt werden. Es muss zwingend einheitlich bleiben und potentielle Störfaktoren, die die Suggestion von Einheitlichkeit und völliger Repräsentation mitsamt Identifikation gefährden, gehören eliminiert. Das ideologische Moment darin liegt in der Fiktion der Nation, dem Mythos des »Vaterlandes« begründet. Die bloße Reduktion der Spieler als »Repräsentanten« degradiert sie, genau wie im Übrigen uns alle als Fans, zu »Untertanen« einer übergeordneten Entität, als die die »Nation« gilt – freilich ein imaginäres Verhältnis zu unseren »realen Existenzbedingungen«. In seinem bereits an früherer Stelle erwähnten Aufsatz schreibt Gunter Gebauer diesbezüglich: »Es wird ein Stück aufgeführt, deren einziger Held die *Nation* ist. Die Spieler werden zu Beispielen der positiven Eigenschaften der Nation insgesamt.«[161] Diese Ansicht fügt unseren bisherigen Ausführungen einen neuen Aspekt hinzu, nämlich die Stereotypisierung der Spieler. Einer Nation werden bestimmte Eigenschaften und Fähigkeiten, jedoch auch negativer Art, zugeschrieben und logischerweise müssen die Spieler als »Repräsentanten« der Nation diese wiederum selbst verkörpern. Dass Stereotype und Vorurteile nicht selten rassistisches Gedankengut aufweisen und politisch höchst problematisch werden können, ist eine Folge des Nationalismus, der sich im Fußball ebenso wie in der sogenannten »Mitte der Gesellschaft« ausbreitet und zunehmend als normal akzeptiert wird. Doch gibt es Unterschiede zwischen »fußballerischem« und »politischem« Nationalismus?

Der Individualität und Einmaligkeit der Spieler wird jedenfalls nicht Rechnung getragen, nein, sie wird ihnen vielmehr sogar abgesprochen. Individualisiert werden überzeitliche Nationen, nicht endliche Menschen, die in den Worten Matias Martinez´ »als temporäre Träger allgemeiner Eigenschaften, als austauschbare Erscheinungen stabiler Essenzen«[162] klassifiziert werden. Bei einer solchen Essenzialisierung von Nationen durch

161 Gebauer: Nationale Repräsentation. S. 18.
162 Martinez: Warum Fußball? S. 23.

Fußball ist es wenig verwunderlich, dass der Sport heutzutage in der Politik einen derart großen Stellenwert genießt und dass sich berühmte Politiker gerne einmal ihres fußballerischen Fachwissens rühmen, um damit besonders »volksnah« zu erscheinen, und dass sich die Regierungschefinnen dieser Welt in der Kabine mit den Nationalspielern zusammen nach einem Titelgewinn ablichten lassen (so geschehen bei Angela Merkel nach dem deutschen Sieg bei der Weltmeisterschaft 2014). Selbstredend handelt es sich bei den Zuschreibungen nationaler Eigenschaften um soziale Konstrukte, doch die Ideologie sorgt dafür, dass diese nicht in ihrer Künstlichkeit und empirischen Inadäquatheit erkannt, sondern für wahr gehalten werden. Nichtsdestotrotz erlangen diese Stereotypen durchaus an Einfluss, indem sich Trainerinnen und Spielerinnen vielleicht sogar unbewusst an sie anpassen, um ihnen zu entsprechen und Spielweise und Taktik etwa daran anlehnen. Somit bestätigt sich das Konstrukt letztendlich selbst und das Publikum projiziert seine Klischees auf die eigene Mannschaft und findet in deren »Gegenübertragung« die ersehnte Bestätigung: Die Deutschen spielen disziplinierten Fußball, sind fleißig und legen damit ihre spezifischen »Tugenden« an den Tag. Die Brasilianer sind ballverliebt, etwas verspielt und technisch extrem stark. Die Italiener definieren sich über defensive Stabilität. Von Rolf Parr stammt die äußerst scharfsichtige Beobachtung, dass es eine Besonderheit der fußballerischen Nationalstereotype sei, »daß sie stets in besonders ausgeprägter Weise eine Positiv- und eine Negativvariante bereithalten«[163], was den Vorteil mit sich brächte, je nach Situation sowohl auf einen Sieg als auch auf eine Niederlage anwendbar zu sein. Gewinnen die Deutschen, greift die Positivvariante und sie spielen einen »ehrlichen Arbeitsfußball«. Geht das Spiel verloren, dann legen sie »Rumpelfußball« an den Tag. Wie bereits nachgewiesen, eignet sich der Fußball hervorragend für Projektion und Spaltung als durchaus destruktive Triebe der menschlichen Psyche, was an diesem Beispiel der von Parr vorgestellten binären Varianten erneut deutlich zum Tragen kommt.

---

163 Parr, Rolf: Der mit dem Ball tanzt, der mit dem Bein holzt, der mit sich selbst spielt. Nationalstereotype in der Fußball-Berichterstattung. In: Adelmann, Rolf u.a. (Hrsg.): Querpässe. Beiträge zur Literatur-, Kultur- und Mediengeschichte des Fußballs. Heidelberg 2003, S. 49–70. Hier S. 52.

In dieser kollektiven Projektion als kulturell typisch empfundener Eigenschaften auf ein Spiel offenbart sich die enorme Politisierung, die der Fußball ausgesetzt ist. Er wird von allen Seiten so behandelt, als repräsentiere er die Gesellschaft, die Kultur, die Nation. Ob er es wirklich tut, ist mehr als fraglich, doch die Ideologie hält diese kollektive Imagination aufrecht und sorgt für starke nationale Verbundenheitsgefühle und ein Identitätsbewusstsein, wie es ansonsten in einer sich immer weiter zu spalten drohenden Gesellschaft seltener wird. Der Fußball bringt die Menschen zusammen und hat eine einigende Kraft, so lässt sich dieses Element durchaus positiv wenden und bewerten. Doch genau darin liegt der ideologische Nutzen, denn Staatsoberhäupter, die unter Druck geraten, können mit großer Sicherheit auf dieses einheitsstiftende Element des Fußballs vertrauen und in diesem Kontext nach außen und innen hin großen gesellschaftlichen Zusammenhalt suggerieren. Dem von wirtschaftlichen Krisen nur so gebeutelten Argentinien kam der WM-Triumph in Katar zur perfekten Zeit, um genau von diesen inneren Problemen abzulenken und mit dem sportlichen Erfolg auch die Bevölkerung zu »vertrösten«. Der Glaube der Argentinier, wirklich von »ihrer« erfolgreichen Nationalmannschaft »repräsentiert« worden zu sein, ist ein hervorragender Beleg für die Wirksamkeit der Ideologie des Nationalismus im Fußball.

Dieser nicht zu übersehende Nationalismus, der sich im Übrigen analog zu den Nationalmannschaften auch bei Vereinsmannschaften abspielt (nur in diesem Fall mit regionaler statt nationaler »Repräsentation«), dient vielen als Anlass für die These, der Fußball sei schuld an dem Wiedererstarken des Rechtsextremismus und Populismus in Deutschland. Vertreterinnen dieser These führen die WM 2006, die in Deutschland ausgetragen wurde, als Ursprung der Entwicklung an. Das als »Sommermärchen« in die Fußballgeschichte eingegangene Turnier habe auch den politischen Nationalismus wieder etabliert und in Deutschland salonfähig gemacht. Ich möchte meine Ablehnung dieser Auffassung in aller Deutlichkeit zum Ausdruck bringen. Der fußballerische Nationalismus, der sich nicht zuletzt auch in der thematisierten Stereotypisierung niederschlägt, scheint mir insgesamt betrachtet kategorial von einem politischen Nationalismus unterschieden zu sein und daher nicht einfach so ohne weiteres übertragbar.

Darüber hinaus scheint es sich empirisch nicht zweifelsfrei nachweisen zu lassen, dass beide Formen des Nationalismus in irgendeiner Form, über allenfalls Korrelationen hinausgehend, zusammenhängen. Bei aller Kritik darf schließlich nicht vergessen werden, dass fußballerischer Nationalismus zwar ideologisch ist, jedoch nicht unbedingt gefährlich sein muss. »Die Welt zu Gast bei Freunden« lautete das Motto jener Weltmeisterschaft 2006, bei der die deutsche Mannschaft überraschenderweise und sensationell bis ins Halbfinale einziehen konnte und sich dort knapp nur der italienischen Mannschaft als späterem Sieger geschlagen geben musste. Die Geste dahinter scheint sich im Fußball in den allermeisten Fällen zu bewähren: Er bringt Menschen zusammen, der sportliche Wettbewerb kann der Völkerverständigung dienen und ist grundsätzlich nicht auf Abschottung hin ausgelegt, wie man es traditionellerweise wohl dem politischen Nationalismus unterstellen möchte (man bedenke jedoch Nationalismus als die Kehrseite der Globalisierung, wie von Klein dargelegt). Allerdings könnte es sich bei der Propagierung der »Völkerverständigung« nur um einen Vorwand handeln, um mithilfe des Sports das Image eines Landes aufzubessern, wie man es Katar durchaus nicht unberechtigt unterstellen kann. Nichtsdestotrotz erachte ich andere Gründe für den politischen Rechtsruck für wesentlich ausschlaggebender als den fußballerischen Nationalismus, der wohl ohnehin weniger Ursache als Symptom einer sich allgemein ausbreitenden Tendenz in der Gesellschaft ist. Angebrachter wäre es, die Aufmerksamkeit auf genuin politische Entscheidungen, Strukturen und Einflüsse der letzten Jahrzehnte zu richten, die ein Wiedererstarken des Rechtspopulismus möglich gemacht haben.

Womit mir der Fußball jedoch tatsächlich enger zusammenzuhängen scheint, ist der Neoliberalismus. Diskursanalytisch betrachtet scheint es mir auffallend häufig der Fall zu sein, dass sich im Fußball neoliberale Narrative eingeschlichen haben und dass der Neoliberalismus als politisches und wirtschaftliches System, das den Kapitalismus hervorgebracht hat, den Fußball durchaus »gern« hat.

Zu Rate ziehen möchte ich bezüglich einer ersten Charakterisierung des Neoliberalismus grundsätzlich die Ansichten von Eva Illouz und ihres Co-Autoren Edgar Cabanas:

> Wir müssen mithin auch seine [des Neoliberalismus] ethischen und moralischen Maximen beachten, denen zufolge alle Individuen freie, strategisch handelnde, verantwortliche und autonome Wesen sind (und sein sollten), die ihre seelischen Zustände im Griff haben, ihre Interessen befriedigen und ihr natürliches Lebensziel verfolgen: nämlich ihr Lebensglück zu finden.[164]

Das gewünschte Subjekt des Neoliberalismus ist demzufolge also das eigenverantwortliche und autonome Individuum. Diese Einordnung ist dahingehend ideologisch motiviert, als dass sie dazu dient, wie eingangs bereits erwähnt, die Schuld an misslichen Umständen immer persönlichem Versagen zuzuschreiben, um dadurch zu verhindern, dass politisch gegebenenfalls ungerechte Strukturen einer kritischen Hinterfragung unterzogen werden. Dabei haben eine Fülle an Studien längst herausgefunden, dass die amerikanische neoliberale Erzählung »Vom Tellerwäscher zum Millionär« schlichtweg falsch und empirisch längst widerlegt ist. Es ist eben nicht so, wie es der Neoliberalismus selbstbewusst propagiert, dass alle Menschen die gleichen Chancen auf sozialen Aufstieg haben. Strukturelle Benachteiligung aufgrund von Ethnie, Geschlecht, Familie, sozialem Milieu und dergleichen sind die harte Wirklichkeit. Gute Aufstiegschancen haben in dem auf freien Markt und Wettbewerb ausgerichteten System nur diejenigen Personen, die gesellschaftlich ohnehin schon privilegiert sind. Natürlich gibt es Ausnahmen, die dann jedoch ganz besonders hervorgehoben und narrativiert werden, sodass die meisten Menschen weiterhin am neoliberalen Märchen vom völlig autonomen Subjekt festhalten, wobei die Soziologie längst empirisch nachgewiesen hat, dass Menschen in erster Linie in entweder hemmende oder fördernde soziale Strukturen und Bindungen eingebettet sind. Doch besonders einprägsam sind eben die Geschichten von Menschen, die es von ganz »unten« nach ganz »oben« geschafft haben. Man darf es nicht außer Acht lassen: Ja, es gibt diese Fälle. Doch es sind und bleiben Ausnahmen. Dass Menschen einen sozialen Aufstieg

164 Illouz, Eva/Cabanas, Edgar: Das Glücksdiktat und wie es unser Leben beherrscht. Aus dem Englischen von Michael Adrian. Berlin 2019. S. 66.

sondergleichen hinlegen, ist eher Seltenheit als Regel. Die wenigen, die es »geschafft« haben, sind der Öffentlichkeit nur wesentlich bekannter als die Millionen oder vielleicht gar Milliarden, die ihrer sozialen Schicht ihr ganzes Leben lang angehörig bleiben und der Armut und politischen Marginalisierung niemals entrinnen konnten.

Hier kommt der Fußball ins Spiel, denn die Ausnahmen stammen sehr oft aus diesem Bereich. Der Fußball gibt auch denjenigen eine Perspektive, die von Bildung und materiellem Wohlstand weit entfernt ansonsten keine haben. Uns allen sind scheinbar kometenhafte Aufstiege aus dem Fußball bekannt, wo Spieler in jungen Jahren in südamerikanischen Slums auf der Straße gekickt haben und in Armut aufgewachsen sind und es dann am Ende zu einer ganz großen Karriere und weltweitem Ruhm gebracht haben. Dies sind die Aushängeschilder des Neoliberalismus, die strahlenden Helden, auf die verwiesen werden kann, um die vermeintliche Wahrheit der neoliberalen Ideologie des Individualismus zu demonstrieren. Die da haben es geschafft, ein Ronaldo, ein Messi, ein Ronaldhino oder in Deutschland ein Antonio Rüdiger, also kannst DU es genauso schaffen! Die neoliberale Ideologie funktioniert tatsächlich genau so, durch die Ansprache an das Individuum, an das persönliche »Du«, womit jeder und jede gemeint ist, das an uns alle gerichtet ist. »Wir« alle können es schaffen, weil einige Wenige es geschafft haben. Diese individuelle »Anrufung«, um einen Begriff Althussers aufzugreifen, wirkt auf viele so verlockend und überzeugt sie von der angeblichen Überlegenheit des Neoliberalismus und des Kapitalismus im Vergleich mit anderen Systemen. Die erfolgreichen Fußballstars haben an sich geglaubt und hart gearbeitet, so lauten die weit verbreiteten Narrative. Im Umkehrschluss bedeutet dies natürlich, dass diejenigen, denen der große Durchbruch nicht gelungen ist und wo der Erfolg ausbleibt, selbst daran Schuld haben und eben nicht fleißig genug sind oder was auch immer. Die oberste Doktrin dieser Ideologie besagt schließlich, dass wir alle unseres Glückes eigener Schmied seien, was die politischen Verhältnisse und sozialen Bedingungen natürlich völlig (bewusst!) ausklammert. Nicht Teil der Erzählung sind zumeist die zahlreichen Rückschläge, denen sich auch die erfolgreichsten Stars im Fußball oder in anderen Branchen ausgesetzt sahen. Selbst wenn sie doch Einzug in das Narrativ erlangen, dann nur in einer heroisierenden Absicht, die die Protagonisten als besonders ehrgeizige Helden mit enormem Durchhaltevermögen zeichnet, die sämtlichen Widerständen und Herausforderungen auf meisterhafte Weise trotzen. Dass zu einer großen Karriere neben viel Talent und Fleiß (das soll ja auch keineswegs bezweifelt werden) auch eine gehörige Portion Glück und Zufall zählen, wird hierbei gänzlich unterschlagen. Zur richtigen Zeit am richtigen Ort zu sein oder über die entsprechenden (familiären) Kontakte und Förderer zu verfügen, ist absolut Gold wert. Talent und Fleiß allein sind keine hinreichenden Bedingungen für finanziellen und sozialen Erfolg, wenngleich der Neoliberalismus in seiner Blindheit für soziale Umstände dies vehement postuliert.

Es ist keineswegs meine Absicht, Profi-Fußballer zu diffamieren, ihnen ihre Leistungsfähigkeit abzusprechen oder ihnen den finanziellen Erfolg nicht zu gönnen (was übrigens keine Frage des Neides, sondern der Gerechtigkeit ist). Dass der Fußball perspektivlosen Menschen einen Ausweg und einen Anlass zur Hoffnung geben kann, ist definitiv eine positive Eigenschaft. Genauso wie man Talente selbstverständlich auch entsprechend fördern und ihren Weg nach »oben« begleiten und unterstützen sollte. Dies soll auch gar nicht hinterfragt werden; problematisiert werden soll hier einzig und allein der dahinterstehende Diskurs, bei dem es sich um einen stark ideologisch gefärbten handelt und der politisch instrumentalisiert wird, um den Neoliberalismus zu glorifizieren. In diesem Diskurs wird der Fußballspieler (wie meist andere Prominente auch) als das neoliberale Subjekt schlechthin konzipiert. Es verkörpert die Utopie und damit auch die Fiktion eines völlig selbstschöpferischen Akteurs, der »wirksam handeln und aus sich heraus Veränderungen herbeiführen«[165] kann. Die Figur des Fußballstars wird damit entpolitisiert gedacht und aus dem Nexus an sozialen Verstrickungen und Abhängigkeiten herausgerissen. Ob gewollt oder nicht, ist der Fußball damit die perfekte Propaganda für eine neoliberale Logik.

Den Fußball an sich scheint diese Denkweise völlig zu durchziehen. Selbst in den Floskeln des Spiels spiegeln sich neoliberale Narrative wider, wie etwa in den Dogmen, man dürfe »niemals aufgeben«, man könne es

165 Gebauer: Nationale Repräsentation. S. 19.

»immer schaffen« und es sei »nie zu spät«. Eine solche Sichtweise ist in nicht wenigen Fällen schlichtweg Übertreibung, wenn nicht gar völlige Realitätsverweigerung. Es bleiben eben »imaginäre« Verhältnisse zu »realen Existenzbedingungen«.

Die Spieler glauben selbst an ihre völlig auf sich selbst zurückzuführenden Erfolge und werden meistens nicht müde, immer wieder ihren eigenen Fleiß und Ehrgeiz zu betonen. Fans bewundern die Spieler und hoffen, eines Tages genauso reich und erfolgreich zu sein wie ihre Vorbilder auf dem Spielfeld. Ein Traum, der sich in den allermeisten Fällen als unrealistisch und völlig illusionär erweisen wird. Doch die Ideologie ist so weit fortgeschritten, dass die harten »Regeln« und Bedingungen des professionellen Geschäftes stillschweigend hingenommen und akzeptiert werden. Es schaffen eben nur die Besten, und wenn man selbst nicht dazugehört, dann hat man sich eben nicht genug angestrengt. Die anderen dagegen haben es geschafft und »verdienen« damit auch ihr Millionengehalt. Wer hingegen gesellschaftlich zwar sehr wichtige, aber schlecht bezahlte und kaum angesehene Berufe ausübt, ist selbst schuld, denn er oder sie hätte ja auch Fußballprofi werden können. Nur ist diese »Forderung« offensichtlich nicht universalisierbar. Wenn alle Fußballprofis wären, wer deckt dann Dächer, backt Brot, unterrichtet Kinder und repariert Autos? Suggeriert wird in diesem Diskurs außerdem eine Pseudo-Freiheit, als könnten sich alle Menschen ihren Weg völlig selbstbestimmt auswählen. Das Narrativ des Individualismus, das sich explizit und ausschließlich an den Einzelnen richtet, blendet die gesellschaftlichen und systemischen Faktoren aus und erhält somit die Hoffnungen und Träume des Individuums aufrecht, den sozialen Aufstieg zu erreichen – und zwar *selbst* zu erreichen.

In diesen Zusammenhang lässt sich zudem das Motiv der »Fairness« einordnen, das der Fußball nicht müde wird zu betonen und das er als Kernelement seiner eigenen »Philosophie« herausstellt. Fairplay gilt nicht nur für die Spieler auf dem Rasen untereinander, sondern Fairness wird überall propagiert. Dahinter steckt abermals das neoliberale Narrativ, wonach jeder das bekomme, was er verdiene. Millionengehälter von Spielern werden als »fair« eingestuft, da sie schließlich auch viel Geld erwirtschaften. Eine Krankenschwester und ein Bauarbeiter leisten zwar für die Gesellschaft unentbehrliche Aufgaben und Wissenschaftlerinnen an der Universität bringen der Menschheit Fortschritte in sämtlichen Bereichen, doch mit einem Verweis darauf, dass sich für ihre wichtige Arbeit ja viel weniger Menschen »interessierten« als für Fußballspieler, deren Auftritte von einem medialen Millionenpublikum verfolgt werden, wird die enorme Ungleichheit der Bezahlung gerechtfertigt. Dabei mutet diese ganze Argumentation doch seltsam zirkulär an. Fußballspieler verdienen so viel Geld, weil sie berühmt sind, sind aber überhaupt erst dadurch berühmt, weil sie viel Geld verdienen. Mit Gmünder und Zeyringer kann man natürlich bedauern, dass folgendes gilt: »In unseren Gesellschaften wird offenbar Unterhaltung um ein Vielfaches höher geschätzt als alles, was der Menschheit wesentliche Fortschritte bringt.«[166] Fragen der Gerechtigkeit und Verhältnismäßigkeit hinsichtlich der unfassbaren Summen, die im modernen Profifußball kursieren, zu umgehen, indem auf die marktwirtschaftlichen Prinzipien verwiesen wird, ist ein häufig anzutreffender Trick. Das System wird damit ideologisch als unhinterfragbar angesehen, statt dessen Sinnhaftigkeit grundsätzlich einmal in Frage zu stellen. Ein System, das solch massive soziale Ungleichheiten hervorbringt, aus welchen vermeintlichen »Gründen« auch immer, kann so sehr gerechtfertigt werden wie es nur möglich ist und wird dadurch keinen Deut fairer oder gerechter. Die Bezahlungen sind derartig arbiträr hoch geworden und übersteigen die Gehälter der Ottonormalverbraucher um ein Tausendfaches. Man kann sich schon ernsthaft fragen, welche besondere Leistung der brasilianische Superstar Neymar erbringt, die es rechtfertigt, dass seine Rolle als Botschafter für die WM 2022 mit 222 Millionen Euro honoriert wurde.[167] Er brachte also tatsächlich genau diese Summe wirtschaftlich ein? Er hatte also wirklich derart wichtige Arbeit verrichtet, die diese Summe rechtfertigt? Alles doch sehr zu bezweifeln. Wie verlogen das Beharren auf »Fairness« tatsächlich ist, offenbart sich ja nicht zuletzt auch darin, dass nicht nur beim finanziellen Vergleich zwischen Akteuren des Profifußballs und dem Durchschnittsbürger jedwede Verhältnismäßigkeit und Gerechtigkeit längst abhandengekommen ist, sondern dass

166 Gmünder/Zeyringer: Das wunde Leder. S. 110.
167 Vgl. Ebd. S. 108.

dies sogar innerhalb der Strukturen des Profifußballs selbst der Fall ist. Die finanzstärksten Teams sind ihrer Konkurrenz längst enteilt und machen die nationalen Meisterschaften längst unter sich aus, wenn nicht gar schon längst ein einziger Verein den Titel sowieso jedes Jahr gewinnt – wie der FC Bayern München in Deutschland. Von einem annähernd fairen Wettbewerb kann gar nicht mehr die Rede sein. In der Saison 2016/17 stand dem neureichen französischen Serienmeister Paris Saint-Germain mit einem Budget von 500 Millionen Euro das Zwanzigfache der kleineren Clubs zur Verfügung.[168] Zwar besagt ein bekanntes Fußball-Sprichwort, dass Geld keine Tore schieße, aber so ganz richtig ist das natürlich nicht. Wer viel Geld hat, kann mehr in den Kader investieren, sich die besten Spieler der Welt leisten und eine hochmoderne Infrastruktur errichten, von der kleinere Vereine nur träumen können. Selbst wenn kurzfristiger Erfolg dadurch nicht garantiert ist, so muss man doch wahrlich kein Hellseher sein um zu wissen, dass diese reichen Vereine, die immer noch mehr Kapital anhäufen, in Zukunft die größtmögliche Wahrscheinlichkeit auf Erfolg haben. Die Realität bestätigt das. Mit Ausnahme des einmaligen Überraschungsmeisters Leicester City im Jahr 2016 gibt es in England maximal drei Teams, die die Meisterschaft unter sich ausmachen, wobei der von Scheich-Millionen nur so vollgepumpte Verein Manchester City seit Jahren unschlagbar zu sein scheint.

Doch die enorme Finanzkraft der Vereine, die sich vor allem aus TV-Einnahmen und Marketing speist, hindert diese nicht daran, viele Kosten nicht selbst zu übernehmen, sondern der öffentlichen Hand zu überlassen. Der Steuerzahler zahlt schließlich die Infrastruktur wie Straßen, Stadien, Verkehr und die zahlreichen Polizeieinsätze, die bei Fußballspielen zwecks Gewährleistung der allgemeinen Sicherheit vonnöten sind. Es handelt sich also nicht einmal nur um den freien Markt, da dieser durch nicht unerhebliche Subventionen gestützt wird. Dass durch öffentliche Gelder ohnehin steinreiche Unternehmen wie Fußballvereine noch finanziell entlastet werden, entbehrt hinsichtlich der Fairness also auch jeder Grundlage. Die Gewinne werden privatisiert, die Verluste sozialisiert. So

---

168 Vgl. Ebd. S. 109.

steht es um den Profifußball, dessen Kommerzialisierung weit zurückreicht und keineswegs nur ein Phänomen der letzten Jahre ist.[169] Nur ein äußerst starkes ideologisches Band kann verhindern, dass die Menschen dagegen aufbegehren und dem Profibetrieb ihre Unterstützung entziehen. Dabei halten sie genau das System am Laufen, in dem sie in vielen Fällen selbst ausgebeutet werden. Interessanterweise sind sich ja vom Fließbandarbeiter bis zum Manager alle Fußballfans darin einig, der Kommerz zerstöre das Spiel. Dabei reflektieren sie in keiner Weise, dass erstens ein entkommerzialisierter Spitzensport in diesem gegenwärtigen System gar nicht anders funktionieren kann und dass zweitens sie selbst maßgeblich zur Reproduktion dieses Systems beitragen, da nicht erkannt wird, dass Fans für die Vereine vor allem nur zahlungskräftige Kunden sind. Diese Moralisten, die mit Wehmut dem vermeintlichen Untergang des Fußballs entgegensehen, reflektieren die wirtschaftlichen Verhältnisse nicht hinreichend: Geld regiert den Fußball – nicht die Romantik! Der Fußball ist eine merkwürdig anmutende Mischung aus purer Ökonomisierung gepaart mit einem archaisch, mythologischen Kult. Individualismus und ein völlig verlogener Fairness-Diskurs tragen also dazu bei, dass der Profifußball fest in den Fängen des Neoliberalismus verhaftet bleibt.

Es kann kaum verwundern, dass der Neoliberalismus mit seiner Versessenheit auf den Individualismus zugleich eine Ideologie des Narzissmus hervorbringt, wie es von Isolde Charim sehr lesenswert dargelegt wird. In ihrem Buch »Die Qualen des Narzissmus« entfaltet die Autorin die These, dass der Narzissmus zur neuen Ideologie in unserer Gesellschaft avanciert und damit die neoliberale Gesellschaft eine wesentlich narzisstische sei. Sie bedient sich dabei psychoanalytischer Begriffe, nicht zuletzt dem des von Freud entwickelten Konzepts des Narzissmus selbst. In der heutigen Gesellschaft sei das früher noch vorherrschende kollektive »Über-Ich« als gesetzgebende und autoritär einschränkende Instanz durch das dem Narzissmus entstammende »Ich-Ideal« ersetzt worden, das in erster Linie danach fragt, was etwas mit *mir* persönlich macht. So kann etwa aus vermeintlich »mora-

169 Tatsächlich setzte die Professionalisierung und Kommerzialisierung des Fußballs bereits sehr früh um 1888 in England ein. Siehe dazu: Zeyringer, Klaus: Fußball. Eine Kulturgeschichte. Frankfurt a.M. 2014.

lischen« Unterlassungen ein narzisstischer Lustgewinn resultieren, was das Konzept der Moral an sich in große Bedrängnis bringe. Verzichtet jemand also vermeintlich aus Gründen der Nachhaltigkeit auf klimaschädliche Flugreisen, dann sei dies, gemäß Charim, nicht auf ethische Abwägungen zurückzuführen, sondern Ausdruck einer narzisstischen Selbstaufwertung und Stilisierung zu einer »heldenhaften« und besonders »guten« Person, dem eigenen »Ich-Ideal« folgend.

Ein hervorragendes und relativ aktuelles Fallbeispiel, an dem sich dieser gesellschaftliche Narzissmus-Diskurs mit Entwicklungen im Fußballbusiness paart, ist die WM 2022 in Katar. Wir erinnern uns alle noch an die hierzulande und in unseren Nachbarländern ausgetragenen Debatten hinsichtlich eines potentiellen Boykotts der WM-Spiele. Dadurch sollte, so wenigstens der offizielle Tenor, der Unmut darüber zum Ausdruck gebracht werden, dass die FIFA die Weltmeisterschaft an ein Land vergab, das durch massive Menschenrechtsverletzungen auffällt. Die Hintergründe der WM-Vergabe, die Korruptionsvorwürfe und dergleichen müssen an dieser Stelle nicht interessieren, ebenso wenig, ob es denn wirklich moralisch besser gewesen wäre, die Spiele nicht zu verfolgen. Die Fernsehgelder wären schließlich dadurch nicht geringer ausgefallen, denn die TV-Rechte waren längst verkauft und damit unabhängig von Einschaltquoten. Der öffentliche Diskurs unterschlug dies allerdings, um *narzisstisch* an das Individuum zu appellieren, man selbst habe irgendeinen Einfluss. Unabhängig von konkreten Inhalten ist die Art und Weise, wie dieser Diskurs funktioniert, von Belang. Jedenfalls lässt sich anhand dieses Beispiels genauestens studieren, wie Ideologie, in diesem Fall narzisstische, wirkt. In abermaliger Anlehnung an Althusser liegt in allen Fälle von Ideologie eine »Anrufung« vor. Bei einer »Anrufung« werden explizit einzelne Individuen als Subjekte angesprochen, an sie appelliert und sie zu etwas aufgefordert. Dies könnte beispielsweise durch Geschlechtszuschreibungen erfolgen. Wird ein Kind etwa als männlich »angerufen«, muss es sich mit dieser Fremdzuschreibung identifizieren. Diese »Anrufung« richtet sich an das konkrete Individuum und fordert es damit quasi auf, bestimmte Verhaltensweisen an den Tag zu legen, in diesem Beispiel etwa nur eine Herren-Toilette aufzusuchen. Der »Wille Gottes« ist eine weitere historisch überaus einflussreiche Form der

»Anrufung«, da sich Gott vermeintlich an ein Individuum richtet und ein bestimmtes Handeln von diesem erwartet. Wenn sie derartig strukturiert ist, wird die Religion ideologisch, da sie dazu dient, Menschen zu unterwerfen, indem diese in bestimmte Richtungen gelenkt werden unter dem Vorwand, von Gott höchstpersönlich dazu »angerufen« worden zu sein.

Im narzisstischen Diskurs rund um die WM in Katar ist eine ähnliche »Anrufung« zu beobachten gewesen. Das Subjekt wurde direkt angesprochen: DU hast die Möglichkeit, mit deinem persönlichen Verzicht (also dem Boykott) einen moralischen Beitrag zu leisten. Die Verzichtsleistung wird dann umgewandelt in einen Lustgewinn. Man schaut zwar selbst nicht die Spiele der WM, verzichtet auf diese, bekommt im »Gegenzug« dafür jedoch die Aufwertung als »moralische« Person. Politische Strukturen und Machtverhältnisse auch innerhalb der Welt des Fußballs werden dann nicht angegriffen und hinterfragt. Die Verantwortung liegt nicht bei den Veranstaltern, bei denjenigen, die die WM an Katar überhaupt erst vergeben haben, sondern nur bei den Konsumenten. Die neoliberale Ideologie von der »Eigenverantwortung« greift hier, indem sie die narzisstische »Anrufung« an die Subjekte wählt, die vor der Wahl stehen, die Spiele zu schauen, dafür aber »unmoralisch« zu sein, oder sie nicht zu verfolgen, dann aber als »Belohnung«, moralisch aufgewertet zu werden. Der Diskurs ist ein moralisierender, nicht jedoch ein politisierender, womit er den politischen Verantwortlichen letztendlich fatalerweise sogar in die Karten spielt, denn von deren Fehlverhalten wird abgelenkt dadurch, dass nun die Fans in der Verantwortung stehen und nicht diejenigen, die diese Umstände überhaupt herbeigeführt haben. Damit wird schließlich genau das Gegenteil dessen bewirkt, was eigentlich intendiert ist. Die WM in Katar boykottiert zu haben, hatte niemals etwas damit zu tun, »ein Zeichen zu setzen« oder damit zu protestieren (jedenfalls nicht in der breiten Masse), sondern sich selbst besser zu fühlen, kein schlechtes Gewissen zu haben, sich als heroisch und moralisch überlegen zu inszenieren und über andere zu erheben und so weiter. Diese zugegebenermaßen provokante These meinerseits findet jetzt scheinbar ein halbes Jahr nach der Weltmeisterschaft (ich schreibe diese Zeilen im Mai 2023) Bestätigung dahingehend, dass das Thema Menschenrechte in Katar längst wieder verpufft ist. Kurzfristig wurde sich heftig aufgeregt, (zurecht!) skandalisiert, doch mit dem Abpfiff des Endspiels endete sofort der große gesellschaftliche Diskurs. Genauso wie auch schon all die Jahre vor der WM, als der Austragungsort längst bekanntgegeben war, kein Aufschrei, kein Protest erfolgt ist. Vor dem Hintergrund dessen ist es doch äußerst fragwürdig, zu behaupten, man sei wirklich aufrichtig an der Menschenrechtslage interessiert, wenn man sich davor und danach nun überhaupt nicht mehr darum kümmert. Da erscheint die von mir angebotene These der kurzfristigen, narzisstischen, ideologischen Selbstaufwertung doch viel plausibler. In Deutschland scheint der Narzissmus tatsächlich ganz besonders stark zu sein, war hierzulande doch der öffentliche Druck auf die deutsche Nationalmannschaft, sich klar zu positionieren und ein »Zeichen zu setzen«, wie es dann immer heißt, immens groß. Das hat letztendlich zu einer ermüdenden Debatte um eine Kapitänsbinde geführt und final darin gemündet, dass sich die Spieler auf dem Mannschaftsfoto vor dem Gruppenspiel gegen Japan kollektiv den Mund zugehalten haben als Symbol dafür, dass man sie zum Schweigen bringe. Dass beispielsweise der FC Bayern München, dem die meisten Spieler der deutschen Nationalmannschaft angehören, mit katarischen Unternehmen wie »Qatar Airways« bereits seit Jahren kooperiert, wird dagegen unter den Tisch gekehrt. Tritt die Nationalmannschaft dann allerdings in Katar auf, ist der Aufschrei groß. Dass der Fußball in erster Linie ökonomische Interessen vertritt, ist kein Geheimnis und doch scheint es sehr Vielen gar nicht bewusst zu sein, die dann stattdessen einen scheinheiligen Diskurs über Menschenrechte anzetteln. Dies alles gibt Zeugnis davon, dass die Ideologie wirkt, denn sie verschleiert an dieser Stelle die wahren ökonomischen Interessen und Zusammenhänge und lenkt durch Moralisierungen und »Anrufungen« an Individuen ab. Der gesamte Diskurs rund um den Boykott der WM in Katar, der uns Ende des vergangenen Jahres derartig viel beschäftig hat, gelangt letztendlich also nicht über das Niveau der Boulevard-Presse hinaus, ohne dabei irgendetwas langfristig zu bewirken oder anzustoßen.

Isolde Charim wendet sich darüber hinaus – um das Thema WM 2022 damit abzuschließen und noch einen neuen Akzent hinzuzufügen – auch explizit der gesellschaftlichen Figur des »Stars« zu, den sie dem »Ich-Ideal« zuschreibt und der laut ihrer These damit unserem narzisstischen Zeitalter entstamme, während noch der autoritäre »Führer« (der Begriff ist hier völlig »unschuldig« gemeint) das veraltete und verdrängte »Über-Ich« repräsentiere. Sie schreibt:

> Es ist kein geringes Paradoxon, dass gesellschaftliche Wirkung, gesellschaftlicher Erfolg jenen zukommt, die den Eindruck – oder die Illusion – erwecken, der Anderen nicht zu bedürfen. Der Star ist also Stellvertreter der Ideal-Erfüllung – aber keine Autorität. Selbst in der Politik ist die Autorität als Figur (nicht das Autoritäre als Prinzip) dem Star gewichen: in Gestalt des Populisten. […] er wirkt als Star und nicht als Führer.[170]

In eben jenen heutigen narzisstischen und neoliberalen »Star-Kult« sind auch die Protagonistinnen und Protagonisten des Fußballspiels einzuordnen. Diese dienen Fans als »Ich-Ideal«, als fetischisierte Vorbilder und sie verkörpern das, wonach die Fans sich sehnen. Der Star ist nicht die Autorität, sondern das, was man selbst sein will. Den eigenen Narzissmus lebt man durch Identifikation mit diesem Repräsentanten des »Ich-Ideals« aus. Der von Charim ebenfalls angedeutete Mythos der völligen Selbstwirksamkeit lässt sich wiederum nahtlos in die Ideologie des Neoliberalismus einordnen, die neben dem Narzissmus in dem eng damit zusammenhängenden Individualismus besteht. So lange es auch nur einen einzigen gibt, der es »schafft«, behält diese Ideologie ihre Glaubwürdigkeit. Menschen eifern ihr und ihren Idealen unhinterfragt hinterher und erkennen nicht, dass die Fakten und die Wirklichkeit dem Ganzen einen Strich durch die Rechnung machen. Es herrscht eben das vor, was ich eingangs als kennzeichnendes Merkmal einer jeden Ideologie herausgestellt habe: Das »falsche Bewusstsein«. Jede Ideologiekritik sollte hinreichend selbstreflexiv sein, denn jedes dogmatische Vorgehen läuft dabei Gefahr, wieder eine neue Ideologie hervorzubringen. Insofern ist diejenige Ideologie am gefährlichsten, die sich selbst als solche nicht erkennt – und das gilt ebenso für eine vermeintliche »Ideologiefreiheit«. Ideologien gibt es in unterschiedlich starken Ausprä-

---

170 Charim, Isolde: Die Qualen des Narzissmus. Über freiwillige Unterwerfung. Wien 2022. S. 150.

gungsformen, und wer Kritik übt, beansprucht zumindest zu wissen, dass seine Version richtiger oder wahrer oder besser ist als die kritisierte. Dieses Kapitel hat sich die Aufgabe gesetzt, starke ideologische Vereinnahmungen und Narrative des Fußballs aufzudecken und zu analysieren. Ich habe mich paradigmatisch dabei für eine marxistische Aufarbeitung entschieden und darüber hinaus insbesondere Nationalismus, Individualismus und Narzissmus in einem neoliberalen Diskurs in den Blick genommen. Dass der Fußball gewisse ideologische Anfälligkeiten aufweist, sollte aus diesem Kapitel ebenso hervorgegangen sein, wie die Bemerkung, dass Ideologie per se noch keine abwertende Konnotation mit sich bringen soll, ganz anders als es im öffentlichen Diskurs häufig genug geschieht. Sie birgt nur bestimmte politische Gefahren, wenngleich sie sich im Fußball noch in verhältnismäßig ruhigen »Fahrwassern« befindet. Dennoch hilft hier »Früherkennung« zum Wohle einer allumfassenden Aufklärung, an der mir gelegen ist und die mit »falschem Bewusstsein« schlichtweg nicht zu vereinbaren ist. Fußball ist für politische Systeme und Akteure eben nicht nur ein Spiel, sondern kann ganz anderen Interessen nicht zuletzt politischer Natur dienlich sein. Das alles darf jedoch nicht als Gegenargument gegen den Fußball grundsätzlich als solchen taugen. Es gilt nur, bestimmte Risiken und gefährliche Tendenzen kritisch im Blick zu behalten. Aus jedem Werkzeug lässt sich schließlich auch eine Waffe herstellen.

Das »Ethos« der Mannschaft

Wie jede Sportart, so ist auch der Fußball durch einen Wertekodex gekennzeichnet, den ich als »Ethos« bezeichnen möchte, in Anlehnung an den griechischen Begriff für das, was im Deutschen meist als »Sitte« oder »Brauch« wiedergegeben wird und wovon sich die »Ethik« ableitet. Es geht um die Frage, was den Fußball durch übergeordnete Werte »zusammenhält«, woran sich die Mitglieder eines Vereins und die Spielerinnen und Spieler orientieren. Viele dieser gesuchten Werte wie »Härte« und »Treue« sind bereits thematisiert und als männlich konnotiert herausgestellt worden, weshalb diese hier nicht mehr eigens behandelt werden (siehe das Kapitel »Das Geschlechterverhältnis«). Nichtsdestotrotz ist in dieser Hinsicht noch nicht alles hinreichend besprochen, weshalb ich dem »Ethos« des Fußballs ein eigenes Kapitel widme.

Der Charakter des Fußballs als Mannschaftssport bringt es notwendig mit sich, dass sich der Fußball dem Kollektivismus verschreibt. Großartige Einzelkönner und hervorragende Individualisten sind im modernen Fußball nur insofern akzeptiert und auch geliebt, als dass sie den mannschaftlichen Erfolg befördern und deren Geschlossenheit nicht gefährden. An anderer Stelle habe ich diesen »Zusammenhalt« als Wert des Fußballs auf eine psychoanalytische Deutung zurückgeführt, wonach es sich hierbei um den Zusammenhalt der archaischen, Freud'schen »Brüderhorde« handelt (siehe nochmal das Kapitel »Das Geschlechterverhältnis«). Zusammenhalt in diesem psychologischen Sinne meint aber nicht dasselbe wie Kollektivismus, der sich wiederum historisch auf das Mannschaftssportliche bezieht. Der Philosoph Peter Sloterdijk weist in einem prägnanten Essay nach, dass sich der Mannschaftssport historisch erst äußerst spät entwickelt hat und damit konstitutiv für die Moderne ist. Er schreibt:

> Im Übrigen hat die Antike nicht den geringsten Ansatz zu echten Mannschaftssportarten hervorgebracht – die Griechen kannten ausschließlich Einzelkämpfer, die Römer entwickelten immerhin Ansätze zu Kollektivspielen im Rahmen ihrer Gladiatorenkämpfe. Erst die Moderne hat echte kooperative Spiele, Mannschaftsspiele, entwickelt und darin eine neue soziale Idee zum Ausdruck gebracht. Darum führt von der griechischen Sportidee zum Fußball der Modernen kein Weg.[171]

Die Wurzeln des antiken Sportverständnisses als eine Disziplin von Einzelkämpfern verortet Sloterdijk in zwei verschiedenen Ursprüngen. Zum einen im Metaphysischen, indem der Sportler durch die Perfektion seines Körpers und seiner Fähigkeiten versuche, sich dem Ideal des Göttlichen

---

171 Sloterdijk, Peter: Spielen mit dem, was mit uns spielt. Über die physischen und metaphysischen Wurzeln des Sports. In: Zeitschrift für Kulturphilosophie Bd. 4 (2010), H. 1, S. 73–78. Hier S. 77f.

anzunähern, bis aus seinem Körper ein Kunstwerk entstanden sei. Daraus erwachse die gesamte Kultur der Antike, die im Materiellen einen Hauch von Göttlichkeit zu verwirklichen intendiere. Der Sportler wolle sich quasi selbst besiegen, seine Menschlichkeit auslöschen, um dadurch dem göttlichen Ideal näherzukommen, selbst zum Gott zu werden. Die olympischen Spiele der Griechen lieferten davon hinreichend Zeugnis. Der zweite Ursprung des antiken Wettkampfes bestehe im Gegensatz dazu im Physischen, wonach mit roher Kraft der umgekehrte Weg beschritten werde, der das ästhetische Werk nur noch zur Zerstörung brächte. Exemplarisch sei hierfür der römische Gladiator zu betrachten, dem der Weg zum Göttlichen versperrt sei und der somit nur noch danach trachten könne, alles was sich ihm in den Weg stellt, zu beseitigen.

In meinen Augen spricht vieles dafür, dass sich der moderne Sport aus einer Synthese zusammensetzt: Für den Fußball habe ich das Metaphysische an anderer Stelle bereits ausführlich herausgearbeitet (siehe das Kapitel »›Heiligenverehrung‹ und metaphysische Körper«). Auch der individuelle Fußballer, wenngleich in ein mannschaftliches Kollektiv eingebettet, strebt nach persönlicher Vervollkommnung und Angleichung an ein quasi »göttliches« Ideal, denn nicht umsonst werden besonders gute Spieler zuweilen als »Fußballgott« betitelt. Das von Sloterdijk genannte physische Element findet im Fußball gleichermaßen Vollendung, geht es doch stets darum, das Spiel des Gegners zu »zerstören«, sein Passspiel zunichte zu machen, ihn im Zweikampf zu überwinden. Das Destruktive des Fußballs äußert sich besonders augenfällig im vernichtungswilligen Hass der Fans, die den Gegner wahrhaftig am Boden zerstört sehen wollen und der unterlegenen Mannschaft mit ausgesprochen viel Häme und Abwertung begegnen.

Einen direkten Weg von der Antike zur Moderne versucht dagegen Gumbrecht anzubieten, indem er in einem sehr lesenswerten Essay die grundsätzliche Frage aufwirft, in wessen Angesicht ein Sieg errungen wird.[172] In der Moderne sei es nicht mehr das Göttliche, vor dem sich der Mensch zu bewähren habe, sondern seine Mitmenschen. Demgemäß liege

172 Vgl. Gumbrecht, Hans Ulrich: Kontingenz, Moral, Sport, Geschichte. In: Zeitschrift für Kulturphilosophie. Bd. 4 (2010), H. 1, S. 29–39. Hier S. 33.

also ein Wandel vor, der spätestens seit der Französischen Revolution und der daraus hervorgehenden Fülle an neuen Sportarten eingesetzt habe. Im Sinne von Hegel kann man hier von einem »Kampf um Anerkennung« sprechen, denn wer überhaupt vor dem Göttlichen bestehen will, muss sich erst im Rahmen eines Wettkampfes vor seinen Mitmenschen auszeichnen und sich als der Überlegene erweisen. Vielleicht finden wir also in diesem Ansatz Gumbrechts den Ursprung des »Kampfgeistes«, der das Ethos des Mannschaftssports Fußball konstituiert. Jedenfalls reagiert der Sport somit sehr sensibel auf politischen und sozialen Wandel, indem er die neuen Anforderungen der aktuell vorherrschenden Ideologie adaptiert. Vor dem Hintergrund der zuvor getroffenen Annahme, dass der Fußball jedoch nach wie vor nach dem metaphysisch Höheren strebt, wäre er zumindest in diesem Bestreben als konservativ und anti-modern einzustufen.

Martin Gessmann schlägt eine solche Interpretation jedenfalls vor, indem er vom Gesellschaftsvertrag Rousseaus ausgeht, der den Bürgern prinzipielle Gleichheit und gleiche soziale Ausgangsbedingungen anbiete, während beim Fußball gerade die Ungleichheit angestrebt werde, dadurch dass sich Spieler innerhalb der Mannschaft selbst besonders hervorheben, denn »wen die Götter lieben, entscheidet nicht der Sozialvertrag.«[173] Er konkludiert daraufhin: »Fußball wäre als Mannschaftssport der Versuch, mit den Mitteln der Moderne gegen die nivellierenden Tendenzen der Moderne eine Form sozialer Bewältigung zu finden.«[174]

Mit dieser historischen Einordnung ist der Kollektivismus des Fußballs als Mannschaftssport selbstverständlich noch nicht erschöpfend behandelt. Folge des Kollektivismus ist etwas paradoxerweise nämlich auch eine Art von Heroismus, der durchaus mit Recht als Bestandteil des Ethos des Fußballs aufgefasst werden kann. Der Fußball bringt Helden hervor, die Spieler, die in letzter Sekunde das entscheidende Tor machen oder es für den Gegner verhindern, die Spieler, die den letzten Ball im Elfmeterschießen versenken oder mit ihren Dribblings ganze Abwehrketten hinter sich lassen. Die Bedingung für die Heroisierung im Fußball, für den »Matchwin-

173 Gessmann, Martin: Philosophie des Fußballs. S. 39.
174 Ebd. S. 39.

ner«, ist die Mannschaft, das Kollektiv. So widersprüchlich es sich zunächst anhören mag: Um als Held herausstechen zu können, bedarf es etwas, woraus man überhaupt hervorstechen kann, und das ist eben das Kollektiv. Der Held kann damit nicht für sich allein stehend existieren, er bedarf der Mannschaft, deren Teil er ist und aus der er sich mit hervorragenden Einzelaktionen hervorhebt, die er als Anführer aufs Feld führt und in deren Namen er wichtige Spiele zu ihren Gunsten entscheidet. Die Möglichkeit des Heldentums im Fußball konterkariert regelrecht die Bedingungen des Alltags eines durchschnittlichen Menschen.

Zwar ist die westliche Marktwirtschaft durchaus auf den Individualismus Einzelner angewiesen, die das Kapital durch Innovation anreichern, doch selbstverständlich ist das System nicht darauf ausgelegt, dass es nur noch Produzenten gibt, denn damit es bestehen kann, muss der Großteil der Bevölkerung zu den Konsumenten zählen. Das neoliberale Versprechen des sozialen Aufstiegs erfüllt sich notwendigerweise nur für einige Wenige, während der Großteil weiterhin dafür da ist, für diejenigen, die es »geschafft« haben, zu arbeiten (siehe das Kapitel »Ideologien des Fußballs«). Während also die allermeisten Menschen in ihrem Alltag ein tristes Leben führen, durchschnittliche Konsumenten sind, in langweiligen Jobs arbeiten und ein scheinbar recht bedeutungsloses Leben führen, bietet der Fußball einen wenigstens kurzfristigen und sehr verlockenden Ausstieg aus diesem System. Hier kann der mittelmäßige Verwaltungsangestellte plötzlich zum »Helden« werden, seine Dorfmannschaft im »Derby« zum Sieg schießen und lesen, wie sein Name am nächsten Tag in der Lokalzeitung erscheint. Nichts ist dem der Masse angepassten Bürgertum (wo jeder seine kleine Funktion im großen System, dem er sich unterordnet, anständig ausfüllt) so verhasst wie das völlig anti-bürgerliche Heldentum, das mit antiken Werten und Sagen in Verbindung gebracht wird und damit einer gänzlich anderen, vor-aufklärerischen Zeit entstammt. Wie Martin Gessmann es treffend formuliert:

> Wer fußballspielt, durfte sich in dem Stundenexil einer unzeitgemäßen Beschäftigung wähnen, in der er ein heroisches Dasein inmitten

> von bürgerlichen Verhältnissen wenigstens probeweise noch einmal führen konnte.[175]

Kollektivismus und Zusammenhalt im modernen Mannschaftssport können daher politisch gedeutet werden als Kompensation einer modernen Gesellschaft, der diese Eigenschaften mehr und mehr zu mangeln scheinen. Genauso wie ich eine immer zynischer werdende Gesellschaft erlebe, der es (besonders in Zeiten, in denen der klassische religiöse Glaube vor allem im Westen an Bedeutung einbüßt) insbesondere an Hoffnung und Vertrauen mangelt. Im Fußball ist die Hoffnung dagegen eine Tugend, ein Teil des »Ethos«. Man dürfe nie die Hoffnung aufgeben, nie aufgeben zu kämpfen und so weiter. Der Glaube an die eigene Stärke, an die Fähigkeiten, das »Schicksal« zu den eigenen Gunsten zu beeinflussen, ist eine conditio sine qua non des Mannschaftssports. Wie soll man schließlich im Kollektiv funktionieren, wenn Einzelne den Kopf hängen lassen und damit die gesamte Mannschaft »herunterziehen«? Im Sport wird eben das geboten, was in der modernen Gesellschaft kaum noch anzutreffen ist, die eher durch postmoderne Informationskrisen und daraus resultierende Spaltungen, die jedweden Zusammenhalt unterminieren, geprägt ist. Der Fußball stellt somit auch hier psychoanalytisch ausgedrückt eine »Ersatzbefriedigung« dar, die der Marxist – wir haben es bereits angedeutet (siehe Kapitel »Ideologien des Fußballs«) – im Rahmen der marxistischen Unterscheidung von »Oberbau« und »Unterbau« kritisch betrachten muss. Der »Unterbau« besteht in dieser Theorie in den sozio-ökonomischen und damit die materielle Produktion und Reproduktion einer Gesellschaft betreffenden Verhältnissen, wenn man so möchte, das »wahre« Sein. Dort klaffen durch die Widersprüche des Kapitalismus die realen Verhältnisse und die wünschenswerte soziale Gerechtigkeit völlig auseinander, wobei der »Oberbau« nur dazu dient, von diesen Widersprüchen und Problemen abzulenken, sie zu verschleiern und damit den Status Quo aufrecht zu erhalten. Der Fußball würde sich gemäß dieser Betrachtungsweise dem »Oberbau« zuordnen lassen, da er Menschen mit fiktiven Heldenrollen vertröstet, sodass sie weiter-

175 Ebd. S. 83.

hin nicht aufbegehren und ihre Rolle im Gesamtsystem nicht hinterfragen und anzweifeln, sodass diese unangetastet bleiben kann.

Kritisch gegen die marxistischen Vorwürfe dem Fußball gegenüber sei jedoch an dieser Stelle noch kurz angemerkt, dass die Bedingung, auf die der Marxismus fußt, nämlich der einer einheitlichen »Klasse« wie dem Proletariat, die sich gemeinsam verbrüdern und die Revolution durchführen soll, in Bezug auf den Fußball mitnichten von Gültigkeit ist. Vom »upper class«-Zeitvertreib hin zum vermeintlichen »Proletariersport« und wieder zurück hat der Fußball im Laufe seiner wechselhaften Geschichte alles mitgemacht, sodass die Gruppe an Anhängern des Fußballs bis heute derartig divers und klassenübergreifend ist, dass es äußerst unplausibel ist, der Fußball richte sich als Teil des »Oberbaus« an die Proletarier und diene dazu, diese vom Durchführen der Revolution abzuhalten. Die Zielgruppe des Fußballs ist eben längst nicht ausschließlich proletarisch, und gemeinsame Klasseninteressen anzunehmen, bietet sich daher ohnehin nicht an.

Der klassenübergreifende Anspruch des Fußballs spiegelt sich nicht zuletzt in der Familiarität wider, die ihren Höhepunkt wohl in dem berühmten Diktum des deutschen Weltmeistertrainers von 1954, Sepp Herberger findet: »Elf Freunde müsst ihr sein.« Zum Erfolg einer Fußballmannschaft ist die »gute Atmosphäre« im Team unerlässlich, die von Freundschaftlichkeit bis hin zu familiärem Charakter reichen kann und in der persönliche Streitigkeiten und Anfeindungen untereinander zwar zur Realität dazugehören, aber als Störungen auch in der Konzentration wahrgenommen und deshalb am liebsten eliminiert werden.

Um die »Egos« der Spieler auch in der Praxis klein zu halten und die individuellen Streitigkeiten zu verhindern, sodass der Wert der Familiarität innerhalb der Mannschaft nicht gefährdet ist, dient in erster Linie der Trainer, der als Übungsleiter, Therapeut, Chefstratege und Pädagoge alles in einem ist. In seinen Funktionen und Aufgabenbereichen erinnert die Figur des Fußballtrainers nicht unberechtigt an den »Souverän« als Äquivalent in der politischen Philosophie Thomas Hobbes´. In der Hobbes´schen Staatstheorie, die auf dessen materialistischer Anthropologie beruht, hat der Mensch im »Naturzustand« noch ein Recht auf alles: »Allgemein genommen, besteht die Macht eines jeden in dem Inbegriff aller der Mittel, die von ihm abhängen, ein zukünftiges, anscheinendes Gut sich zu eigen zu machen.«[176] In diesen Belangen ähnelt der Mensch des »Naturzustandes« nach Hobbes, freilich etwas überspitzt und symbolisch, den »rohen« Fußballspielern, die noch nicht durch einen Trainer »gezähmt« worden sind. Da ein jeder von ihnen (genau wie in der Hobbes´schen Konzeption des »natürlichen« Menschen) puren Egoismus und Eigensinn walten lässt – schließlich strebt ein jeder Spieler wie oben gezeigt nach Heldenstatus und Annäherung an das göttliche Ideal –, gerät er aufgrund des starken Konkurrenzdrucks schnell in Konflikte. Für Hobbes ist der »Naturzustand« des Menschen ein jämmerlicher und für alle angsterfüllter, da zwecks Selbsterhaltung ein jeder danach strebt, sich möglichst selbst dadurch Vorteile zu verschaffen, indem er den anderen beseitigt, in welchem er nur einen potentiellen Feind um begrenzte Ressourcen sieht, was in einen dauerhaften Kriegszustand mündet, den »Krieg aller gegen alle«[177]. Schließlich muss man jederzeit befürchten, Opfer von Übergriffen zu werden, weshalb man in ständiger Angst um sein Leben und sein Hab und Gut lebt. Für Hobbes besteht die Lösung nun darin, aus diesem unsäglichen »Naturzustand« auszusteigen, was jedoch einem Einzelnen nicht möglich ist, sondern nur dem Kollektiv als Ganzem, worin wir eine weitere Parallele zum »Ethos« des Kollektiven im Fußball erkennen können. Am Ende sitzen ja alle im gleichen »Boot«. Der Übergang vom »Naturzustand« zur Gründung eines Staates erfolgt in der Hobbes´schen Theorie nun dadurch, dass die Menschen untereinander einen »Gesellschaftsvertrag« beschließen, in dem sie ihr, dem »Naturzustand« entstammendes eigenes »Recht auf alles« aufgeben und zwar unter der Bedingung, dass alle anderen gleichermaßen darauf verzichten und somit untereinander eine Gleichheit entsteht. Als Kollektiv ordnen sich die Menschen im nun aus dem »Gesellschaftsvertrag« hervorgehenden Staat einem »Souverän« unter, entweder einer Einzelperson oder einer Gruppe an Menschen, der alle Macht und die eigenen Rechte übertragen werden: »›Ich übergebe mein Recht, mich selbst zu beherrschen, diesem Menschen oder dieser Gesellschaft unter der Bedingung, daß du

176 Hobbes, Thomas: Der Leviathan. Nach der ersten deutschen Übersetzung vollständig neu überarbeitet von Kai Kilian. Köln 2009. S. 96.
177 Ebd. S. 135.

ebenfalls dein Recht über dich ihm oder ihr abtrittst.‹«[178] Der »Souverän« ist nicht Teil des »Gesellschaftsvertrages«, er behält also alle Rechte und Freiheiten, muss als Bedingung seiner uneingeschränkten und nicht kontrollierbaren Herrschaft jedoch Sicherheit und Frieden im Staat gewährleisten, denn nur deshalb haben die Menschen ihre Freiheit des »Naturzustands« aufgegeben. Ihr Wunsch nach körperlicher und psychischer Unversehrtheit überwiegt schlussendlich den nicht mehr aushaltbaren Kriegszustand.

In gewisser Weise lässt sich der Hobbes'sche »Souverän« mit dem Trainer der Fußballmannschaft parallelisieren. Auch dieser dient schließlich dazu, die Konflikte der Spieler untereinander zu schlichten, ihren Egoismus zu bändigen, indem sie ihrer Freiheiten beraubt werden, da sie einem kollektivistisch organisierten System untergeordnet werden, in welchem jeder seinem Platz zugewiesen wird. Dabei ist der Trainer ebenso wenig selbst Teil des »Gesellschaftsvertrages« wie der »Souverän«, denn beide sind außenstehend. Der »Souverän« gehört nicht direkt zum Volk, sondern steht über ihm, ja er setzt sich überhaupt erst aus der Summe an Individuen zusammen, während der Trainer nicht direkt Teil der Mannschaft ist, denn er spielt ja nicht Seite an Seite mit ihnen auf dem Platz, sondern ihm wird am Seitenrand ein eigener kleiner Bereich (die sogenannte »Coaching-Zone«) zugewiesen, in dem er sich ausschließlich aufhalten darf. Nur insofern, als dass der Trainer nicht Teil des »Gesellschaftsvertrages« ist, darf er Mittel einsetzen, die seinen Spielern nicht zur Verfügung stehen, sie notfalls bestrafen, ihnen jedenfalls Anweisungen geben, was in der Form nur ihm zusteht. Analog dazu ist der Hobbes'sche »Souverän« frei in der Wahl seiner Mittel, so lange er nur irgendwie inneren Frieden herstellen kann. Auch Terror, Zensur und Unterdrückung des eigenen Volkes wäre hier möglich, so lange es dem übergeordneten Ziel von »Recht und Ordnung« dienlich ist, denn er ist ja in seinen Rechten als einziger uneingeschränkt und durch den »Gesellschaftsvertrag« (in dem ihm alle Rechte von den Bürgern übertragen wurden, auf die diese selbst verzichten) dazu berechtigt und politisch legitimiert.

---

178 Ebd. S. 175.

Was Hobbes damit de facto begründet, ist eine Theorie des Absolutismus, wie er in der frühen Neuzeit etwa in Frankreich dann auch tatsächlich praktiziert wurde. Ob der Fußballtrainer auch selbst zum Absolutisten mutiert, hängt nicht zuletzt auch von seiner individuellen Persönlichkeit ab, doch die funktionelle Struktur in dieser Hinsicht ist qua Amt definitiv gegeben. Dass der »Souverän« mit eiserner Hand regieren muss, ist schließlich auch nicht notwendig und logisch zwingend, wenngleich sehr wahrscheinlich, denn dass er die Unruhen in der Bevölkerung ohne hartes Durchgreifen in den Griff bekommt, ist zumindest unwahrscheinlich. Aufseiten der Fußballtrainer sind beispielsweise Felix Magath und Louis van Gaal für ihren eher autoritären Führungsstil bekannt, der Letzterem gar den Beinamen »Tulpen-General« einbrachte.

Ein Widerstandsrecht vonseiten der Bürger sieht Hobbes in seiner Staatskonzeption nicht vor, was dem »Souverän« prinzipiell jedweden Machtmissbrauch gestattet, was Hobbes selbstverständlich in den darauffolgenden Jahrhunderten zur Zielscheibe enormer Kritik werden ließ. Ein einzelner Bürger kann den »Gesellschaftsvertrag« nicht allein aufkündigen, er müsste sich dafür völlig der Gesellschaft entziehen. Interessanterweise beobachten wir im Fußball Vergleichbares, selbstverständlich weniger drastisch. Ein einzelner Spieler, der sich den Anordnungen des Trainers widersetzt, hat keine Chance darauf, sich bei diesem durchzusetzen und einen festen Platz in der Mannschaft zu erarbeiten. Er wird zumeist recht schnell suspendiert und landet schließlich auf dem Transfermarkt, wo er anderen Vereinen zum Verkauf angeboten wird. Er muss die Gesellschaft (in dem Fall also den Verein) verlassen, sofern er es sich mit dem Trainer verscherzt, denn dieser ist der uneingeschränkte Machthaber, zumindest in Bezug auf die Spieler. Der Trainer selbst jedoch ist der Vereinsführung unterstellt, womit er sich in dieser Hinsicht vom »Souverän« unterscheidet. Er kann im Falle anhaltenden Misserfolges schließlich schnell durch die Vereinsfunktionäre entlassen werden, die von ihm Leistung erwarten und ihn für deren Ausbleiben verantwortlich machen.

So wollte sich der schwedische Superstar Zlatan Ibrahimović (in seinem öffentlichen Auftreten nicht gerade für seine Bescheidenheit und Zurückhaltung bekannt) in seiner Zeit beim FC Barcelona nicht in das auf Disziplin beruhende System des damaligen Trainers Pep Guardiola einfügen und beanspruchte eine Sonderbehandlung, die der strenge Katalane ihm nicht zu gewähren bereit war. Das Engagement Ibrahimovićs beim spanischen Top-Verein endete desaströs in einem völligen Zerwürfnis zwischen Spieler und Trainer, in dessen Folge der Schwede den Kürzeren zog (denn er war schließlich bloß der »Untertan« und Guardiola der vom »Gesellschaftsvertrag« befreite »Souverän«) und den Verein schon bald wieder verlassen musste. Das jähe Ende eines Missverständnisses, wie es sie im Fußball immer wieder gibt, das in der Öffentlichkeit aber noch lange in einer sehr unschönen »Schlammschlacht« mit schweren Vorwürfen und gegenseitigen Beleidigungen fortgesetzt wurde.

In der hier herausgestellten systematischen Ähnlichkeit zwischen Hobbes´scher Staatstheorie und Strukturen innerhalb einer Fußballmannschaft vermeine ich den Ursprung für das das »Ethos« des Fußballs überdies kennzeichnende strenge »Hierarchie-Denken« auszumachen. Wer neu in eine Mannschaft kommt, der hat sich erst noch zu beweisen, der steht im Schatten der bereits etablierten und verdienten Spieler und tritt zu diesen in ein untergeordnetes Verhältnis innerhalb der Mannschaftshierarchie, an deren Spitze der über alles stehende Trainer thront sowie in der Regel der Kapitän als dessen »verlängerter Arm« auf dem Spielfeld. Wie erwähnt muss sich Anerkennung erst erworben und hart verdient werden, nicht nur innerhalb der Mannschaft, sondern auch von den Fans. Selbst das junge Mega-Talent muss sich zunächst in mannschaftliche Strukturen einfügen und darf in diesem Kollektiv keine Sonderbehandlung erfahren (wer dies dennoch einfordert, muss entweder von Beginn an mit wirklich überragenden Leistungen auffallen oder wird so enden wie Ibrahimović bei Barcelona). Tugenden wie Fleiß und Arbeitseifer sind im Fußball noch sehr viel wert, sie bilden ein Kernstück des »Ethos« im Mannschaftssport, in dieser Hinsicht ist der Fußball eben noch besonders traditionell und an bürgerlich-konservativen Idealen ausgerichtet. Wer in der Mannschaft eine hohe Position einnehmen möchte und jemand sein will, dessen Wort Gewicht hat, der muss sich eben Schritt für Schritt hocharbeiten. Dann greifen zudem noch die Tugenden von Ehre und Treue, denn wer sich besonders mit dem Verein, in dem er spielt identifiziert und besonders kämpferischen Einsatz zeigt, gewinnt definitiv schneller an Ansehen und Beliebtheit, ganz besonders unter den Fans, deren Meinung von einem Spieler großen Einfluss darauf hat, wie dieser innerhalb der Mannschaft wahrgenommen wird. Genauso wie in der Politik diejenigen das Sagen haben, die sich in der Gunst der Wählerinnen und Wähler weit oben befinden.

Ein Fußballverein ist also in gewisser Hinsicht bezüglich des strukturellen Aufbaus durchaus mit einem Staatsapparat vergleichbar (Manager und Geschäftsführer nehmen dabei ähnliche Rollen ein wie im Staat Oligarchen, Großkapitalisten, Unternehmer und alle weiteren einflussreichen Menschen, die das Kapital zentrieren). Der Bezug zu Staatstheoretikern wie Rousseau und Hobbes ist daher auch naheliegender als zunächst angenommen. Das »Ethos« des Fußballs ist vor diesem Hintergrund demgemäß einzuordnen als ein System von Werten und Normen, die den Verein und die Fußballmannschaft in ihrem innersten Kern prägen und dadurch zusammenhalten, auch vor Bedrohungen von außen. Im Rahmen seiner individuellen Identitätskonstituierung greift selbstverständlich jeder Verein nochmal auf einen je eigenen Wertemaßstab zurück, der sich aus Historie, Erwartungen und weiteren sozialen Konstruktionen des jeweiligen Vereins zusammensetzt: Die Schalker legen Wert auf die Tugenden Fleiß und Kampf, während die Bayern spielerische Dominanz und Erfolg um jeden Preis bevorzugen. Den individuellen Unterschieden zum Trotz soll damit jedoch nicht von den grundsätzlichen Thesen dieses Kapitels weggeführt werden, die eine übergreifende Allgemeingültigkeit für alle Mannschaften beanspruchen, da sie im Kern mit den gleichen Herausforderungen und Problemstellungen konfrontiert werden. Das »Ethos« des Fußballs ist eine Ethik, die im Gegensatz zu ihrem eigentlich tendenziell universalistischen Anspruch die Partikularität hervorhebt. Die Werte, die im Mannschaftssport hochgehalten werden, die das Kollektiv betonen und damit das Zusammenleben innerhalb der Mannschaft ordnen und strukturieren, wie es schließlich die allgemeine Funktion von Werten und Normen jedweder Art ist, finden sich in der politischen Dimension und in anderen Bereichen des gesellschaftlichen Zusammenlebens nicht mehr unbedingt wieder. Daher beanspruchen sie eben nur partikuläre Geltung und müssen daher einem moralischen Standpunkt, der nach Universalismus strebt, ein Dorn im

Auge sein. Fußball hat nichts mit Moral zu tun, den Fehler, beides in Verbindung zu setzen, sollte man tunlichst vermeiden, da manche Arten des Zusammenlebens im Fußball doch zumindest (pseudo)moralisch wirken wie etwa Zusammenhalt und Solidarität mit anderen Mannschaftsangehörigen. Denn der Fußball arbeitet sein eigenes »Ethos« heraus, was an sich nicht unbedingt problematisch ist, da viele Berufsfelder so verfahren (man denke an das ärztliche »Berufsethos). Nichtsdestotrotz ist es im Fußball auffällig, dass auf gesellschaftliche Verallgemeinerbarkeit überhaupt nicht gesetzt wird, da es damit gewisse gesellschaftliche Bedingungen und die Funktionsweise des Systems grundsätzlich in Frage stellte und behinderte. Außerdem ist nicht zu vergessen, dass schon dem fußballerischen Gegner auf dem Feld keine Solidarität und Zusammenhalt entgegengebracht wird, weshalb die Werte im Fußball extrem parteiisch sind und nur auf die eigenen »Angehörigen« übertragen werden, etwas das sich mit einer allgemeingültigen Moral ohnehin nicht vereinbaren ließe. Wenn also vom »Ethos« des Fußballs die Rede ist, darf dies nicht mit einer gesellschaftsfähigen Ethik verwechselt werden. Der Fußball ist zwar durchzogen von politischen Einflüssen, Reminiszenzen und Strukturen und doch bleibt das innere Gefüge einer Mannschaft unter sich und duldet kein äußeres Eindringen. Genau das macht wohl auch einen großen Teil des Reizes aus, sich einem Verein anzuschließen und Mannschaftssport gemeinsam zu betreiben: Erfahrungen und Einblicke von sozialer Teilhabe und gemeinschaftlichem Miteinander, die man ansonsten in der heutigen Zeit tatsächlich nur noch schwerlich anderswo findet.

Nachspielzeit: Fußball und Kontingenz

90 + X. Mit dieser Formel lässt sich die Spieldauer eines Fußballspiels beschreiben. Auf die Fixzeit von 90 Minuten folgt immer noch eine individuelle Nachspielzeit, die sich daran bemisst, wie viele Unterbrechungen es zuvor im Spiel gegeben hat. Je mehr Unterbrechungen, desto üppiger fällt die Nachspielzeit aus, durchschnittlich zwischen drei und fünf Minuten. Zu Unterbrechungen zählen Fouls, auf denen Freistöße oder Strafstöße folgen, und Verletzungspausen. Dass der Fußball nahezu ständig unterbrochen wird, beispielsweise dadurch dass der Ball sich oft im Aus befindet, ist vielen gar nicht bewusst. Jedenfalls weiß der Fan: Vorbei ist das Spiel erst, wenn der Schiedsrichter abpfeift. Bis dahin kann noch vieles passieren – und wie viele Spiele sind nicht schon durch ein Tor in der allerletzten Sekunde, mit der allerletzten Aktion entschieden worden?

Was kann also das Nachwort dieses Buches, dieser »Philosophie des Fußballs« noch leisten? Wie viel Nachspielzeit wird benötigt, um noch etwas Relevantes beizutragen, noch einen neuen Aspekt ausführlich zu bearbeiten oder um schlichtweg abrundende Worte zu finden? Oder sollen wir das Spiel lieber in aller Ruhe ausklingen lassen, da es ohnehin schon längst entschieden ist und alle weitere Mühe vergeudet wäre?

Zunächst möchte ich noch einmal kurz die Ergebnisse und zentralen Überlegungen dieses Buches zusammenfassen. Der erste Teil widmete sich dem Fußball als Spiel und machte dessen Strukturen philosophisch fruchtbar. Die Untersuchungen ergaben, dass der Fußball im Kern ein »Spiel mit der Kontingenz« ist, also genauer: dass das Ziel aller Motive, Strategien und Taktiken letztendlich die Kontingenzbewältigung ist. Der runde und unberechenbare Ball sowie der regeltechnische Umstand, dass er nur mit den unpräzisen Füßen geführt werden darf, sind letztendlich das, was Zufälligkeit und Kontingenz in das Spiel einführt. Dadurch dass es im Fußball zentral darum geht, mit dem Unvorhersehbaren zurechtzukommen und sich nach bestem Wissen und Gewissen auf das Schicksal einzustellen, erlangt dieses Spiel ein existentialistisches Element. Die Konfrontation mit der Kontingenz des Daseins berührt den Menschen schlussendlich in seinem tiefsten Wesen. Aus diesem Grund begegnen Fans dem Fußball mit einem ungeheuerlichen, existentiellen Ernst, der so weit reicht, dass hartgesottene Fans in ihm mehr als ein Spiel sehen und dessen Bedeutung sehr viel höher und weitreichender einstufen, als es doch tatsächlich ist. Ferner tragen Regeln und Normen des Fußballs dazu bei, dass sich im Spiel Extremsituationen zuspitzen, in denen alles auf der Kippe steht. Reduktionen auf extreme Dualismen von grandiosem Sieg und vernichtender Niederlage sowie Abhängigkeiten etwa von der Figur des Schiedsrichters begünstigen zusätzlich die hohe Emotionalität des Publikums, das sich des Spiels in jeder einzelnen seiner Facetten zu bemächtigen wünscht.

Der zweite Teil des Buches untersuchte strukturelle Zusammenhänge zwischen Fankultur im Fußball und religiösen Traditionen. Beispielsweise konnte die Ähnlichkeit zwischen dem im Fußball typischen Personenkult um die größten Stars mit der religiös motivierten Heiligenverehrung nachgewiesen werden. Sprache, Rituale und Traditionen der Fankultur lassen kaum einen Zweifel daran, dass im Fußball ein religiöses Gefühl hervorgerufen wird. Vor dem Hintergrund lässt sich das ganze Spiel als ein einziges Ritual auffassen, das sich in der ausagierten Körperlichkeit und Performanz der Spieler niederschlägt, das keinen Platz für intellektuelle Diskursivität lässt. Interessanterweise handelt es sich bei den traditionellen Religionen und ihren typischen Denkweisen (wie beispielsweise dem magischen und mythischen, statt rational kritischem Denken) um bewährte psychologische Mechanismen, um einer durch Kontingenz hervorgerufenen Sinnlosigkeit und dem daraus resultierenden Überdruss am Leid des Lebens zu entkommen. Deuten wir den Fußball also als Spiel des und mit dem Kontingenten überhaupt, erscheint der Zusammenhang zum religiösen Kult der Fußballgemeinschaft völlig naheliegend und verständlich. Es ist eine Strategie der Kontingenzbewältigung vonseiten der Fans und genau dieselbe, zu der auch der Gläubige greift, um sein sinnlos erscheinendes Leben doch noch in einen größeren Weltzusammenhang einzubetten.

Der dritte Teil des Buches lenkte den Fokus der Aufmerksamkeit weg von existentialistischen und metaphysischen Bedeutungen und »erdete« den Fußball. Dabei wurde das vermeintlich »höhere« Spiel auf seine materiellen Fundamente und ökonomischen Produktionsprozesse rückgeführt. Wie stark ein scheinbar philosophisches Spiel letztendlich doch von Politik und Ideologie durchzogen ist, wurde beispielsweise anhand des problematischen Geschlechterverhältnisses und der misogynen Züge des Fußballs aufgezeigt. Die historische Entstehung dieses Spiels schließlich ist letztendlich nicht von extremem Kapitalismus und ideologischem Neoliberalismus zu trennen, worauf die marxistisch-ideologiekritische Analyse zu dem Schluss kommt, dass der Fußball als Massenphänomen des postmodernen Zeitalters dazu dient, die gesellschaftlichen Verhältnisse aufrechtzuerhalten und zu reproduzieren. Neben der philosophisch-metaphysischen Kontingenz des Spiels selbst ist es also nicht zuletzt in seiner gesamten Entwicklung das Produkt von kontingenten historischen Bedingungen, von denen es völlig abhängig war und ist. Fußball hätte sich unter anderen wirtschaftlichen Rahmenbedingungen und sozio-kulturellen Vorannahmen niemals so entwickelt, wie wir ihn heute kennen. Somit ist die historische Kontingenz das letzte große Element, das in dieser *Fan*omenologie herausgearbeitet werden konnte.

Damit lässt sich rückblickend und als roter Faden der gesamten Analyse erkennen: Das große philosophische Thema dieses Buches, des Fußballs überhaupt ist die Kontingenz – in Abgrenzung von der Notwendigkeit. Somit klärt sich, warum eine Philosophie des Fußballs möglich und sinnvoll ist. Denn welche Themen haben die Philosophiegeschichte über Jahrtausende hinweg geprägt? Warum etwas ist und nicht vielmehr nichts. Was etwas überhaupt ist, wo es doch ganz anders sein könnte. Kurz: Die ontologische Dimension von Kontingenz. Wenn diese finale Erkenntnis, die den Zusammenhang von Fußball und Ontologie philosophisch nachweist, nicht der spielentscheidende Last-minute-Treffer in der Nachspielzeit ist!

Nachdem diese Einsicht geglückt ist, scheint mir an dieser Stelle, wohl mehr als sonst, noch Platz für Anekdotisches zu sein. Die großen

Philosophen (viele von ihnen sind durch ihre Schriften in diesem Buch zu Wort gekommen), was hätten sie vom Fußball gehalten? Wie wären Duelle zwischen ihnen wohl ausgegangen, hätte man sie direkt gegeneinander antreten lassen? Ein Gedankenexperiment, mit dem sich die britische Komiker-Gruppe Monty Python auseinandergesetzt hat in ihrem herrlich amüsanten Sketch zum »Philosophen-Fußball«, bei dem in einem Fußballspiel die deutschen Philosophen gegen die griechischen antreten und 90 Minuten lang nichts passiert, außer dass Hegel, Marx (der sicherlich einen hervorragenden Mittelstürmer abgegeben hätte) und Nietzsche sowie Aristoteles, Platon und Sokrates grübelnd in ihre Gedanken vertieft sind. Doch auch hier tritt, wie bei uns, die Entscheidung Sekunden vor dem Abpfiff quasi in der Nachspielzeit ein: Die Griechen kommen durch den plötzlichen Geistesblitz von Archimedes (»Heureka!«) auf die Idee, den Ball zu benutzen, und kombinieren sich durch die deutsche Abwehr bis Sokrates per *Kopf* (womit sollte ein Philosoph auch sonst treffen) den einzigen Treffer des Tages erzielt. Die Verbindung von Fußball und Philosophie, das wusste auch die Gruppe um Monty Python, kann erfolgreich sein, so lange schlussendlich die Theorie in die fußballerische Praxis übergeführt wird. In der deutschen Aufstellung dieser Fußball-Philosophen-Mannschaft findet sich übrigens auch einer, dem tatsächlich ein besonderes Verhältnis zu diesem Sport nachgesagt wird: Die Rede ist von Martin Heidegger.

Einer bekannten Anekdote zufolge war Heidegger in seiner Jugend selbst als Linksaußen in Meßkirch aktiv, ein großer Fußballfan. Seine Begeisterung, die er in erster Linie für Franz Beckenbauer hegte, den bis dato größten deutschen Fußballspieler, ging sogar so weit, dass er bei einem zufälligen Treffen mit dem Freiburger Theater-Intendanten im Zug nicht über Kunst, sondern nur über Fußball sprechen wollte.[179] So ist es geradezu naheliegend, dass Beckenbauer im Philosophen-Fußball von Monty Python in der deutschen Startaufstellung steht – als einziger »richtiger« Fußballspieler unter ansonsten »richtigen« Philosophen. Beckenbauer ist philosophisch relevant, soviel wusste schon Heidegger.

179 Vgl. Safranski, Rüdiger: Ein Meister aus Deutschland. Heidegger und seine Zeit. Frankfurt a.M. 2002. S. 472.

Martin Gessmann berichtet über Martin Heidegger, dass dieser »[…] zu Fußballspielen der deutschen Nationalmannschaft regelmäßig von seiner Hütte in Todtnauberg hinabgestiegen sei und in die Dorfkneipe eingekehrt, um dort das Spielgeschehen im Fernsehen mitzuverfolgen.«[180] Dies scheint umso verwunderlicher, gilt Heidegger doch als großer Gegner der Moderne und vor allem des technologischen Fortschrittes, weshalb er selbst auf ein Fernsehgerät verzichtete. Bei alledem stellt sich also die Frage, was der eigentliche »Skandal« ist: Dass Heidegger seinen eigenen Werten zuwiderhandelte und sich überhaupt heimlich vor einen fremden Fernseher setzte oder dass es ausgerechnet der Fußball war, der den großen Meisterdenker in Versuchung brachte und schließlich sogar erfolgreich verführte? Ist eine Philosophie des Fußballs also ein Skandal? Vielleicht ist es unerträglich, die Höhen des intellektuellen Denkens mit den Tiefen eines Allerweltspiels zu verbinden, und damit zu versuchen, abstrakte Theorie mit banaler Praxis in Einklang zu bringen. Womöglich hätte Heidegger eine Antwort gewusst, doch den können wir nicht mehr befragen. Da mir die fußballerische Praxis versagt blieb, bin auch ich, wie so viele andere, bei der Theorie geendet. Und damit neigt sich nun auch diese Nachspielzeit dem Ende zu. Was bleibt also? Nun, der Ball ist immer noch rund und er dreht sich immer weiter – im ewigen Kreislauf und in der Wiederkehr des immer Gleichen, wie schon Nietzsche wusste.

---

180 Gessmann: Philosophie des Fußballs. S. 90.

Danksagung

Das Herausbringen eines Buches ist, genau wie der Fußball, ein Mannschaftssport. Daher möchte ich bei dieser Gelegenheit meinen Dank an all diejenigen aussprechen, die zu diesem Projekt beigetragen haben. Da wäre an erster Stelle das Team des Büchner-Verlags, das dem Manuskript den erfolgreichen Weg zur Veröffentlichung geebnet hat. Außerdem bedanke ich mich bei Prof. Dr. Johannes F. Lehmann und Prof. Dr. Dieter Sturma, beide von der Universität Bonn, die mir durch Lektüreempfehlungen und durch wertvolle inhaltliche Anregungen im persönlichen Austausch beigestanden haben. Zudem danke ich Prof. Dr. Gunter Gebauer, zum einen für seine eigene wegweisende Arbeit auf dem Gebiet, zum anderen dafür, dass er das Projekt mit Interesse verfolgt hat. Mein großer Dank gilt ferner Lara für das Autorenfoto, unterstützende Bestärkung und Motivation sowie die ständige Bereitschaft zum Korrekturlesen. Durch Paul und unsere nicht selten hitzig und kontrovers geführten fachlichen Diskussionen über Themen aus der Welt des Fußballs bleibe ich stets auf dem Laufenden. Auch dafür danke ich und ganz besonders für die unvergesslichen gemeinsamen und zahlreichen Stadion-Erlebnisse. Zuletzt sollen sich selbstverständlich auch diejenigen in dieser Danksagung angesprochen fühlen, die zwar nicht namentlich erwähnt werden, die mir mit guten Ratschlägen, emotionaler Zuwendung und jedweder Unterstützung aber ebenfalls sehr geholfen haben. Sie werden wissen, dass sie gemeint sind. Wie in einer guten Mannschaft ist nämlich keine Einzelperson der Star, sondern das Team!

Literatur

Adelmann, Ralf/Stauff, Markus: Die Wirklichkeit in der Wirklichkeit. Fernsehfußball und mediale Wissenskultur. In: Adelmann, Ralf u.a. (Hrsg.): Querpässe. Beiträge zur Literatur-, Kultur- und Mediengeschichte des Fußballs. Heidelberg 2003, S. 103–121.

Adorno, Theodor W.: Das Reich der Unfreiheit und der Sport. In: Caysa, Volker (Hrsg.): Sportphilosophie. Leipzig 1997, S. 42–43.

Althusser, Louis: Ideologie und ideologische Staatsapparate. Positionen Band 3. Westberlin 1977.

Aristoteles: Politik. Hrsg. u. übers. von Olof Gigon. München 1973.

Aristoteles: Über die Seele. De anima. Herausgegeben, übersetzt und mit einer Einleitung und Anmerkungen von Klaus Corcilius. Hamburg 2017.

Assmann, Jan: Das kulturelle Gedächtnis. Schrift, Erinnerung und politische Identität in frühen Hochkulturen. München 1992.

Barthes, Roland: Mythen des Alltags. Vollständige Ausgabe. Aus dem Französischen von Horst Brühmann. Berlin 2010.

Bourdieu, Pierre: Männliche Herrschaft. In: Dölling, Irene/Krais, Beate (Hrsg.): Ein alltägliches Spiel. Geschlechterkonstruktion in der sozialen Praxis. Frankfurt a.M. 1997, S. 153–217.

Canetti, Elias: Masse und Macht. Frankfurt a.M. 1980.

Charim, Isolde: Die Qualen des Narzissmus. Über freiwillige Unterwerfung. Wien 2022.

Clausewitz, Carl von: Vom Kriege. Frankfurt a.M./Leipzig 2010.

Derrida, Jacques: Marx´ Gespenster. Der Staat der Schuld, die Trauerarbeit und die neue Internationale. Aus dem Französischen von Susanne Lüdemann. Frankfurt a.M. 2022.

Drandarevski, Alexander: Die Anwendung psychoanalytisch-interaktioneller Positionen in der fußballerischen Praxis. »... entscheidend is' auf'm Platz«. In: Forum der Psychoanalyse 37(2021), S. 61–77.

Foucault, Michel: Die Heterotopien. Les hétérotopies. Der utopische Körper. Le corps utopique. *Zwei Radiovorträge*. Zweisprachige Ausgabe. Übersetzt von Michael Bischoff. Mit einem Nachwort von Daniel Defert. Frankfurt a.M. 2005.

Foucault, Michel: Überwachen und Strafen. Die Geburt des Gefängnisses. 19. Auflage. Frankfurt a.M. 2021.

Freud, Sigmund: Massenpsychologie und Ich-Analyse. Hamburg 2017.

Freud, Sigmund: Totem und Tabu. Einige Übereinstimmung im Seelenleben der Wilden und der Neurotiker. Hrsg. v. Anna Freud, Edward Bibring, Ernst Kris (ders.: Gesammelte Werke. 19 Bände. Hrsg. v. Anna Freud, Edward Bibring, Ernst Kris. Band 9). London 1940.

Gabriel, Markus: Fiktionen. Berlin 2020.

Gabriel, Markus: Warum es die Welt nicht gibt. Berlin 2013.

Gebauer, Gunter: Das Leben in 90 Minuten. Eine Philosophie des Fußballs. München 2016.

Gebauer, Gunter: Nationale Repräsentation durch Fußball. In: Adelmann, Ralf u.a. (Hrsg.): Querpässe. Beiträge zur Literatur-, Kultur- und Mediengeschichte des Fußballs. Heidelberg 2003, S. 13–25.

Gebauer, Gunter: Poetik des Fußballs. Frankfurt a.M. 2006.

Gebauer, Gunter: Von der Körpertechnologisierung zur Körpershow. In: Caysa, Volker (Hrsg.): Sportphilosophie. Leipzig 1997, S. 275–285.

Gessmann, Martin: Mit Nietzsche im Stadion. Der Fußball der Gesellschaft. Paderborn 2014.

Gessmann, Martin: Philosophie des Fußballs. München 2011.

Gmünder, Stefan/Zeyringer, Klaus: Das wunde Leder. Wie Kommerz und Korruption den Fußball kaputt machen. Berlin 2018.

Gumbrecht, Hans Ulrich: Ästhetik und Sport – am Beispiel von Fußball und American Football. In: Martinez, Matias (Hrsg.): Warum Fußball? Kulturwissenschaftliche Beschreibung eines Sports. Bielefeld 2002, S. 37–49.

Gumbrecht, Hans Ulrich: Crowds. Das Stadion als Ritual von Intensität. Frankfurt a.M. 2020.

Gumbrecht, Hans Ulrich: Kontingenz, Moral, Sport, Geschichte. In: Zeitschrift für Kulturphilosophie. Bd. 4 (2010), H. 1, S. 29–39.

Gumbrecht, Hans Ulrich: Lob des Sports. Aus dem Amerikanischen von Georg Deggerich. Frankfurt a.M. 2005.

Handke, Peter: Die Welt im Fußball. In ders.: Aufsätze 1. Frankfurt a.M. 2018, S. 159–166.

Harari, Yuval Noah: Homo Deus. Eine Geschichte von Morgen. Aus dem Englischen übersetzt von Andreas Wirthensohn. 10. durchgesehene Auflage. München 2019.

Harari, Yuval Noah: 21 Lektionen für das 21. Jahrhundert. Aus dem Englischen von Andreas Wirthensohn. 4. Auflage. München 2020.

Hintermeier, Dieter: Wirtschaftsmacht Fußball. Hintergründe, Fakten und Visionen eines globalen Milliardengeschäfts. München 2020.

Hobbes, Thomas: Der Leviathan. Nach der ersten deutschen Übersetzung vollständig neu überarbeitet von Kai Kilian. Köln 2009.

Hornby, Nick: Fever Pitch. Ballfieber – die Geschichte eines Fans. Köln 1997.

Huizinga, Johan: Homo ludens. Vom Ursprung der Kultur im Spiel. In engster Zusammenarbeit mit dem Verfasser aus dem Niederländischen übertragen von H. Nachod. Mit einem Nachwort von Andreas Flitner. 18. Auflage. Hamburg 2001.

Hütig, Andreas: Bewegte Körper, berührte Seelen. Versuch über Transzendenz und Gemeinsinn im Fußball. In: Klein, Gabriele/Meuser, Michael (Hrsg.): Ernste Spiele. Zur politischen Soziologie des Fußballs. Bielefeld 2008, S. 251–269.

Illouz, Eva/Cabanas, Edgar: Das Glücksdiktat und wie es unser Leben beherrscht. Aus dem Englischen von Michael Adrian. Berlin 2019.

Kierkegaard, Søren: Die Krankheit zum Tode. Eine christlich-psychologische Darlegung zur Erbauung und Erweckung von Anti-Climacus. Aus dem Dänischen übersetzt und mit Anmerkungen versehen von Gisela Perlet. Nachwort von Uta Eichler. Stuttgart 1997.

Klein, Gabriele: Globalisierung, Lokalisierung, (Re-)Nationalisierung. Fußball als lokales Ereignis, globalisierte Ware und Bilderwelt. In: Klein, Gabriele/Meuser, Michael (Hrsg.): Ernste Spiele. Zur politischen Soziologie des Fußballs. Bielefeld 2008, S. 31–42.

Le Bon, Gustave: Psychologie der Massen. Mit einer Einführung von Prof. Dr. Peter R. Hofstätter. Autorisierte Übersetzung von Rudolf Eisler. Bearbeitet von Rudolf Marx. Stuttgart 1982.

Leuschner, Wolfgang: Der Torschrei. Essay über das Unbewusste im Fußballspiel. Frankfurt a.M. 2021.

Liessmann, Konrad Paul: Das runde Leder. Reflexionen über das Fußballspiel. In ders.: Das Universum der Dinge. Zur Ästhetik des Alltäglichen. Wien 2010, S. 125–144.

Luhmann, Niklas: Die Realität der Massenmedien. Opladen 1996.

Martinez, Matias: Geflügelte Fußball-Worte. In: Hütig, Andreas/Marx, Johannes (Hrsg.): Abseits denken. Fußball in Kultur, Philosophie und Wissenschaft. Kassel 2004, S. 136–142.

Martinez, Matias: Warum Fußball? Zur Einführung. In: Martinez, Matias (Hrsg): Warum Fußball? Kulturwissenschaftliche Beschreibungen eines Sports. Bielefeld 2002, S. 7–35.

Marx, Karl: Das Kapital. Kritik der politischen Ökonomie. Ungekürzte Ausgabe nach der zweiten Auflage von 1872. Mit einem Geleitwort von Karl Korsch aus dem Jahre 1932. Köln 2009.

Marx, Karl/Engels, Friedrich: Das kommunistische Manifest. Mit Vorreden von Karl Marx und Friedrich Engels. Vorworten von Karl Kautsky und Johannes Schult. Anhang: Kundgebung des Parteitages der SPD am 11. Mai 1946. Hamburg 1946.

Meuser, Michael: It´s a Men´s World. Ernste Spiele männlicher Vergemeinschaftung. In: Klein, Gabriele/ Meuser, Michael (Hrsg.): Ernste Spiele. Zur politischen Soziologie des Fußballs. Bielefeld 2008, S. 113–134.

Nietzsche, Friedrich: Jenseits von Gut und Böse/Zur Genealogie der Moral. Hrsg. v. Giorgio Colli/Mazzino Montinari (ders.: Kritische Studienausgabe in 15 Bänden. Bd. 5). München/New York 2021.

Nymoen, Ole/Schmitt, Wolfgang M.: Influencer. Die Ideologie der Werbekörper. Berlin 2021.

Ott, Michael: Ehrentreffer. Über die Ehre im Fußball. In: Martinez, Matias (Hrsg.): Warum Fußball? Kulturwissenschaftliche Beschreibungen eines Sports. Bielefeld 2002, S. 87–102.

Parr, Rolf: Der mit dem Ball tanzt, der mit dem Bein holzt, der mit sich selbst spielt. Nationalstereotype in der Fußball-Berichterstattung. In: Adelmann, Rolf u.a. (Hrsg.): Querpässe. Beiträge zur Literatur-, Kultur- und Mediengeschichte des Fußballs. Heidelberg 2003, S. 49–70.

Perpeet, Wilhelm: Kultur, Kulturphilosophie. In: Ritter, Joachim et al. (Hrsg.): Historisches Wörterbuch der Philosophie. Darmstadt 2007.

Pethes, Nicolas: Geisterspiele. In: POP. Kultur und Kritik (2021), H. 19, S. 35–39.

Rolf, Eckhard: Metaphertheorien: Typologie – Darstellung – Bibliographie. Berlin 2005.

Safranski, Rüdiger: Ein Meister aus Deutschland. Heidegger und seine Zeit. Frankfurt a.M. 2002.

Schäfer, Mike S./Rosse, Jochen: Die gesellschaftliche Bedeutung von Fußballbegeisterung. Vergemeinschaftung und Sozialkapital-Bildung auf dem Prüfstand. In: Klein, Gabriele/Meuser, Michael (Hrsg.): Ernste Spiele. Zur politischen Soziologie des Fußballs. Bielefeld 2008, S. 201–225.

Schroer, Markus: Vom »Bolzplatz« zum »Fußballtempel«. Was sagt die Architektur der neuen Fußballstadien über die Gesellschaft der Gegenwart aus? In: Klein, Gabriele/Meuser, Michael (Hrsg.): Ernste Spiele. Zur politischen Soziologie des Fußballs. Bielefeld 2008, S. 155–173.

Schümer, Dirk: Gott ist rund. Die Kultur des Fußballs. Berlin 1998.

Seitz, Norbert (Hrsg.): Doppelpässe. Fußball & Politik. Frankfurt a.M. 1997.

Sloterdijk, Peter: Spielen mit dem, was mit uns spielt. Über die physischen und metaphysischen Wurzeln des Sports. In: Zeitschrift für Kulturphilosophie Bd. 4 (2010), H. 1, S. 73–78.

Sülzle, Almut: Männerbund Fußball – Spielraum für Geschlechter im Stadion. Ethnographische Anmerkungen in sieben Thesen. In: Dinges, Martin (Hrsg.): Männer – Macht – Körper: hegemoniale Männlichkeit vom Mittelalter bis heute. Frankfurt a.M. 2005, S. 173–191.

Tönnies, Ferdinand: Gemeinschaft und Gesellschaft. Darmstadt 1979.

Weber, Max: Wirtschaft und Gesellschaft. Grundriß der verstehenden Soziologie. Tübingen 1980.

Wiemann, Uwe: »Wir haben die Lehrer, die die Spieler die deutsche Sprache beibringen«. Ein Konzept zur sprachlichen Integration ausländischer Fußball-Profis. In: Adelmann, Ralf u.a. (Hrsg.): Querpässe. Beiträge zur Literatur-, Kultur- und Mediengeschichte des Fußballs. Heidelberg 2003, S. 139–153.

Wittgenstein, Ludwig: Philosophische Untersuchungen [PU]. Frankfurt a.M. 1967.

Wulff, Hans J.: Homo narrans: Von den Sinnhorizonten des Erzählens. In: TelevIZIon 25, 2, 2012, S. 4–7.

Zeyringer, Klaus: Fußball. Eine Kulturgeschichte. Frankfurt a.M. 2014.

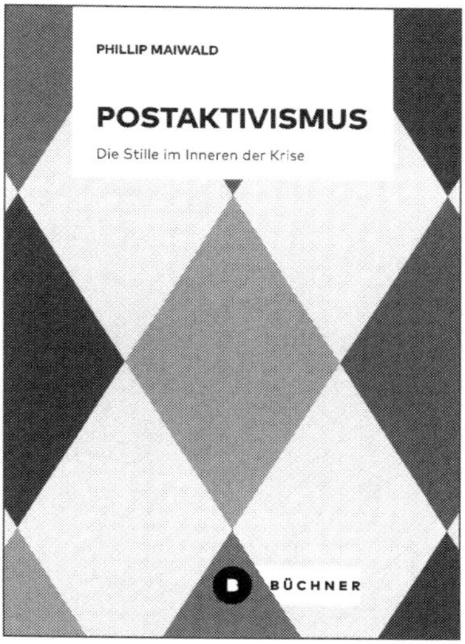

Phillip Maiwald
Postaktivismus
Die Stille im Inneren der Krise
123 Seiten, 14,5 x 20,5 cm
Klappenbroschur
ISBN 978-3-96317-345-5 (Print)
ISBN 978-3-96317-902-0 (ePDF)

Phillip Maiwald
Postaktivismus
Die Stille im Inneren der Krise

Wir sind aufgebracht. Wir sind rasend und lärmend im brausenden Außen der Krise. Wir benötigen einen Schritt ins innere, stille Zentrum dieses Orkans, um sie besser zu verstehen. Dazu brauchen wir Mut – zum Experiment, zum Neubeginn und zum Chaos.
Um unsere eher technische Sicht auf die Klimakrise zu überwinden, braucht es einen erweiterten Blick auf die Natur und auf uns selbst. Nur so können wir die Krise als das betrachten, was sie tatsächlich ist: Eine Einladung an uns selbst, unsere Kultur sehr grundsätzlich zu verändern. Wir könnten damit beginnen, unser Denken zu kompostieren.

BÜCHNER